《中国政治学》

CHINESE POLITOLOGY

图书在版编目（CIP）数据

中国政治学.2018年.第二辑：总第二辑/中国人民大学国际关系学院主办.—北京：中国社会科学出版社，2018.10

ISBN 978-7-5203-3572-0

Ⅰ.①中… Ⅱ.①中… Ⅲ.①政治学—研究—中国 Ⅳ.①D6

中国版本图书馆CIP数据核字(2018)第253995号

出 版 人 赵剑英
责任编辑 王 茵
特约编辑 王 琪
责任校对 赵雪姣
责任印制 王 超

出 版 中国社会科学出版社
社 址 北京鼓楼西大街甲158号
邮 编 100720
网 址 http://www.csspw.cn
发 行 部 010-84083685
门 市 部 010-84029450
经 销 新华书店及其他书店

印 刷 北京明恒达印务有限公司
装 订 廊坊市广阳区广增装订厂
版 次 2018年10月第1版
印 次 2018年10月第1次印刷

开 本 787×1092 1/16
印 张 17
字 数 296千字
定 价 76.00元

主编的话

张广生

伴随着冷战的结束和世界政治格局的变化，中国的复兴，逐渐呈现为21世纪最重大的文明史事件。但与此同时，人们也愈发感到，如果不仅满足于将这一事件视为世界历史的一段“变奏”，而是要将其隐含的政治文明的典范意义揭示出来，那么，我们就必须一面紧盯变动的政治生活，一面对描摹政治生活的种种“理论话语”形成真正的反思。

改革开放的四十年，也是中国政治学不断吸收外来资源、逐渐形成反思能力的四十年。许多政治学学术概念和理论命题的流行，曾一度标示着这段当代中国政治学史的潮流，更揭示出规范性概念左右现实目光的巨大能量：“民主”“法治”“资本主义精神”……如果试着简略概括，这些亟待我们重新认识的政治生活的“道理”，大体上也可以按其形式分为两类：其一是确立政治文明优劣短长标准的规范价值；其二是在时间中展开的，“有意义”的历史事实的发生学叙事。本期《中国政治学》关注的，也正是这两类“话语实践”在理论和历史上的展布形态及其知识策略。

“二战”以来，西方政治学曾一度将“选举民主”树立为衡量世界各国政体的唯一标准。但今天看来，按照这个“民主”概念展开的政治现实，陷入了深深的窘境——收录于“本刊特稿”中的剑桥大学约翰·邓恩（John Dunn）教授的《民主还能很好地治理世界吗?》一文，就是以设问的方式，对当代民主问题的一种反思性考察。邓恩教授对选举民主困境的分析表明，一度流行于世界各地的民主理念，所遭遇的不只是实践层面的挫败，而且是理论层面的危机。

与“民主”这一曾经强势的当代概念相关的第二个问题是，一种特定文明的政体类型学之所以有审判世界政治文明的力量，是因为这套类型学的尺度本身就是一种“公理”呢，还是源自“强权”和某种关于“强权”的文明论说呢？“思想与战略”栏目收录了两篇专题论文，刘小枫教授对施米特《大地的法》的绎读、强世功教授对麦金德地缘政治思想演变的剖析，为我们的反思提供了地缘政治学这一崭新视角，他们不约而同地将思想的反诘和战略的评估置入了现代西方文明战略方案的批评之中。

地缘政治学的视角将我们引向了第三组问题：现代西方政治经济体系及其文明道路是如何在历史叙事中展开并获得普遍性的？在西方文明大传统内部，是否还存有“小传统”和“大传统”的张力？杨光斌教授对“新教伦理与资本主义精神”命题的重新检视，从理论的角度将韦伯的学说视为一种历史社会学，对资本主义和西方文明史道路的普遍性叙事提出了尖锐的批评；任军锋教授则分析了“帝国”“政治”和“哲学”在西方大传统起源处的纠葛，为全面认识西方文明的源与流提供了重要的启示。

理论的反思和检验之后，对现实和历史的“解释”就成了关键。本期《中国政治学》共收录了五篇与中国政治相关的专题论文，它们都体现出一种鲜明的反思意识和实践关怀，不少作者从检讨流行概念范式开始，转而在制度变迁的视野中，自觉地探讨中国作为一个“大国”的治理经验。仝志辉等对人民公社时期计划生育执行机制的探讨，具体展现了当代中国国家治理与乡村社会组织的关系；李振等对当代中国干部交流体制的历史和实证分析，从一个侧面揭示了当代中国“选贤举能”的政治经验；王衡对香港政治发展范式的研究，强调从“民主”这一片面的政体标准转向“治理”的必要性；杨端程把经验研究和理论批评结合起来，从“政治信任”角度对“合法性”概念进行了解析，凸显出“民心就是最大的合法性”这个中国传统政治正当性逻辑的理论价值。在“书评”栏目中，刘晗对苏力教授近著《大国宪制》的评论，更是点出了我们的共同关切：作为超大规模的政治体和漫长历史传统的政治文明，“中国”何以能在世界文明史上延续下来？生活在这个政治文明中的中国人的“群居和一”之道，有没有超出工具价值的典范意义呢？这是亟须我们中国政治学人思考和回答的问题。

在特稿、专题论文和书评之外，本刊还在“主题圆桌”栏目中收录了一场圆桌会议纪要，记录了4月21日至22日在中国人民大学举办的“‘政治：中国与世界’论坛2018暨‘当代世界思潮与中国政道传统’学术研讨会”的圆桌讨论，刘小枫、丁耘、张广生、韩潮、姜佑福、梁晓杰、欧树军、章永乐等学者围绕“现代国家建设与正当性问题”发言。这场会议，由中国人民大学中外政治思想文化研究所和复旦大学思想史研究中心共同主办。希望来自跨学科交流的多元声音，能够帮助我们进一步理解政治生活本身，共同助力于中国政治学的发展。

理解政治的知识和技艺，理解世界之中国——《中国政治学》愿与同道一起，继续这场思想与学术的远航。

2018 年 10 月 25 日

于中国人民大学明德国际楼

目　　录

本刊特稿

专题论文

思想与战略

理论探源

体制变迁

主题圆桌

书　评

Catalog

Special Section

Articles

Democracy and Governance

Panel Discussion

Book Review

本刊特稿

民主还能很好地治理世界吗?

约翰·邓恩[*]

李超 译　李石 校

随着时间的推移，民主政治在今天还能否很好地进行治理，这已经成为世界上大多数国家进行政治判断的支点。在沙特阿拉伯和逐渐缩小的海湾酋长国,[①] 民主政治治理的时刻尚未到来，但很明显民主几乎已经存在于其他任何地方，并且引起了广泛的政治焦虑。对于那些视政治为当务之急并以最低限度的诚实来考虑政治的人来说，这种焦虑激发了他们的思考。当然，这个问题并没有受到当权者的重视。而且，对于那些独立于他们自己所主导的政治制度之外，甚至打算尽可能远离政治的人（像西尔维奥·贝卢斯科尼[②]、弗拉基米尔·普京、巴沙尔·阿萨德，以及其他更加鼓舞人心的事例中的人物）来说，那是最不可能受到重视的。我提出这一点，并不是因为世界上大部分或事实上许多国家都被称为民主国家，或者一些国家（的民主政治）实际上运作良好，而是因为如今我们掌握的为数不多的能比较清晰地思考和谈论政治的方式都预设了这个问题必须以某些或其他术语给出明确而果断的答案。在这一根本问题上，这些路径一定都是错误的。它们错在阻碍了迫切的政治问题的提出，并且其中有些思维方式是由惊人的智慧不断积累而发展起来的，它们造就的学术体系拥有令人震惊的错综复杂和令人眩晕的

---

[*] 约翰·邓恩（John Dunn），英国剑桥大学国王学院荣休教授。感谢邓恩教授授予本文中文发表的版权。本文是2013年拉丁美洲发展管理中心（CLAD）会议文章，最先发表于该中心的《民主改革》杂志第58期，第5—28页。

① 参见 Dunn, *Western Political Theory in the Face of the Future*, Cambridge: Cambridge University Press, 1979, chapter 1。

② 参见 Ginsborg, *Silvio Berlusconi: Television, Politics and Patrimony*, London: Verso, 2004。

学术高度。

民主能否很好地治理下去是一个实践问题。从最乐观的明智观点来看，未来的人类很有可能搁置（这一问题）。[①] 有史以来，最高耸的知识大厦曾经一定是微不足道的，在这种情况下，它们能站稳脚跟是因为它们尝试着面对与那个问题有关的重重阻碍。有一股学术冲动，假定它一定有一个清晰而令人鼓舞的答案，这一冲动从经济学和政治社会学蔓延至政治科学甚至政治哲学的各种学科。那样的冲动给我们带来了极大的伤害，它削弱了我们判断要做什么的能力。[②] 通过破坏我们现在必须分享的互相依存的感觉而伤害我们，通过耗尽我们忠实于自己或对彼此坦诚的有限能力，它几乎给我们造成了致命的伤害。这使我们受到无止境的纠缠，不知道如何从一连串毫无头绪的复杂问题中逃脱。它让人们如此无力，是因为它暗示了一些虚幻的安息点、一个可以合理放松的地方。然而，这种地方却并不存在，而且能得到合理的放松这种想法仅仅是某种形式的拒绝，是一种根本上的失败，未能承认和面对我们总是遇到的困境。[③]

提出民主能否继续很好地进行治理这一问题，实际上同时提出了两个问题，这并非出于懒惰或混乱，而是想摆脱几个世纪以来我们给自己设置的可怕陷阱，这一陷阱是由不断沉淀在我们说的语言和用以思考的范畴之中的困惑积累而成。第一个问题是，在当今世界上，好政府这个理念是否仍然在因果关系上具有连贯性，或者它是否可能只是人们乐于去想象的结果？它是否仍然如我们所期盼的，是通过对制度进行精心设计，以完全适当的方式来操作，从而可以定期达到的状况？它真的曾经是这样吗？

如果第一个问题的答案是否定的，而好政府的理念也因为人类世界的架构（就像现在的世界）不再需要它而不再有意义了，那么第二个问题，更具体地关乎民主，也就不存在了。如果一种结果难以通过连贯的行动策略和普通的人类判断水平来取得，而只能通过侥幸或超自然的勇气和智慧来实现，那么某种特定形式的政府能否使全体民众有机会达到那一结果这个问题就失去了真正的意义。期待

① 参见 Dunn, *Breaking Democracy's Spell*, New Haven: Yale University Press, 2014。

② 参见 O'Mahony, *Conceptualising Judgement in Politics*, PhD Dissertation, Department of Politics and International Studies, University of Cambridge, 2013; Bourke & Geuss (eds.), *Political Judgement: Essays for John Dunn*, Cambridge: Cambridge University Press, 2010。

③ 参见 Dunn, *The Cunning of Unreason: Making Sense of Politics*, London: Harper Collins, 2000。

任何一种政府无论如何都要确保我们能够达到并且很快实现这一目标的想法，简直是愚不可及。除非偶然，否则无法做成的事情，不能被一种而不是另一种政府形式排除。因为目标本身被堵死了，而不是任何达到目的的手段。

要弄明白为什么现在民主仍然可以实现好政府是非常紧迫的，你必须搁置遍及世界的良性政治形态的核心规范原则，开发某些特定因素——那些将民主作为高度可疑的政府形式的因素。许多人不得不搁置其自发的政治信念，这些信念使得如今民主的规范性优势几乎成为一种直觉：政治上的预先承诺使其他推论变得不堪设想。2013 年，埃及、匈牙利和土耳其的公民发现，无论在哪个地方这都不是一个小问题。特别是拉丁美洲，很长一段时间那里众多的土地和人民饱受以残酷镇压的形式进行的军事治理的摧残，似乎质疑民主的选择是不适当的。有强有力的普遍理由证明民主一定是政治秩序的正确形式，正是这些理由使民主在世界范围内发挥着影响力和效力。民主在拉丁美洲人民中所拥有的力量背后有着深刻而痛苦的历史经验，但这些重要因素都无助于阐明当今世界上的好政府所面临的政治挑战。除非我们至少暂时摆脱这些因素所带来的强有力的抑制力，否则我们无法直接思考这个挑战究竟意味着什么。

两千多年前，当我们仍然可以以任何亲密和可靠的方式来恢复欧洲最先出现的批判性政治思考时，[①] 对于政府怎样才能并非出于偶然地成为一个好政府，可以区分出两种不同的观点。伟大的希腊政治思想家们先后发现要把这两派观点的重要性全部表达出来是多么困难，而想要清楚地表达一个与另一个之间的关联性甚至更难。这两个部分各自的特点鲜明，长久以来它们都没有退出人们的视野。其中一个是通过制度设计和制度建设来进行治理，确定管理者需要注意的实际信息，[②] 根据这些信息来判断如何行动，并确保他们所达成的判断结果能够在世界上得以实施。所有对于理解的要求，所有紧急而脆弱的选择，所有阻碍效能的因素，这些不断地涌入如何达到善治这个根本挑战中。要实现善治，就要看某一规模的人类群体如何做出更好的集体行动。就是要拥有这样的技能：通过观察组成集体

---

① 参见 Williams, "The Legacy of Greek Philosophy", in *The Sense of the Past*, edited by Myles Burnyeat, Princeton: Princeton University Press, 2006, pp. 3 – 48; Williams, "The Invention of Philosophy", in *The Sense of the Past*, pp. 148 – 186。

② 参见 Ober, *Democracy and Knowledge: Innovation and Learning in Classical Athen*, Princeton: Princeton University Press, 2008; Hansen, *The Athenian Democracy in the Age of Demosthenes*, Oxford: Blackwell, 1991。

的人类的反应来察知，而这些人也总是能采取不同程度的行动来挫败集体行动的结果。这是一场有关技巧和运气的游戏，在游戏中你永远无法提前确定技能的相关维度，并且一定是最机敏胆大的人才能忍受得了运气的变幻莫测。

出于种种原因，现代社会科学框架下的思考已经与这一简单而又明显精确的图景相脱节，转而开始以这样的方式组织自身，使得无论是要承认其简单性还是准确性都异常困难。当代社会科学要么已经从认知上把赌注放在了制度和因果关系上，经过仔细的检查后，归咎于这些因素被认为是合理的；要么选择将资金投入更简洁和更抽象的理论上，这些理论将所有的人类行为都归结为简单的同义反复，并没有阐明任何我们至今尚未以其他方式理解清楚的东西：你在芝加哥经济学派或当代美国政治科学中发现的理性选择模型。[①] 与规范意义上令人生畏的选项尴尬地并列，政治哲学家们将他们的目标放在了一个完全独立的领域，利用概念方案来使其他两个结构中的任何一个都不能被更改，并且由它自己独立运作，在快乐无忧的世界里被认为具有启发作用，能使一切变得井然有序：今天的哲学家依然沿用约翰·罗尔斯的传统思考方式，现在被认为是理想的理论[②]——只要需要我们应用这一理论的世界并非真的在那儿，或者那个世界仿佛并非确实完全由其因果属性组成（这样的因果关系属性阻碍了对它进行任何类型的模糊应用）。从形式上来看，理想的伦理学理论是假想的，这说得过去；但它所假设的人类善却一点儿也不理想。从人类的角度来看，它与其他东西一样都是物质的、现实的。

我们如何才能始终认识到每个社会的好政府问题的重要性和深刻性，关注它是因为现在世界上的各个社会都出现了这个问题，并逼迫我们回答：在我们对民主的理解和实践中，什么因素有助于问题的解决或妨碍问题的解决？没有理由认

① 参见 Shapiro, *The Flight from Reality in the Social Sciences*, Princeton: Princeton University Press, 2005; Green & Shapiro, *Pathologies of Rational Choice Theory*, New Haven: Yale University Press, 1996。

② 参见 Geuss, *Philosophy and Real Politics*, Princeton: Princeton University Press, 2008; Geuss, Raymond, *Politics and the Imagination*, Princeton: Princeton University Press, 2010; *European Journal of Political Theory*, Vol. 9, 2010, pp. 379 – 512; Floyd, "Should Political Philosophy be More Realistic?", *Res Publica*, Vol. 16, 2010, pp. 337 – 347; Floyd & Marc Stears (eds.), *Political Philosophy versus History: Contextualism and Real Politics in Contemporary Political Thought*, Cambridge: Cambridge University Press, 2011; Forrester, Shklar, "Williams and Political Realism", *European Journal of Political Theory*, Vol. 11, 2010, pp. 247 – 272。对政治力量和世界各地依照当代模式建立代议选举民主制的后果，最系统有力的考察莫过于普泽沃斯基（Przeworski）的研究，这些洞察已在如下著作中得到了充分的提炼和阐述，参见 Przeworski, *Democracy and the Limits of Self – Government*, Cambridge: Cambridge University Press, 2010。

为，无论在哪里我们都能解决这个问题，更不用说无论在哪里都必须始终能够解决这一问题。有一个制订解决方案的简单方式——就是功利主义的方法，这种方法在专业经济学家的大部分思想中都得到了充分的体现，并且被所有权力机构和政治或经济责任人引证（尽管是功利性的）；而这至少需要通过当代经济学的修辞证明，他们的实践是站得住脚的。根据宇宙在先的因果历史，就像实际上有可能出现的最佳结果一样，最好的选择就是无论情况如何事实上仍然可以产生最不差的结果的选择。它关于那种思想或结果的任何设想不能（或者甚至使它远不可能）确保实际上任何一群人都能够共同行动，来创建一个他们可以真正共享的好政府。最大多数人的最大幸福在于：对个体来说，能够为一个非常体面的结果而奋斗；对社会成员来说，就是有一个能促进和平的目标，这个目标社会成员一致赞同，要通过大家的共同努力以及各自的努力来实现。它也完全没有任何实际的指导意义：任何人都可以在这个空白的领域表达他们碰巧发现的令人信服的内容；没有人愿意通过任何特定的经验序列来顺从他人的推测。与其说它是一种用来解决任何可能的争端的方式，不如说是一种为了论证而限定领域的方式。它不包含任何可以形成连贯而又强烈的权威形式的材料。它无法解释为什么任何人都应该能够命令他人或为他人制定法律，或者为什么社会上的其他人都应该服从那些发出命令的人，或遵守他们着手制定并试图执行的法律。它也不可能认识到政治本身是由什么组成的,[①] 也不能解释它如何在实践中运作得更好而不是更坏。

到目前为止，对不同的人民来说民主意味着不同的东西;[②] 但是，除非我们所考察的人民是糊涂的，否则民主必须始终至少包含两件事：有些人有权以民主的名义发布所有人都应遵守的命令，以及所有在其范围内的人都必须遵守的法律。不管人们对这些命令和法律有什么感觉，除非人们自身有特殊又有力的理由来暂停这种常规义务，并且在这种情况下拒绝这样做。民主并不是无政府状态，而且从来也不是。从当代意义上来看，它是这样一种理论，即通过运用明确指定和深思熟虑的方式有效地证明和执行规则。它预设了权威的连贯性和有效性[③]，这里所

① 参见 Dunn, *The Cunning of Unreason: Making Sense of Politics*, London: Harper Collins, 2000。

② 参见 Dunn, *Breaking Democracy's Spell*, New Haven: Yale University Press, 2014; Shaffer, *Democracy in Translation: Understanding Politics in an Unfamiliar Culture*, Ithaca: Cornell University Press, 1998。

③ Stanton, "Authority and Freedom in the Interpretation of Locke's Political Theory", *Political Theory*, Vol. 39, 2011, pp. 6 – 30.

指的权威并非来自外部和上面法律的权威（至少在这种情况下），而是来自其自身的法律权威，并在很大程度上通过其自身来发挥影响力。①

如此看来，民主实际上已经成为世界上大多数国家的好政府理论。对于世界各地的不同人民来说它意味着不同的东西，不是因为他们中的一些人知道它应该是什么意思，而另一些人不幸地、由于他们愚昧无知的历史或者他们统治者的邪恶目的，很遗憾没能明白它的意思。民主对于不同的民族意味着不同的东西，是因为民主作为一个好政府的观念，或者能提供好政府的处方，与其说是解决了难题，还不如说是重申了这个难题。而我们所追问的难题仍然需要每个采用民主政体的人类团体去解决。对于世界上的其他人来说，这不是一个通过任何特定团体的政治传统或任何社群试图从自己积累的历史经验中得出的智识结论就可以解决的难题。

要判断今天的政府是否仍然可以在民主制度下通过民主保持良好状态，不可能只看民主来找到答案，因为几乎所有时间里所要考虑的大部分内容显然都不是这一类的。要判断政府在民主制度下是否仍然能运作良好（在任何其他制度下也一样），有必要首先不看民主，而是看我们现实生活的世界、我们各自如此行为的背景和方式，以及将我们彼此分开的利益和经验的鸿沟，不同社群之间的分歧就像我们所属的不同名目的政治团体之间的裂缝和冲突一样多。

我们必须直面并努力思考这些分歧对于好政府的挑战，以及在面对这些分歧时，作为好政府的理念的民主的苛刻要求是否能得到补救。所需要的是关于人类在那些政治性社群的框架下共同生活和选择而彼此受益的实际想法，而不是散布无法渗透的隔膜的只言片语，以逃避大多数人类的大多数实际生活。我们需要发现的是实际的可分享的善，而不是建造语言的迷雾。

在我们现在生活的这个世界上，构成好政府的独特要素是什么？是什么让好政府的问题成为这个世界里的一个特定问题？它有三个主要的组成部分，它被很好地构想为这三个组成部分的永久叠加，其中最重要的是由叠加而产生的极其复杂的互动逻辑。

这些组成部分自身能被轻易地分辨出来，但它们没有组成一个清晰的图像、

---

① 目前还不清楚在古雅典人的意义上，这在多大程度上是正确的（参见 Hansen，*The Athenian Democracy in the Age of Demosthenes*，Oxford：Blackwell，1991）。但是比较汉森自 2005 年以来越来越坚决的主张，公元 4 世纪的雅典民主本质上是混合政府理论，是在实践中经过了仔细的调试才实现的。

模式或文本。卡尔·马克思所设想并设法实现的图景，依然是观察和理解它们的最大胆的尝试。对于一个好政府必然会发生的情况（如果它真的发生的话），他至少给出了一个可信的解释：物理世界的其他部分与人类活动之间的物质关系，在过去发生了改变，并且继续以前所未有的速度前进。北极冰盖不断融化，气候改变，淹没了世界上数以亿计的人们赖以生存的地方。[①] 这些关系从何而来显而易见，即使不太清楚它们是如何变成现在的形式的。很明显，它们普遍存在于当今全球人类的意识和目的中，但它们是如何变成现在这样的仍然十分令人费解。我们不具备，并且也从来没有被认真告知过关于它们如何以及为什么这样的解释。人们始终只是在声称各种主张，而从来没有通过任何媒介传达确凿无疑的经验。声称是人类语言中最简单的传播方式：其自身不能提供任何有关事情是真实或虚假的理由。就其本身而言，这并不是不相信对这一困境的组成部分的特定判断，或者是产生这种困境的因果机制的理由。但是，要想有益地分析这种困境，有必要把注意力集中在它的某些方面，并尽可能仔细而警惕地问：为什么它们现在是这样的？它们如此这般能确保什么以及阻碍什么？在这个世界上，正是深层次的利益冲突和情感上的强烈对比不断威胁着好政府这一理念，并且明显阻碍了任何缓和这些冲突和对比的持续行动，更不用说将其移除。无论还有什么其他成分，我们世界的政治无可否认地将由所有人类包含其中的、高度商品化的激励结构组成；并且，很大程度上由在职业政治家之间，至少同样高度商品化的竞争空间组成。政治家们尽可能漂亮地以此谋生（无论这些实干家在这一过程中被选出来做什么事情）。这种互动结构以及在其中生活和行动的感受，几乎消除了任何可识别的社区居民的潜在共同善，更别提其居民可能会采纳这种善并将其作为他们行动的目标。这不是一种奇特的智识幻想，而是当今世界上覆盖每个社会的政治经验的苦涩而日益突出的特征。它迫使每一个试图判断这一经验意味着什么的人，在下述两者之间进行选择：在愚蠢的多愁善感中不知所措，还是在无尽的犬儒式嘲讽中随波逐流。其中一些东西令人不安地、倾向于拥抱犬儒主义自身。对于信仰来说，哪一个是更好的候选人？——是荒谬、妄想还是经过全面矫正的现实主义，将其从任何关于它是如何的体面或荣耀（即使在面对超出狭隘的国内政治范围的其他人民时）的强制观念中脱离出来？

---

① Gail Whiten, Chris Hope & Peter Wadham, "Vast Costs of Arctic Change", *Nature 499*, July 2013, pp. 401 –403.

一个家庭、一个街道、一个村庄、一个城镇、一个世界城市、一个国家、一个政体、一个帝国、一片大陆，甚至更极端的，一个文明，在它们中真的存在共同善吗?[①] 其中一些范畴预先假定了一个肯定答案，而且很明确，这样的做法恰恰冒着明显的欺诈之风险。国家、政体、帝国甚至文明这些概念，包含着令人难以忍受的专横，而且从一开始它们就是无耻的谎言，承载着苦涩而无法消除的虚伪。如果有的话，或者说就目前来说有的话，是否真的存在与政治有关的真相？卡尔·马克思的座右铭[②]——“怀疑一切”，是一个非常令人信服的政治警告；但很难说它是一个集结号,[③] 也不是相互承诺或合理的忠诚的基础。它留下衰败的政治，这是一种“舍我其谁”的政治：从历史维度来看实在是太贴切了，随着永久冻土消失、甲烷上升，处于接缝处的人们之间的关系变得紧张。而且，即使家庭、村庄、地区或国家有公共资源（显然如此），也仍存在一些较为严重的问题。世界各地的人们之间确实拥有共同善吗？人类全体所拥有的共同善还会到来吗？是很快到来，还是明显越来越远?[④] 一旦你从价值的“共同项”（currency）中排除了任何人类群体，你将会危及所有人的共同价值。无论在什么情况下，对任何群体或任何方面的价值进行狭隘的定义，都是在质疑公共度量的观念，而这一观念可以产生超越地区范围的（不同地区人们共享的）理由。

面对这些令人眩晕的问题时，存在两个维度上的迷失，并且它们对不同的受众传达了不同程度的威胁。一个是认知取向的维度，在人类可理解的一般观念中定位人类的价值，并建立或否定这样一种观念，即认为，对于人类，价值可以拥有一种力量，这种力量与当前令人紧张的欲望的迫切需要不同，并且它具有比欲望的迫切需求更高的权威。另一个是单一价值领域的观念，在这一观念中，人类历史过程中极为矛盾的欲望的迫切需求，在某种程度上被解读为隐约类似于均衡的东西。经济学家，尤其是发展经济学家，都太过容易地接受第二种观念。较少约束的市场狂热爱好者公开陶醉其中。为什么不应该把人类所有的东西用于与其

① 参见 Huntington, *The Clash of Civilizations and the Remaking of World Order*, New York: Simon & Shuster, 1996。

② 参见 McLellan, *Karl Marx: His Life and Thought*, London: Macmillan, 1973, p. 457。

③ 对比马克思的另一句名言：“全世界无产者，联合起来!”

④ 参见 Stern, *The Economics of Climate Change: The Stern Review*, London: HM Treasury, 2006; Parfit, *Reasons and Persons*. Oxford: Clarendon Press, 1984; Parfit, *On What Matters*, 2 vols, Oxford: Clarendon Press, 2011; Scanlon, *What We Owe Each Other*, Cambridge, Mass.: Belknap Press, 1998。

他东西的交换，然后在市场结束的地方卖出呢?[①] 性、毒品和摇滚、奴隶、毒素和死亡本身，如果还有任何东西，就算是最后一只老虎甚至是最后一个人（末人）也可以进行交易?[②] 交易开始时为什么要关注这些问题：谁在那里，他们是怎么去的以及为什么要去? 在这个伟大的机制中，有什么东西其本身不需要同意甚至不需要尊重? 什么东西不能被它神圣化和验证?

就平均而言，与大多数专业同事相比，发展经济学家对导出的结果并不那么心安理得。因为他们关注随着时间的推移社会所发生的转变，因为从其成员的观点来看，他们承担着帮助社会更好发展的责任，他们很难忽视历史节点和空间点的任意性，从这些点上他们开始自己的工作。对于消费者来说，在某些境况下一些选择出现一些可怕的负面外部效应是很自然的；同样地，在某些类型的投资中，存在改善的潜力，而非其他类型的投资中，即社会选择理论家阿玛蒂亚·森的主要论调，[③] 由于妇女接受教育和某种形式的公共卫生预防，人类的能力之大大增强，[④] 事实上最终来自公共理性和正义主张的普通消费利益。[⑤]

今日亦同往日，大多数过来人从没想过人类会有一种稳定的价值秩序，这个秩序可能展现的是他们一时的热情和彻底用错了地方的厌恶（他们当然知道他们的判断可能出错，因为他们经常这样，但他们不能相信他们所有的判断都是错误的——他们所关心的每一件事和试图去做的每一件事，他们追求的每一个支支吾吾的目标和他们赖以为生的忽明忽暗的光）。他们认为价值这种东西是很狭隘的，并且他们对于人类（尤其是任何距离内的人类）的价值观互不相同这一点毫不感到惊讶。今天，随着人类社会的凝聚力不断增强和融合程度越来越高，加之媒体对彼此生活的深入报道，不同的价值观给人们带来了更多的不便。人类的互动结构迫切需要经济学家提出更灵活的处理方法，对于怀旧的不可抗拒的背弃，以毫无疑问总是被夸大的统一和容易为代价，而接受集体生活（与其他人类群体一起生活），是一个持续的、通常令人极为厌恶的讨价还价的过程。是否真的有社会这种东西，谁能可靠地确定它是什么或者它是否存在?

① 参见 Sandel, *What Money Can't Buy: The Moral Limits to Markets*, London: Penguin, 2012。

② 参见 Fukuyama, *The End of History and the Last Man*, London: Hamish Hamilton, 1992。

③ 参见 Sen, *Inequality Reexamined*, Cambridge, Mass.: Harvard University Press, 1992; Sen, *Development as Freedom*, Oxford: Oxford University Press, 1992。

④ 参见 Nussbaum, *Creating Capabilities*, Cambridge, Mass.: Belknap Press, 2011。

⑤ 参见 Sen, *The Idea of Justice*, Cambridge, Mass.: Harvard University Press, 2009。

为什么你要依靠他们呢？

当然，政治意识和政治争论中所明确勾画的，从来不是这些问题全部的形而上学意义，而是有根有据的评价，从外部对我们每个人都形成压力：伯纳德·威廉姆斯恰当地将这称为“外在理由”。经济学专业论述塑造了一种极具争议的对于价值的技术规范；但是，在其专业之外，在用作政治的目的时，这种谨慎而自觉的规范反而要求一种对于共同价值的温和的回避，并导致以一种仿造的共通性来代替真实而无法解决的差异。政治家必争的领域以及选民必须在拨款和分配问题上做出选择的领域，是一个几乎没有什么可以被清晰而明确地表达的领域。而且，在共享的可靠基础上根本无法做出任何选择。在一个全能的、无所不知的神的注视下，可能确实存在一个关于人类价值的终极事实，①那将是人类以外的理由，这是他们世界存在的理由，来自他们之外。但在人类这个物种中，这种想法毫无意义。②对于这一难以捉摸的外部观点来说，公共理性不能成为其阐释性的论据：更不用说将其完全替代。相反，它一定是对公民设法寻找和选择给予的理由的替换，就像本杰明·富兰克林所说的那样，“为了他们想做的事情”③。公共理性充其量不过是一种仁慈的和让人安心的权宜之计，④文采与确定性在一起成就斐然。⑤可以有理由说，它们是人类在实践中可以合理地追求的最好的东西：所有可能的社会、政治或经济世界中最好的。消费者和经济学家，就像雾都孤儿一样，总可以要求更多，但他们永远不能分配或分享比所有东西更多的东西，他们必须总是决定应该如何分配所有的一切。当他们面对这个问题并做出选择时，所有共享相互沟通的“共同项”的潜在可能性都消失了。

高度商品化的世界越来越紧密地将绝大多数人联系在一起，作为高度商品化世界的高度商品化的政治之基础，激励机制极大地突出了任何竞争固有的欺诈因素，即为了他们所谓的利益而支配他人。同时确保他们并非前后一贯地重视的某

① 参见 Dunn, *Locke*, Oxford: Oxford University Press, 1984。

② 参见 Blackburn, *Being Good*, Oxford: Oxford University Press, 2001; Blackburn, *Ethics: A Very Short Introduction*, Oxford: Oxford University Press, 2003。

③ “理性动物就是这么随机应变，对于他想做的事情，总能找出或者编出一个理由来。”参见 Benjamin Franklin, *Autobiography: An Authoritative Text*, New York: Norton, 1986, chapter 4。

④ 参见 Rawls, *Political Liberalism*, New York: Columbia University Press, 1993。

⑤ 参见 Dunn, “The Grounds for Toleration and the Capacity to Tolerate”, *Proceedings of the British Academy*, Vol. 186, 2013, pp. 201–209。

些东西，他们可以依赖统治者，从统治者手中获得保障。想要知道你为什么应该相信任何有雄心壮志的统治者选择告诉你的事情，你不必成为一个敏锐的马基雅维利《君主论》的读者，你只需要看电视，或者以合理的坦率态度和你的隔壁邻居聊天，并关注他们。

不信任政治领导人的明确依据，并不会削弱他们选择如何行动的因果联系。这并不表明他们比他们需要成为的样子更糟糕，也不比他们试图避免的形象更富有争议。但是，这的确表明民主的理念几乎没有对澄清善治（governing well）这一理念起多少作用。它不能澄清，它只能清醒地希望以最不连贯而侥幸的方式来实现。如果市场不能被神圣化，民主自身就更无力铸就这一奇迹。它既不能提供结果的可靠性，也不能提供一个稳定和清晰的图景：相比对专制统治的最具诱惑力的证明，民主只不过是长期暴政的一个更好的屏障，其在任何长度的时间中不断地被复制。

当今世界人们之间的分歧与我们今天在世界各地所构想和实践的民主政治之间是什么关系？卡尔·马克思当然没有为这个问题提供明确而令人信服的答案，不仅他没有，而且列宁、斯大林、戈尔巴乔夫或波尔布特，更不用说卢卡奇、阿尔都塞或葛兰西也都没有确切回答这个问题。这个问题的真正答案不是当代民主所能提供的。对这个问题的真诚而真实的回答，就像马克思自己所做的那样，就是不要问。

现今有一种强大的、广泛的、完全现实主义的意识，即在世界范围内，我们现在所理解的民主实践正在逐渐失败。在不同时代的背景中，它不总是以相同的速度发展。事实上，它的功效在某些情况下短时间内波动很大：例如，2013 年在巴西、瑞典或土耳其（更不用说埃及和突尼斯），托尼·布莱尔选择加入伊拉克入侵之前的英国，以及瑞士或挪威，这些国家中运行着的代议制民主在相当长的时间内被广泛认可和赞赏。今天，民主之所以失败，部分原因在于它面临的挑战比人类政治能力在过去所面临的挑战更严峻——担负着这样的重任：承认人类对其唯一栖息地造成了破坏，并至少开始尝试修复所造成的破坏。然而，总的来说，这并不是民主如此公然失败的原因。如果是这样的话，失败将是由外部原因引起的。最好的理解是，人类为了共同利益而采取的集体行动的微弱力量，与我们改造自然所招致的灾难的规模相比是微不足道的。整个欧洲和北美的民主政治仍主要以“忽视”来处理这种灾难，坚决地移开自己的目光。它之所以这样做是因为这是民众本身的选择：不是它将会作何选择（如果它已经看到并完全意识到其栖息地发生了什么），而是因为它预先选择不去看，或仅限于自己的匆匆一瞥，从而不会看到大部分的事实。

用那些术语来看待我们目前的处境，是一种陈旧的道德说教，虽然这样未必更糟，尤其是在面对更多的新贵竞争对手时。但是，否认的因素远非我们需要更充分地进行说明的唯一因素。不仅仅是专业化政治竞争的世界无情地将我们反射回了它的镜子里，要我们为自己带来的伤害负起责任。另一个要点是，还有其他东西在起作用，使那面镜子反射给我们的东西变得更加粗糙和扭曲，比起我们形成美德和智慧的适当能力来说，这种东西更有效地表达出了我们的缺点和局限。这是谁的错，为什么恰恰发生了？有限的美德和智慧很显然是属于人类的。但关于当代的民主实践，我们只能说：与补救这些限制相比，这些实践对于延缓这些限制要有效得多。这在政治秩序中当然不算是优点。政治秩序至少必须允许我们学习如何做得更好。对于任何拥有现代教育制度的国家来说，让我们学会如何去做（还有假装会做）的雄心是一种合理的愿望。政体是一种矫正和补救的理念，它不仅仅是一张关于安全、仁慈和获得大量个人自由之机会的期票。它既是对公民的要求，也是向他们提供公共产品的承诺：就是这样，不多也不少。

总的来说，古雅典人极其成功地处理了这些张力，[①] 尤其是与雅典现在的居民相对比。当代知识分子往往对其时代中最伟大的批评家评价不高，因为他们似乎对其时代的成就视而不见，而且对它的指责也过于轻率。但是，如果我们用这种时髦的方式详细阐述雅典人创造的民主概念，把它转换成全球资本主义世界中高度商品化和专业化的政治，那么柏拉图的批判力量就难以树立起来。欧洲最深刻且最令人不安的政治哲学家，毋庸置疑，也是第一批伟大的政治哲学家，他们从一开始就预言了这一点。在教育失败的地方，民主也没有希望在其位置上取得成功。[②] 今天，从其整个历史进程来看，任何被恰当地称为民主的政权都不能很好地治理国家，除非我们——这几个国家的人民（demos）——仍然希望它能。除非，并且直到我们能够这样做，否则它将输出错误和目光短浅，而这些会渗透我们的

① 参见 Finley, *Politics in the Ancient World*, Cambridge: Cambridge University Press, 1983; Hansen, *The Athenian Democracy in the Age of Demosthenes*, Oxford: Blackwell Publishing, 1991。

② 参见 Plato, *The Republic*, 2 vols, tr. Paul Shorey, Cambridge, Mass.: Harvard University Press, 1930－1935。

政治趣味、感染我们的政治观念。它的腐败和愚蠢将变成我们的腐败和愚蠢。它无力矫正这些。它以我们的名义（可能必须如此）精心安排。但即便如此，也只达到诊断结果所需的一半。

当代民主政治不仅没有为我们生活的生态、经济和社会组织的迫切需要提供任何非常实际的补救措施，还通过它的持续运作，使世界不同人群之间的分歧永久化。它还通过其主要的运作方式激起、定义和深化这些分歧。通过过去几十年它所服务的经济有机体的运作，已经可以非常清楚地看出这一点了。毫无疑问，这一结果本身就降低了当代大多数民主国家选民对民主的信任度。但是，这种不安和不满并非仅仅来自经济失败和分配不公。它至少同样来自高度商品化的实践集合看起来是什么以及它带来了什么——来自它是如何起作用的，以及是如何工作的。

在今天，民主理念的正当性效力以三种方式被扭曲。第一，它最终必须面对的挑战的规模使它受到威胁，而它仍持续不断地回避所面对的挑战。这一挑战是线性而令人害怕的积累性的。第二，由于深度经济危机的政治特殊性以及其恢复的不稳定、让人费解和拖延的特点（一种使日本的政体几乎在二十年里事实上陷入嗜睡状态的力量），使民主的合法性受到了威胁。即使在全球范围内，这种威胁的来源和发生也基本上是周期性的。尤其令人痛苦的是，它出现在那些政治与经济结构脆弱并且协调不周的地方，比如欧盟尤其是欧元区核心国家。但是，第三，它也受到了某种更为日常的和系统性的因素的影响，对于从外部观察它们的人来说，它运作产生的去合法性影响不断累积。由于几乎所有公民都从这个角度观察它，而且，由于大多数情况下都是对于他们来说，它通常需要被证明具有合法性，[①] 因此，这最后一种威胁的破坏性，丝毫不亚于经济危机长期而缓慢的伤害造成的明显破坏。

这种系统性的不稳定根源在于这种政府形式有两个明显不同的特点。由于它内部政治要求和授权机制之间的极度紧张以及治理本身存在的难以处理的相反要求，使其长期处于扭曲状态。由于其自我呈现的可信性不断减少，它受到的压力不断增加，而且那些永久性的压力也不断加剧。它必须作为集体利益的有效服务

---

① 参见 Dunn，“Legitimacy and Democracy in the World Today”，in Alison Liebling and Justice Tankebe (eds.)，*Legitimacy and Criminal Justice*：*An International Exploration*，Oxford：Oxford University Press，2014。

结构出现在舞台上，以一种值得信赖的认知方式辨别什么是集体利益；它在伦理意义上同样是值得信赖的，它尽自己最大的努力，并通过自己的坚持不懈和专心致志来实现集体利益。仅就事实层面上达成任何信任都太天真了。而将信任浪费在两个层面上，那就是一个荒唐可笑的错误。对于民众（这对任何人来说都很困难）来说，很难判断当时政府对公共利益的判断到底是好还是坏，尽管在检讨过往事件时可以而且确实常常变得非常明显。

这种政治形式更新的和潜在更致命的弱点是，在公众面前，它明显越来越不值得信任。从许多方面来说，它所引起的不安大大超过了商业竞争本身所带来的疑虑。在商业领域，负面广告基本上被法律所禁止；而在目前的政治竞争中，尤其是在美国，它把大量私人资金投入政治领域、市场领域，并且日益主导这些资源所带来的影响。[①] 如果现在你问职业政客在其中做了什么，以及为什么这么做，游说团是如何运作的，是谁付钱让他们这么做，法律从何而来，它们是如何获得最终形式的，在简单的公众观点中并不包含任何确切的依据，其中不包含任何内容，也无法合理地从其中推出任何内容，可以填补这一空白，甚至由那些观点而产生的怀疑也不能。政客们自己出场了，他们中的许多人显然反常地担忧自己的适当形象，而将其对手塑造成最具破坏性的形象。他们经常争吵，而且经常是不友好的，甚至是在他们自己与资源的关系通过公共账户而流动时，此时这种关系在法律上是无可指责的，而且完全不是剥削性质的（职业政客在分配自己的薪酬时，不太可能像商界高管那样自作主张，或像其他人一样），他们的基本角色不能被合理地看作为所有（或在大多数情况下，大多数）公民的利益而无私奉献。这是一个很好的观点，即近期对于职业政客的行为和动机的披露，以及持续不断的商业游说的效力剧增，这些是否对去正当性产生了更大的影响。在英国，因为被披露的耸人听闻的消息，或许前者的影响更大一些。这一爆料揭露了默多克传媒帝国与政府主要成员（甚至包括首相在内）之间极具破坏性的亲密关系，还有国会议员的津贴开支习惯的详细描述。但在欧洲，过去几个月中，美国巨头和超级富有的互联网公司的贪婪需求之间的正面冲突必然会对民主的正当性产生影响。一方面，这与美国间谍活动的便利有关；另一方面，也与欧洲人脆弱的隐私观念

① 参见 Dworkin, *Is Democracy Possible Here*? Princeton: Princeton University Press, 2006; *European Journal of Political Theory*, Vol. 9, 2010, pp. 379 – 512。

有关，特别是那些经历过共产主义或法西斯统治的人。正像它应该的那样，在那里，民众的反应在某种程度上改变了天平的平衡，阻止了外界对欧洲施加的巨大政治和经济压力。它通过激励与选举相关的政治家们按照选举人的要求行事来实现这一目标。因为在立法设计中，最终的冲突终结或不终结，将立刻产生影响，很可能会产生比英国更持久的后果。它无法做到的是打破分散的公民关注和偏好与衰弱的游说力量之间的平衡，而游说力量是通过大量资本的集中在整个治理过程中释放出来的。将这一进程主要视为利益集团的一种信息贡献，也就没有注意到利益相关者所拥有的绝对权力，以及当今大多数欧洲国家，在经过30年有利于市场的改革之后，依然相对无力的政府结构。

在这种不利条件下，威胁共同利益这一理念的主要因素是每个人生活中最明显的元素，这些因素使他们在情感上保持一定的距离，分裂交换结构并确保每一个市场结构都可能永远被分解为恶毒的仇恨和复仇的冲动。市场让人迷恋的方面总是潜在地与其令人厌恶的方面关系紧张。在任何地方都无法清晰或公正地看到连接与断裂、吸引与分离之间的辩证关系，这种关系在广阔的空间里支配着人类相互作用的社会生态学。① 它仅仅是一个对互动网络的非常松散的隐喻，没有人知道如何将其视为一个整体，更不用说令人信服地分析它的最终成分，在错综复杂的社会和经济环境中它必然包括个体的人或人类群体。

由此产生的市场越广越深，它就越不可能受制于亚当·斯密自己所说的道德情操。② 世界上没有一个像地球那么广阔的市场能够满足某个人类社群的道德情操，更不用说所有人类社群了。在这个令人不安的空间里，选举授权的竞争政治诱导了与公民之间的分歧有关的无穷信息，甚至要求政府号召团结他人和认同他人，然而他们的选举伙伴却往往朝着相反的方向前进。消费者选择的过高要求无法与公民原始而无法推脱的义务调和。无论从哪个角度来看，其冲突的结果看起来都很糟糕。在重大周期性危机之后，所有这些畸形的东西都被进一步强化。那些自称代表的人的做法和其明显的目的看起来更花哨，也更不容易被原谅；而他们呼吁他们所代表的人们团结起来的声音似乎更粗俗，也更自以为是。他们会激起更强烈的怨恨，如果真有什么忠诚或信任的话，他们将得到更少的忠诚或信任。

① 参见 Dunn, *The Cunning of Unreason: Making Sense of Politics*, London: Harper Collins, 2000。

② 参见 Smith, *The Theory of Moral Sentiments*, Oxford: Clarendon Press, 1976。

在这样的市场上，你能区分出公民情感和社会经济学的轻信吗？在博弈论的习语中，你怎么分清好公民和坏公民呢？对公民义务的要求越苛刻，消费者就越不愿意履行。很难从分析的角度来判断，由此产生的混乱是否只是更明显地表明了什么东西始终存在，或者它是否把不可能总是解释成与可能性有关的、非常牵强而难以置信的东西。危机明显提出了建立一个好政府的迫切需要，但它做出假设，即使在原则上，好政府也会比以往任何时候都更加孤立无助。或许民主仍然可以很好地进行治理（在某时某地），但如果它真的能做到，那将是一个壮举。在很长一段时间内，地球表面大部分地区的核心政治问题，将仍旧是谁将为我们共同造成的混乱买单（就像它曾存在于人类演化的大部分历史中一样）。在民主这一范畴中，不存在足够的、真正的优势，能使那么大规模的混乱在任何可能的基础上神圣化。

专题论文

思想与战略

欧洲文明的“自由空间”与现代中国

——读施米特《大地的法》劄记

刘小枫*

［内容提要］　晚近的“全球史”以人类社会生活为本位，似乎欧洲文明内部争夺世界支配权的血腥厮杀已经决出胜负，自由主义政治人所憧憬的全球化“世界公民”社会时代即将来临。即便没有来临，施米特的《大地的法》所开创的“全球史”研究仍然以国家为本位，同时又超逾了“欧洲中心主义”，其学理依据反倒是：大国间的厮杀并没有终结，不过是越出欧洲范围扩展到全球而已。当面对问题意识明显不同的两种“全球史”概念时，选择与以人类社会生活为本位的“全球史”接轨便意味着，我们相信“世界公民”社会的全球化时代真的会来临。如果情形并非如此，如果18世纪以来迄今不衰的“世界公民”社会理念也许是一种乌托邦，如果国家间的厮杀依然频繁而且惨烈，那么，我们的史学研究和教学致力于给年青一代灌输自由民主的“世界公民”意识，其结果便是让我们的后代忘记自己脚下的土地仍然置身于以国家为本位的全球化冲突的世界历史时刻。

［关键词］　全球史　施米特　国际法　欧洲中心主义　中国现代外交史

引　子

晚近30年来，英语学界兴起一种名为“全球史”（global history）的新史学，

---

* 刘小枫，中国人民大学文学院教授，古典文明中心主任，博士生导师，主要从事古典诗学和政治哲学的研究。

如今已在相当程度上改变了美国以及其他英语国家的大学和中学的世界史教学内容。在“与国际接轨”的国策指引下，我国学界也正在奋力追赶这股史学新潮。

麦克尼尔（William H. McNeill，1917—2016）在 1963 年出版的《西方的兴起》（*The Rise of the West*），据说堪称“全球史”或“新世界史”的诞生标志。[①] 的确，我们应该注意到，该书有这样一个副标题：“人类共同体史”（a History of the Human Community）。

要理解《西方的兴起》何以算得上“全球史”的诞生标志，并不容易。显然不能说，关注大范围、长时段的历史现象，便足以开创世界史的新样式。着眼高度宏观的大结构、大过程、大比较的历史叙事，是 18 世纪以来的世界史名家都有的本领。如果说颠覆史学的“欧洲中心主义”是世界史新样式的关键特点，那么，麦克尼尔用“西方的兴起”这个主标题凸显现代欧洲文明具有的“普遍历史”意义，就很难说他摆脱了通常所谓的“欧洲中心主义”。如果说从以国家为本位转向以人类日常社会生活为本位是“全球史”学的标志，那么，麦克尼尔的这部大著以西方现代国家的生活方式为本位，显然并不符合这条标准。

在笔者看来，如果《西方的兴起》算得上“全球史”的诞生标志，那么，麦克尼尔所信奉的诞生于 18 世纪的“世界公民论”（the cosmopolitanism）才堪称真正的标志。麦克尼尔在《西方的兴起》中宣称，这是他确信不疑的“说服力极强的信念”[②]。正是基于这样的信念，当今的“全球史”编纂学才得以宣称颠覆史学中的“欧洲中心主义”习性，呼吁从国家本位转向人类社会生活本位。

眼下我国史学界热情满怀地与当代西方的“全球史”史学接轨让笔者想起：早在麦克尼尔的《西方的兴起》问世之前 13 年，施米特的《大地的法》（1950 年）就已经开创了一种“全球史”，而且实实在在地颠覆了政治史学中的“欧洲中心主义”。[③] 但与晚近的“全球史”研究取向不同，施米特仍然持守以国家为本位的传统政治史学品格，并不把社会日常生活或社会结构的变迁之类的现象视为世界史研究的首要关切对象。

---

① 伊格尔斯、王晴佳：《全球史学史：从 18 世纪至当代》，杨豫译，北京大学出版社 2011 年版，第 411 页。比较斯特恩斯《全球文明史》，赵轶峰、王晋新等译，中华书局 2006 年版；柯娇燕：《什么是全球史》，刘文明译，北京大学出版社 2009 年版。

② 麦克尼尔：《西方的兴起：人类共同体史》下册，孙岳等译，中信出版社 2015 年版，第 843 页。

③ 施米特：《大地的法》，刘毅等译，上海人民出版社 2017 年版。

值得思考的问题来了：以国家为本位的世界史研究，何以可能颠覆史学乃至人文学其他学科中的“欧洲中心主义”？

一 难言的论题

《西方的兴起》的核心篇章是第三编，此编标题“西方统治的时代”所确定的历史大时段为公元1500年至1950年，与书名互为表里。麦克尼尔力图展现这样一个历史事实：“现代文明”等于“欧洲文明”，“欧洲文明”等于“西方统治的时代”或“西方的兴起”。

在汉语的日常用法中，“西方”概念颇为含混，既是古希腊文明、古罗马文明和欧洲文明的总称，实际含义又更多指16世纪以来崛起的现代欧洲文明。毕竟，入侵中国的既非亚历山大的希腊联军，也非恺撒的罗马军团，而是英法联军。“甲午海战”之前，中国在自己家门口已先后与英国和法国发生过军事冲突。北京天安门广场上的人民英雄纪念碑碑文铭记着“1840年以来为中国的独立自主而牺牲的英雄”，标明中国的现代史以“鸦片战争”为开端，完全符合中国式的世界史分期。

这一历史事实提醒我们，“欧洲中心主义”这个概念颇为含混。“欧洲”长期四分五裂，各王国间战事不断，所谓“欧洲中心主义”当指欧洲的某些强权国家的世界性支配。但即便19世纪初期的维也纳会议也没有真正确定欧洲强国究竟是谁：脆弱的俄、普、奥三国“神圣同盟”并不能支配英国，法兰西也没有因拿破仑战败而彻底丧失实力。

1833年，兰克发表《诸大国》（又译《论列强》），力图凭靠欧洲人在不到一个世纪之前才刚刚开启的世界历史视野来考察晚近一个半世纪（17世纪末至19世纪初期）的欧洲大国冲突，并把这一历史时段称为“世界时刻”（den Weltmoment）。换言之，在兰克眼里，“世界”构成的基本要素是大国冲突。这篇长文不仅是史学史公认的世界史经典文献，也是“欧洲中心主义”史学的圭臬。通过展示欧洲大国之间相互冲突的最新“趋势”，兰克致力于澄清“普遍流布的”关于“现代世界形成过程”的若干误识。① 从而，所谓“欧洲中心主义”史学，首先指欧洲诸大国争夺世界支配权的史学。

① 兰克：《世界历史的秘密》，文斯（Rogers Wines）编，易兰译，复旦大学出版社2012年版，第161页。

接下来的“欧洲中心主义”世界史的经典之作，恐怕不得不提到麦金德（Halford J. Mackinder，1861—1947）的《历史的地理枢纽》（1904年）和《民主的理想与现实》（1919年）。[①] 麦金德虽然以政治地理学闻名，但他的地理学思想明显具有世界史视野，并以某种政治理论为前提。

即便按照历史社会学路向的世界史观点，诸种文明之间的地缘政治冲突也算得上世界历史最为重要的内在动力机制。[②] 文明冲突从古至今都主要体现为政治体之间的冲突，而欧洲自1500年以来直到1950年的冲突，则是同一文明内部的国家间的冲突。因此，“欧洲中心主义”史学以国家为本位，不仅有道理，也符合史实。

晚近的“全球史”以人类社会生活为本位，其前提显然是：欧洲文明内部争夺世界支配权的血腥厮杀已经决出胜负，自由主义政治人所憧憬的全球化“世界公民”社会时代即将来临。即便没有来临，也值得号召全世界自由民主知识人联合起来，反对任何形式的国家本位，包括代议制的民主政体，促使“世界公民”的全球社会早日来临。于是，史学界的自由民主知识人高举反“欧洲中心主义”大旗，各显才华重述世界史，开创了“全球史”的新叙事。

施米特的《大地的法》所开创的“全球史”研究仍然以国家为本位，同时又超逾了“欧洲中心主义”，其学理依据反倒是：大国间的厮杀并没有终结，不过是越出欧洲范围扩展到全球而已。1500年以来的世界历史的现代“纪元”（Era）是欧洲崛起的历史时刻，因此被称为“欧洲纪元”（the European Era）。这一“纪元”的终结虽然意味着“欧洲中心”的终结，却并不意味着以国家为本位的冲突已然终结。毋宁说，现代式的“欧洲纪元”所开启的欧洲内部的大国冲突格局已经扩展为全球范围的冲突。

历史社会学家有理由用统计数字来证明，“战争如何促成国家以及国家如何导致战争”仍然是政治史学面临的基本问题：在18世纪，整个世界共有68场战争，死亡人数400万，在19世纪，共有205场战争，死亡人数800万，20世纪则有275场战争，死亡人数1.15亿。[③] 当面对问题意识明显不同的两种“全球史”概

① 麦金德：《历史的地理枢纽》，林尔慰、陈江译，商务印书馆2007、2010年版。

② 伯克：《文明的冲突：战争与欧洲国家体制的形成》，王晋新译，上海三联书店2010年版，第161页。

③ 蒂利：《强制、资本和欧洲国家：公元990—1992年》，魏洪钟译，上海人民出版社2012年版，第81页。

念时，选择与以人类社会生活为本位的“全球史”接轨便意味着，我们相信“世界公民”社会的全球化时代真的会来临。如果情形并非如此，如果18世纪以来迄今不衰的“世界公民”社会理念也许是一种乌托邦，如果国家间的厮杀依然频繁而且惨烈，那么，我们的史学研究和教学致力于给年青一代灌输自由民主的“世界公民”意识，其结果便是让我们的后代忘记自己脚下的土地仍然置身于以国家为本位的全球化冲突的世界历史时刻。

差不多半个世纪前，著名德裔美籍世界史学家吉尔伯特（Felix Gilbert，1905—1991）就宣告了“欧洲纪元的终结”（the End of the European Era）这一不争的史实。[①] 我们直到今天才大致清楚这一历史实情，不过是因为该书出版之际，冷战尚未结束，我国也正在进行一场“史无前例”的“革命”。

今天的我们同样很容易清楚地看到，该书副标题“从1890年到当今(1970)”，正是古老的中华帝国艰难转型进入世界史的历史时刻。如果我们要从世界史中吸取经验教训，那么，对我们具有启发性的就不会是麦克尼尔的《西方的兴起》，而是施米特的《大地的法》。

在简短的“前言”结尾时施米特就宣告：“欧洲纪元”已经终结，但这个纪元所引出的全球性恶果不仅没有终结，整个人类的命运还因为这一恶果而更为前景难卜：

> 迄今为止的欧洲中心（europa – zentrische）的国际法秩序在走向衰落，古老的大地法则亦日薄西山。传统秩序源于对新世界的童话般的惊奇发现，源于一种空前绝后的历史事件。只有借助奇幻般的类比想象，人们才能设想一个现代版的国际法秩序，即人类登月的途中发现了一个新的、未知的星体，可以对其自由开发和利用，从而减轻了人类在地球上的争斗。即便以这种想象为根据，对于新的大地法则来说，仍然存在悬而未决的问题，这些问题不是借助自然科学的新发现所能解决的。[②]

① Felix Gilbert，*The End of the European Era*：1890 *to the Present*，London，1970；比较 Felix Gilbert，“Bernardo Rucellai and the Orti Oricellari：A Study on the Origin of Modern Political Thought”，*Journal of the Warburg and Courtauld Institutes*，Volume 12，1949，pp. 101 – 131。

② 施米特：《大地的法》，刘毅等译，上海人民出版社2017年版，第2页。

新派的“全球史”研究据说特别注重世界史研究的具体性，比如商业交往、物种传播、疾病蔓延、气候变化，乃至各种日常生活状态。韦尔斯（John E. Wills）的《1688年的全球史：一个非凡年代里的中国与世界》（2001年）名噪一时，据说连续35周高居《纽约时报》畅销书榜前10名。作者把康熙大帝治下的中国人、彼得大帝治下的俄罗斯人、大苏丹统治下的土耳其人、奥朗则布治下的印度人、耶路撒冷的犹太人乃至澳大利亚的土著人——更不用说欧洲各显要王国的欧洲人在1688这一年的生活细节蒐集一册，让刚刚进入21世纪的英语世界读者对世界史耳目一新。

尽管如此，韦尔斯承认，在1688年，仅有极少数“几类欧洲人”“能够全面把握世界各个地区、各个民族的多样性及其分布和联系”。这无异于承认，“欧洲中心主义”的产生自有其历史依据。通过展示1688年的全球生活状态，作者希望让今天的人们感到最大的世界历史巨变，并非是当时的世界“空旷多了，有大片森林和田野绵延”，也不是当时的世界“安静多了，没有扩音器，没有内燃机”，而是“人类的技术”竟然会有如此迅速的变化，“政治秩序、生活形态”会有如此“天翻地覆的逆转”。因此，在“序曲”中，韦尔斯提及最多的极少数“几类欧洲人”之一是洛克。①

洛克的政治学说并没有影响1688年的“光荣革命”，反而是启发了后来的美国革命。我们难免会问：新派的“全球史”在颠覆“欧洲中心主义”的同时，是否又在打造一种“美国中心主义”？

韦尔斯的说法让我们看到，“全球史”研究应该关注的历史具体性，与其说是人类共同体社会生活的日常状态，不如说是人类生活的秩序法则。1688年的世界并没有全球统一的秩序法则，如今我们的耳边不断听见“国际社会”“国际秩序”“国际舆论”“国际法庭”之类的声音，似乎冥冥中真的有一种国际的nomos（法），其实不然。

施米特的《大地的法》作为“全球史”的经典之作，关注的正是这样的历史具体性：欧洲国际法的形成及其历史嬗变是怎么回事。如果说曾有过一种“欧洲中心主义”，那么，欧洲国际法至少算得上这种“主义”的具体体现。问题在于，

① 韦尔斯：《1688年的全球史：一个非凡年代里的中国与世界》，文昊等译，新世界出版社2011年版，第3—4页。

施米特说这种“国际法秩序在走向衰落”。

有一种观点认为，施米特笔下的“Erde”这个语词不应译作“大地”，而应译作“地球”，因为施米特笔下的“Erde”包括海洋。施米特在“前言”中引用的歌德诗句可以证明，这种看法是错的。

歌德写道：“所有无关紧要的事物终将消散，只有海洋和大地巍然不动。”在这里，Meer（海洋）与 Erde（大地）并列对举，可见“Erde”不能译作“地球”。用我们的传统语汇来表达，也许“Erde”译作“天下”更为切合施米特的含义。毕竟，施米特关切的是秩序和统治规则。我们若把“大地的法”读作“天下的法”，或者在涉及 Erde（大地）这个语词时不妨读作“天下”，可能更有意味。

笔者并非要建议改书名译法，毋宁说，偶尔将“大地”读作我们的“天下”，兴许有助于我们更好地理解施米特所讨论的问题。毕竟，《大地的法》或“天下之法”是全球史论著，内涵宏富得让人眼花缭乱，其中涉及的政治思想史、地缘政治学、战争理论等方面的问题，不仅精深，而且富有现实性。

我们随即面临一个问题：应该如何把握《大地的法》最为关键的问题意识？悉心细读“前言”便不难发现，这还真是个问题。

“前言”第一句话就别有意味：“这本书是历经艰难之后的一部不设防的学术成果。”设防还是“不设防”（wehrlose）是军事术语，学术著作需要军事警戒式的设防？难道施米特在玩修辞？按照西方文史传统，史学隶属于修辞学，史书写作必须讲究修辞。但对施米特来说，所谓“历经艰难”（harter Erfarungen）或“不设防”之类的言辞，还真不是修辞。毕竟，他在 1946 年至 1948 年曾被盟军拘留调查。

避免什么嫌疑？显然是意识形态嫌疑。施米特在“前言”中对“以麦金德为代表的地理学家们”表示了感谢，但他马上笔锋一转：

> 不过，法学思维还是明显不同于地理学。法学家对事物与土地、现实与领土的知识并非源于地理学家，夺海概念具有法学而非地理学印记。①

施米特为什么提到麦金德？因为麦金德的《历史的地理枢纽》和《民主的理

① 施米特：《大地的法》，刘毅等译，上海人民出版社 2017 年版，第 2 页。

想与现实》提出了非常著名的地缘政治观：海属大国必须遏制陆属大国，因为后者的地理天性具有侵略性。施米特显然不赞同麦金德的理论立场，但他要反驳麦金德，又难免面临政治不正确的危险。因为，麦金德的具有世界历史视野的政治地理学依托“自由民主理想”，反驳麦金德就有反驳这种“理想”之嫌。

为了忠实于学术职分，施米特不得不反驳麦金德。因此，他在“前言”中特别申明，自己“会严格恪守事实依据，包括某些具体问题，以避免任何犯错误的嫌疑”①。换言之，施米特希望凭靠“事实依据”证实麦金德所犯的错误：虽然麦金德在第三次表述他的“心脏地带”论时已经把西半球纳入其世界史视野，他毕竟没有看到全球化时代的真正问题。

二　古今“天下”秩序的分界线

《大地的法》全书分四章，题为“引论”的第一章篇幅很短，由五篇短文构成，约40页（按中译本计算），但提出并讨论的问题颇为重要，即如何区分全球时代之前的万民法与全球时代之后的国际法。从“前全球时代的万民法”（Vor－globales Völkerrecht）概观入手，通过回溯基督教和古希腊的天下观，施米特提出了他对“法”的原初含义的理解：

> 对我们来说，法是关于空间分配的基本进程，在每一个历史时期都非常重要，对于共同生活在这个业已被现代科学测量过的地球上的人民来说，它意味着实现了秩序与场域的结构导向性汇合。②

显然，“全球（视野）”（global）是区分天下秩序的古今之变的关键。从而，理解何谓“全球（视野）”，乃是理解施米特论题的关键。

第一章最后一节题为“论占取作为国际法之建构性因素”，“占取”是关键词，而“国际法”指16世纪“欧洲崛起”以来的欧洲秩序赖以形成的公理性法则。换言之，欧洲国际法的形成基于“16—17世纪的大占取运动”③。

---

① 施米特：《大地的法》，刘毅等译，上海人民出版社2017年版，第2页。

② 同上书，第46页。

③ 同上书，第47页。

接下来的第二章，施米特就让我们看到一个耳熟但未必能详的标题：“占取新世界”。这里的“新世界”指美洲大陆。很清楚，从世界史角度讲，“全球（视野）”诞生于16—17世纪的欧洲“占取新世界”的历史运动。

第二章含三节，篇幅其实也不长（约60页），同样具有引论性质，尤其是第一节“最初的地球分界线”。在这里，“全球（视野）”的诞生被更为具体地界定为16—17世纪的欧洲大国对全球势力范围的地理划分。

施米特提出的关键论题基于以下两个要点：第一，欧洲的基督教君主国在地理大发现之后对西半球的“占取”加剧了欧洲内部国家间的冲突，欧洲国际法应运而生；第二，随着西半球的美国崛起，欧洲国际法便走向衰落。我们必须意识到，美国是欧洲的基督教王国“占取”美洲陆地的结果，从而是欧洲秩序的延伸：为了争夺美洲地盘，欧洲大国之间在美洲大打出手。英属殖民地的欧洲人在北美洲建立的独立国家即美国与欧洲秩序若即若离的关系，乃是欧洲国际法嬗变或兴衰的关键。“欧洲中心主义”的终结或“全球主义”的兴起，很可能意味着美国中心主义的兴起。

因此我们看到，随后的第三章和第四章是全书主体，占全书2/3的篇幅（约200页）：第三章题为“欧洲公法”，即讨论欧洲纪元的天下之法的形成；第四章题为“关于新大地法的诸问题”，对应上述第二个论题即美国的崛起。所谓“新大地法”，无异于指美国的天下秩序之法。如果美国的新“天下法”与麦金德的世界历史政治地理观有内在的连带关系，那么，施米特凭靠“事实依据”的史学探究即便“设防”也不可能有效。

第三章第一节的标题是“国家成为新的国家间欧洲中心主义全球空间秩序的主导力量”，换言之，对西半球的“占取”只会是国家行为。第四章第一节的标题是“整个欧洲的最终占取”，施米特写道：

> 欧洲公法的花落时节，也正是欧洲以外的最后一块占取之地从欧洲强国们的手中失落之日，这也是共同欧洲国际法的谢幕演出。演出的舞台在非洲的土地上。与此同时，从1870年到1900年这段时期，作为亚洲的领先者日本逐步走上国际舞台，首先进入条约关系中，继而加入像万国邮政联盟这样的管理组织，并最终被接纳为欧洲国际法共同秩序中的平等一员。但是，在非洲大地上，仍然上演着欧洲国家之间为了开拓中的和新建立的殖民地社会

而展开的竞争。[①]

欧洲强国争夺非洲不过是“欧洲公法的花落时节”，接下来的第二节题为“欧洲公法的终结”。我们看到，施米特在这里给出的“事实依据”是，1898 年的美西战争成为美国崛起的起点。施米特说，这场战争表明：

> 美国的外交政策已经转向了一个开放的帝国主义时代。这次战争没有遵守西半球的传统的大陆概念，而是深入太平洋地区，甚至深入到古老的东方区域。[②]

从此，“干涉被正当化了，美国可以插手政治、社会、经济等所有重要的世界事务”[③]。因此，“欧洲中心”的终结绝非意味着国家本位的终结，毋宁说，它仅仅意味着美国成功将欧洲大国挤出美洲，让自己成为独霸美洲的大国，然后以此大国身份参与重新划分全球势力范围的竞争。吉尔伯特把“欧洲纪元的终结”的历史时刻确定为 1890 年以来，与施米特的看法完全一致。

由此看来，《大地的法》的第一章最后一节和第二章第一节乃全书枢纽，尤其后者。施米特在这里扼要地阐述了随后三章的核心要点，但要看清这一要点，我们需要对比麦金德的世界历史地理观的要点。

在麦金德看来，16 世纪发现新大陆之前，人类争夺生存空间的斗争仅在地球上的欧亚非大陆——他称为“世界岛”（World－Island）——的两个区域展开。全世界 2/3 的人口定居在欧亚大陆被海洋包围的东、南、西面的“新月形”（Crescent）边缘地带，欧亚大陆“腹地”（heart－land，又译“心脏地带”）即这块陆地的中部和北部，地域极为广阔，人口却十分稀少，但这里的草原部族却对新月形地带的政治体长期保持战略优势。凭靠哥伦布一代伟大的航海家们的地理大发现，西欧民族通过航行把欧亚大陆东西海岸连接起来，才解除了欧亚大陆“心脏地带”的战略优势。[④]

---

① 施米特：《大地的法》，刘毅等译，上海人民出版社 2017 年版，第 196 页。

② 同上书，第 274 页。

③ 同上书，第 290 页。

④ 麦金德：《历史的地理枢纽》，林尔蔚、陈江译，商务印书馆 2007、2010 年版，第 64 页。

欧亚大陆边缘地带与大陆腹地的古典地理关系因此而发生了具有世界历史意义的颠倒，这一历史变化的关键在于：“当西欧的航海民族以他们的舰队控制海洋，在各大陆的外缘定居，并在不同程度上把亚洲的海洋边缘变成属地时”，就开辟出一个新的新月形地带——麦金德称为“外新月形地带”①。

因此，麦金德在《历史的地理枢纽》中一开始就说，哥伦布纪元的地理发现经历了长达四百年的历史，紧随探险家或旅行者或传教士的脚步而来，是西欧王权国家对地理新发现的“政治占取”（political appropriation）。但是，到了1900年，哥伦布纪元已经结束，全球地表上已经“几乎没有留下一块需要确认所有权申明的土地”②。

麦金德没有细说的长达三百多年的“政治占取”过程，恰恰是施米特要细说的“事实依据，包括某些具体问题”，即第三章的内容。依据这一历史事实，施米特提出了与麦金德截然不同的现代世界的历史观。麦金德的目光牢牢盯住大陆心脏地带对海属大国以及新世界的威胁——如他相信的那样，这是一种世界历史性的威胁，而施米特则把目光紧紧盯住包括英国在内的欧洲与“新世界”即地理大发现所发现的西半球的关系。

三　什么是“全球划界思维”

倘若如此，题为“占取新世界”的第二章第一节是全书关键，随后两节不过是对第一节中的基本论点的初步展开。把握这一节也就能把握全书要义，因此值得细看。

这一节篇幅不长（大约15页），让我们首先关注标题：“最初的地球分界线”。“分界线”这个术语隐含“划分”行为，按施米特对“法”的词源学解释，“法”意味着“划分、占取、养育”。从而，“分界线”的划分意味着创立一种“大地法”以及随之而来的空间秩序。所以他说，“15、16世纪伊始的环球航行以及新大陆的发现”引发的全球划分，促成了欧洲纪元的天下法——国际法的形成，而这个形成史“一直持续到20世纪”③。

---

① 麦金德：《历史的地理枢纽》，林尔慰、陈江译，商务印书馆2007、2010年版，第68页。

② 同上书，第44页。

③ 施米特：《大地的法》，刘毅等译，上海人民出版社2017年版，第55页。

> 新大陆的发现立即带来了有关占地和夺海（Land – und Seenahme）的纷争。地球的划分与结构越来越成为相邻人群与势力之间的共同话题。此时，地球的分界线需要重新设定，全球的土地需要作出新的划分与安排。①

这就是欧洲纪元的开端，或者说世界历史的现代开端，当然也是“欧洲中心主义”的开端。随之而来的还有历史意识和科学意识的提升，或者说随欧洲纪元的天下法的形成，欧洲产生出大量各色著述，迄今的学术思考还没有摆脱这些著述的支配。

谁都会承认，施米特所说的事实有根有据，问题在于，如何理解这个开端。对施米特来说“从政治实践层面来看，重要的不是地球表面的区域划分，而是地球空间秩序的实际内容”②。可是，麦金德同样“从政治实践层面来看”世界地缘的历史嬗变，为何又有问题？难道人们在政治问题上真的无法判别对错？

施米特接下来指出，欧洲纪元的欧洲中心主义实质上是一种文明优越论。一旦美国中心论取代欧洲中心论，美国文明优越论就历史性地出场了：

> 16—20世纪的欧洲国际法，将欧洲基督教国家视为整个世界秩序的创造者和承担者。“欧洲标准”被认为是当时的常态标准，理所当然地适用于世界其他板块。所谓“文明”即被等同于“欧洲文明”。在此意义上，欧洲依然被看作是世界的中心。当“新世界”出现之时，欧洲的地位自然就成了“老世界”。美洲大陆的出现，展现了一个全新的世界，因为即便是古代和中世纪那些了解世界是一个球体、一直向西航行即可抵达印度的学问家和宇宙学家们也不曾料想，在欧洲和东亚之间竟还有这样一片广袤大陆的存在。③

严格来讲，文明的“自我中心”论是古典文明的一般特征。施米特当然清楚，“中世纪的基督教各民族及其王侯们，都将欧洲的罗马或耶路撒冷看成世界的中心”。我们会补充说，中国古人会把中国看成世界的中心。不同的是，欧洲的古人尽管与古代中国人一样，对世界地表上的其他古老部分并无了解，却充分了解自

---

① 施米特：《大地的法》，刘毅等译，上海人民出版社2017年版，第55页。

② 同上。

③ 同上书，第55—56页。

己的周边到处是强大而又危险的敌人，而威胁着古代中国人的强大外敌，主要来自西面和北面。

在施米特看来，1492 年标志着一个“新世界”的诞生意味着，地理大发现彻底改变了“包括地球的中心（Mitte）到地球的年龄（Alter）”的传统概念。现在，欧洲人看到了“一个巨大的、迄今为止不为人知的、非欧洲的空间”，并进而夺取和占有这一新空间。施米特由此提出了自己的关键论点：

> 对之后几个世纪最本质和关键的一点是，这个新出现的世界并没有被当作敌人，而是被当作自由空间（freier Raum），即被当作可以任由欧洲去征服和扩张的无主土地（freies Feld）。在起初的三百年间，欧洲的自我定位无疑极其强势：欧洲既是世界的中心，也是老大陆的中心。但新世界从一开始就颠覆了以往关于“中心”或“古老”这些具体概念的内涵。因为从今往后，欧洲内部列强争夺新世界的争战拉开了序幕，在这些争斗背后，新的空间秩序和新的划分格局呼之欲出。①

施米特要进一步探究的问题是：欧洲列强争夺新大陆与欧洲公法的兴衰有什么关系。

新大陆的发现和争夺，催生了欧洲国家之间通过“友好协商”签订条约来划分占取新空间的尝试。这是欧洲国际法的开端，或者说，欧洲国际法源于平息欧洲国家之间因争夺新发现的地表空间而产生的冲突。1494 年的《托尔德西利亚条约》仅仅是这种尝试的开端，在随后三百年的历史过程中，欧洲国家之间的战争越来越多，平息或约束战争的条约也越来越多。因此，从实践上讲，欧洲国际法的形成和发展，主要是为了限制基督教欧洲共同体内部各政治体之间的战争。但施米特强调，欧洲国际法的诞生在一开始就带有与生俱来的内在矛盾：欧洲王国之间的战争因划分和占取新的世界空间而日趋激烈，“法”的本义就是“划分、占取、养育”，欧洲国际法又何以可能真正限制因划分和占取而引发的战争。

因此，施米特强调，重要的是应该看到，新大陆的发现以及引发的欧洲列强争夺，催生出“一种特定的思维方式”，即“全球划界思维”（globales Liniendenken）：

---

① 施米特：《大地的法》，刘毅等译，上海人民出版社 2017 年版，第 56 页。

> 这种思维方式在人类空间意识的发展历程中成为特别的一个阶段，并随着“新大陆”的发现与“新时代”的开场（Beginn der“Neuzeit”）而开始植根。这种思维方式，随着地图绘制和地球本身的发展，也一步一步向前发展。从 global［全球］这个词语看来，这种思维已经覆盖了全部地球，包括地表和地下，其无所不包的特点已经很凸显，并基于海洋和陆地的平等并置(Gleichsetzung)。①

在这里，施米特提到他在“前言”中已经提出的批判性观点：这种思维“从一开始就是高度政治性的，而不能仅仅是地理学意义上的”。麦金德以地理学家著称，我们不能以为他是个自然科学家，似乎具有非政治的中性特征。事实上，麦金德的世界历史地理观带有非常明显的政治性“划界思维”特征：欧亚大陆腹地/新月形地带/外新月形地带。下面这句话可以说直指麦金德《历史的地理枢纽》一文的要害：

> 地理学本身的中立性未能阻却一场政治斗争的开场，这是一场围绕地理概念而旋即上演的政治斗争。②

这里出现的“中立性”一词会让我们想起施米特在《政治的概念》中对自由主义政治学—法学的著名批判：这种政治学—法学所标榜的“中立性”不是自欺欺人，就是一种政治欺骗。由此看来，施米特在《大地的法》中所思考的问题，与他在《政治的概念》中思考的问题一脉相承。

他马上举了两个例子：第一，霍布斯的政治哲学有几何学和算术学垫底，似乎他谈论的是“不言自明的公理”，其实隐含着“急迫地划分敌我的必要性”。第二，今日地球仪上的本初子午线的定位，不是科学的中立性结果，而是“法国人和英国人在制海权和世界主宰权上斗争”的结果：英国人把子午线定在跨越格林威治的位置，而法国人自 18 世纪以来就将本初子午线定在巴黎天文台所处的位置，直到 20 世纪才放弃同英国人较劲，而德国的星象学年鉴“也直至 1916 年才

① 施米特：《大地的法》，刘毅等译，上海人民出版社 2017 年版，第 57 页。

② 同上。

屈就于格林威治子午线”。

霍布斯的例子具有理论意涵，这意味着施米特所讨论的“全球划界思维”是个政治哲学问题。从而，《大地的法》绝非仅仅是关于国际法的法学史论著，也是政治哲学论著。

从世界史角度上讲，地理大发现经历了三个阶段，历时差不多三个世纪，西班牙与葡萄牙两个王国的海外竞争仅仅是第一阶段，西班牙发现并占取了南美洲。西班牙和葡萄牙凭靠武力霸占了航线，不准其他王国使用，英格兰王国和法兰西王国只有另辟航路，从北面、西北面或东北面沿哥伦布开辟的方向往西，结果有了新的发现——发现从加勒比海到北极的北美洲大片陆地，并随即开始殖民。

1632 年以后，英格兰王国和荷兰王国崛起，冲撞西班牙王国的霸权，强行占用其航路，开始了争夺亚洲的贸易战，一直到 18 世纪前 30 年，史称第二阶段的地理大发现。18 世纪中叶，欧洲王国主导了对美洲和亚洲的探索：航队由海军带着科学家进行探察，大致搞清了太平洋东西海岸陆地的一般结构，证实了托勒密的地理设想是错的——史称地理发现的“白银时代”。库克发现南太平洋的陆地之后，地球上留待探察的海岸线已经所剩无几——史称第三阶段的地理大发现，从此才有了今天作为定版的世界地图和地球仪。

施米特在这里着重记叙了前两个阶段的历史性划界事件，并力图揭示这两个阶段的“划界思维”的差异。我们必须关注，他的如此笔法的政治史学意图何在。

施米特说，1492 年仅仅是哥伦布受命远航的标志性年份，它并不是“划界思维”的开端。真正的开端是罗马教宗亚历山大六世在 1494 年 5 月 4 日发布的“教宗子午线”，以此解决西班牙王国与葡萄牙王国的争端。施米特顺便驳斥了确定的陆地与自由的海洋自古对立的论调：

> 1713 年到 1939 年之间国际法空间秩序所体现出的确定陆地与自由海洋之间的对立，在划界的当时还是陌生的事情。①

陆地的确定性指陆地有主权归属，海洋的自由性指海洋尚未有主权归属。“教宗子午线”划过之后仅仅一个月（6 月 7 日），西班牙和葡萄牙在教宗使节调停

---

① 施米特：《大地的法》，刘毅等译，上海人民出版社 2017 年版，第 58 页。

下，通过签订《托尔德西利亚条约》（*Vertrag von Tordesillias*）又划定了另一条子午线。在施米特看来，这个条约首次划分——或更准确地说瓜分了——整个地球的海洋范围："以该子午线为界，往西新发现的区域归西班牙，往东新发现的区域归葡萄牙。"换言之，对陆地的占取包含对海洋通道的控制权，从此海洋不再具有无主的"自由"性质。

作为《托尔德西利亚条约》的补充，西班牙和葡萄牙在1529年4月签订《萨拉戈萨条约》（*Vertrag von Saragossa*），划定了一条穿过东西伯利亚、日本和澳大利亚中部的所谓"拉亚线"（Raya），纵贯太平洋西部。这条地球分界线不仅在施米特随后的论述中非常重要，而且对我们也非常重要，因为这条线靠近中国，更不用说这里直到如今仍然是政治地缘学所谓的破碎地带。

接下来的1559年，西班牙和法国之间签订了《卡托—康布雷齐和约》（*Cateau Cambrésis*）。这次划分具有世界历史的转折意义，因为，这次是西班牙与法国解决争分。这意味着，划界冲突已经越出神圣罗马帝国这个大家庭范围。尽管如此，这次划分势力范围的条约强调了所谓"友好"性质。换言之，尽管西班牙与法国不属于同一个政治单位，毕竟认同双方都属于欧洲大家庭，信奉同一个上帝，应该"友好"解决争分。

随后，施米特的世界史目光突然投向了20世纪的第二次世界大战，并提到美国的崛起。

> 全球性的划界思维有其独特的发展路径和历史。这种思维的多个例证现在要以国际法空间秩序的眼光来进一步评断。这些例证共同构成自1492年发现美洲新大陆到"二战"时的美国声明期间一系列相互关联而统一的理论序列。①

施米特把1492年发现美洲新大陆与"二战"时的美国相提并论，并连成一条历史的长段线索，其意何在？难道他想要说，20世纪的第二次世界大战不过是欧洲自1492年以来的多次更改全球划界的最近一次而已？

施米特更看重"拉亚线"和"友好线"，原因不难理解。因为，"拉亚线"表明，远离欧洲地域的陆地和海洋成了欧洲强国的争夺对象；"友好线"则表明，更

① 施米特：《大地的法》，刘毅等译，上海人民出版社2017年版，第60页。

多的欧洲强国加入了争夺行列。因此，第三章以这样一个标题开始：“国家成为新的国家间欧洲中心主义全球空间秩序的主导力量”。这就引出欧洲国家之间必须通过订立法律来规约相互关系的问题——欧洲国家之间的共同法即国际法成为当务之急。

可是，施米特为什么要把“拉亚线”和“友好线”与20世纪的美国联系起来呢？可以设想，按照“拉亚线”和“友好线”的逻辑，美国的崛起必定会参与欧洲王国之间的划界争分，因为美国毕竟是出自欧洲母腹的国家。我们都清楚，从开罗宣言到雅尔塔协议，美国和苏俄主持了新一轮全球划界。不用说，与过去的历史上一再出现的情形一样，重新划界取决于国家间的战争胜负。欧洲国家即便因全球划界相互之间打得一塌糊涂，毕竟都在“友好线”之内，但20世纪的“二战”后的美国修改了堪称现代欧洲传统的“友好线”原则，打破了近三百年来形成的欧洲国际公法的规矩，颠覆了欧洲的“友好”战争法。

由此我们可以理解，《大地的法》第三章和第四章两章的重点内容是战争性质的历史嬗变：从中世纪的战争到现代欧洲的“非歧视性战争”，再到欧洲纪元终结时（1890年以来）的歧视性战争。

四 “友好线”与歧视性划分

既然是一个历史的过程，这些划界条约的演变及其历史关联，便隐含着“全球划界思维的不同线路和不同阶段彼此交错而形成截然不同的空间秩序”，其中蕴含着截然不同的国际法内涵。政治史学式的思考需要考察这些条约的国际法前提和预设，以及它们所反映的政治空间观念。这样一来，施米特就把问题上升到政治哲学高度，霍布斯和黑格尔接踵出场。

可见这一节非常重要，施米特在这里提出的三点理论分析，是随后两章展开的基础，颇值得细看。

首先，从西葡两国的“拉亚线”到英法两国的“友好线”（amity lines），其间有一个历史性转折。因为，西葡两国在“精神上同质”，服从罗马教廷调停，“拉亚线”作为国际法意义上的契约性协议，“背后存在一个共同的宗教秩序（ordo）以及政权实体”，罗马教廷“实乃一个国际法上的裁判官”。罗马教廷虽然不能决定陆地归属，却负责传教区的划分（Missionsgebiete）。施米特承认，这本身

“也是一种空间秩序的表达，即一种区分基督教势力范围和非基督教区域的空间秩序”①。

不仅如此，由于“传教区的划分与航海和贸易的界分息息相关”，教宗也就插手了经济和政治利益的分配。由此引出的问题是：基督教王国是否有权利对抵制传教和“自由贸易”的地区动用武力。为此，西班牙的多明我会教士维多利亚（Francisco Vitoria，1483—1546）在1538年提出了一套关于正义战争的说法。在维多利亚看来，传教自由和商业自由起初不是，但最终成了“正义战争的法权资格，并因此而成为占取和兼并的法权”②。

尽管如此，在施米特看来，“拉亚线本身并不涉及基督教和非基督教地区的界分”，而是“两个大肆占取的基督教势力之间空间秩序框架下的一种内部分界”。关键在于，当时，“占地和夺海尚未区分开来”，中世纪欧洲基督教的共同空间秩序尚未突破。

1559年，西班牙与法国达成口头性的《卡托—康布雷齐和约》秘密协定，这个协定带有的欧洲历史因素是罗马教会的分离，从而开启了“天主教和新教夺海势力之间宗教战争的年代”。为什么施米特看重这个口头协定？因为它对欧洲国际法的形成具有重要的历史意义，即区分欧洲基督教家庭内部与外部的冲突：天主教和新教及其国家间的冲突属于内部冲突，这个大家庭的成员之一与外部的冲突另当别论。

这意味着，所谓“国际法”是欧洲大家庭内部关系的法律，不适用于这个家庭之外。西班牙多次表态，“诸多条约对‘印第安’（Indien）不起效用，因为它属于新世界”。这意味着，欧洲大家庭之间发生战争，各家庭成员就得遵守欧洲国家间的规矩，即所谓“国际法”。如果是这个大家庭成员与某个非家庭成员之间发生冲突，就可以不讲规矩，想怎么打就怎么打。英法联军攻入北京后可以放火烧圆明园，法国人攻入维也纳则不能干这类事情。

施米特提到，为了与西班牙国王竞争，法国与异教徒、野蛮的海盗乃至“西班牙在美洲的城市结盟，共同实施掠夺”③，就使得事情复杂化了。因为，两个同

① 施米特：《大地的法》，刘毅等译，上海人民出版社2017年版，第61页注释。

② 同上。并参见维多利亚《论美洲的印第安人》，布朗等编，王文等译，上海人民出版社2012年版，第164—170页。

③ 施米特：《大地的法》，刘毅等译，上海人民出版社2017年版，第63页。

属一个家庭的成员之间的冲突引入了外部成员。但是，由于这一冲突发生在欧洲地域之外，或者说发生在“界线另一边”，就不受欧洲大家庭法律的约束。这样一来，划界就变成了秩序的分界：两个同属一个家庭的成员之间的冲突在界线这边和那边，是有法和无法的区分。

施米特举例说，法国的枢密官黎塞留（Cardinal de Richelieu，1585—1642）宣布，法国船舰不准袭击西葡两国船只，仅以北回归线为界，越过此线就不受约束，除非西班牙和葡萄牙开放通往美洲和印度的陆上和海上通道。这个例子让我们看到，地理大发现的第二阶段即欧洲各强权国家争夺海外势力支配权时期，欧洲国际法的适用范围仍然受均势状态的限制。

> 以此线为界，欧洲结束，新世界开始。以此线为界，欧洲的法律，尤其是欧洲的公法，也失去了效力。因此，从这条线开始，迄今的欧洲国际法所推动的战争禁令也失效了，为占取而行的争战肆无忌惮。在这条线之外，一个“海外的”区域开始了，这里不存在战争的法律限制，所行的只有弱肉强食的丛林法则。①

欧洲人的“文明”行为仅仅是内部行为，在“友好线”之外就是自然状态，在这里没有“一个共同的前提或共同的权威”。欧洲国家共同认可，此线之外“尽是自由新天地”：“所谓自由，是因为这条线划定了一个可以肆意使用暴力的区域。”在当今美国的“自由航行”的宣称中，我们还可以看到三百多年前的这层含义。

> 该界线的潜台词是，只有基督教欧洲的诸侯和子民，才能成为参与新全球占取的协约伙伴。但是，这些隐藏在基督教欧洲诸侯和民族之间的所谓共同点，既缺乏一个统一的、具体且有合法性的仲裁机构，也缺乏一种除了弱肉强食、先占先得之外的具体的划分原则。由此可以产生一个普遍的设想，即此线彼岸发生的一切，都不能用迄今在欧洲已获承认的法律、政治和道德标准去评价。这将意味着欧洲内部问题的巨大缓和，而这种缓和矛盾的方式，

---

① 施米特：《大地的法》，刘毅等译，上海人民出版社2017年版，第63—64页。

正是国际法上臭名昭著的“界线之外”的伎俩。①

应该注意到，黎塞留在1634年7月宣布这一规矩时，正值欧洲内部的现代第一场大战即德意志30年战争（1618—1648年）期间，而20世纪的两次欧洲大战则被很多史学家视为第二次这样的30年战争。

施米特在第二章第一节中的三点理论分析侧重于第二点，篇幅长达8页，而第一点和第三点分别不到两页篇幅。在这里我们看到，施米特让他所关注的问题上升到了政治哲学高度。

> 16、17世纪的友好界线彰显了两种所谓的自由区域，在此，欧洲各族对外可以无所顾忌地大展拳脚：其一是自由的土地——美洲，欧洲人可以在此自由地占取，一切旧有的法律不必再顾忌；其二是自由的海洋，新发现的大洋被法国人、荷兰人和英格兰人看成可以自由占取的区域。②

这无异于说，所谓“自由的土地”和“自由的海洋”其实都是掠夺性概念，但它听起来像是指罗马法意义上的共同财物（res communis omnium），从而是个彻头彻尾的欺骗性概念。人们没有想过：谁与谁拥有共同的“自由土地”和“自由海洋”？

由于争夺遥远的“自由土地”需要通过“自由的海洋”，于是就有了英国法学家塞尔顿与荷兰法学家格劳秀斯的历史性论争。③ 不过，施米特在这里没有论析这场著名论争，而是致力于揭示“自由的土地”和“自由的海洋”这两个掠夺性概念所引发的政治哲学史问题：

> 基督教政府所承认的划分出去的自由领域造成了一个后果，即普遍、彻底地撼动了所有传统的精神和道德原则……换言之，对古代和基督教中世纪传承下来的所有规则和前提，自由领域的划分意味着一个彻底的颠覆。④

---

① 施米特：《大地的法》，刘毅等译，上海人民出版社2017年版，第64页。

② 同上。

③ 比较张云雷《为战争立法：格劳秀斯国际关系哲理研究》，中央编译出版社2017年版。

④ 施米特：《大地的法》，刘毅等译，上海人民出版社2017年版，第65页。

施米特尖锐地指出，划分出自由领域意味着，正义、善乃至真理有一个适用范围：“基督教的王侯和子民都一致同意，对于特定的地域不去区分是非与对错。”这意味着所谓“自由”就是无法无天，没有任何道德约束。欧洲人在自己的家园内才是文明人，在家园之外是野蛮的自然人。

施米特由此引出了对霍布斯国家理论中的自然状态论的重新理解，并坦然承认，自己在12年前（1938年）发表的《霍布斯国家学说中的利维坦》也没有看到这一点，即霍布斯认为，自然状态下人与人的关系是狼，这个观点与“友好线”的划分有“历史性关联”①，尽管他看到，即便接受了国际法，欧洲各国仍然处于相互对峙的“自然状态”——“国家里才有安全，国家之外毫无安全”②。

> Homo homini lupus［人与人是狼］的名句有着悠久的历史，在新世界的占取上，这一格言突然显得急迫和有杀伤力。③

维多利亚毕竟还承认，野蛮人也是人。启蒙运动之后，这种人道观更为响亮，唯独在16—17世纪，“人与人是狼”成了一条现实法则。这与所谓“友好线”的划界有关，因为，“新大陆成为基督教欧洲政府承认的开放和不受拘束的领域”④。与12年前不同，施米特现在认为，霍布斯的“自然状态”说出现在发现自由的新大陆之际，绝非偶然：

> 霍布斯显然不是仅仅基于忏悔欧洲内战的观感，而是也基于新世界的诞生这一事实。霍布斯所言的“自然状态”绝非一片在空间上不存在的乌托邦。霍布斯所说的自由状态毋宁是一种“无人之境”，但远非“无在之境”。这片土地可以定位，而霍布斯也将其定位在新世界。在《利维坦》中，“美洲性”（Americani）被明确表述为人类在自然状态中狼的性格。在《比希莫斯》一书中提到的暴行，就是指西班牙的基督教徒们在印加帝国的所作所为。虽然

① 施米特：《大地的法》，刘毅等译，上海人民出版社2017年版，第67页注释。

② 施米特：《霍布斯国家学说中的利维坦》，应星、朱雁冰译，华东师范大学出版社2008年版，第86—87页。

③ 施米特：《大地的法》，刘毅等译，上海人民出版社2017年版，第66页。

④ 同上。

霍布斯的晚期思想更多致力于建构抽象概念，而不是针对具体的时间和空间历程的思考。或者说，所谓自然状态毋宁是一种假想的建构，而不是历史的真实。但是，这并未消除自然状态与友好界线的重要历史联系。①

施米特在这里加的第一个长注也值得细看，因为他说，“黑格尔的国家建构思路亦延续了霍布斯开辟的方向”：“在黑格尔看来，美国是一个没有国家只有市民社会的地方。”这个注释令人费解：“市民社会”在黑格尔看来是自然状态？倘若如此，美国政制无异于野蛮状态？

施米特很快滑过这个问题，转而说到滕尼斯（Ferdinand Tönnies）的霍布斯研究。他说滕尼斯看到，应该从历史语境的角度来理解霍布斯的自然状态论，而这个历史语境正是“友好之线以及一种新型的非常自由的无限制空间”观念冒出来的时代，尽管并不排除霍布斯的自然状态指已经过时的中世纪的封建无政府状态。

但是，在正文中，脚注中滑过的问题得到延续：施米特说，“友好界线效用的第三个明证当推洛克”。我们应该想到，洛克不正是美国的立国教父吗？不过，在说到洛克时，施米特没有直接点美国的名，仅仅说“在洛克的设想里，自然状态和新世界在历史上也休戚相关”：

> 只不过这个自然状态在洛克那里已成为一个完全可以承受的社会状态（Sozial－Zustand），而不再是旧有的（beyond the line［此线之外］）的含义。②③

按照这种逻辑推论下去，施米特显得以极为小心的笔法表明：美国的立国及其后来的崛起，遵循的是自然状态的丛林法则。施米特的观点是否如此，我们需要细读第四章才能得到印证。尽管如此，随后的一段话多少可以看到一点端倪：

> 16、17世纪划定的友好界线的国际法意义在于，大片的自由疆域，为争

① 施米特：《大地的法》，刘毅等译，上海人民出版社2017年版，第66—67页。

② 同上书，第67页。

③ 由于洛克对现代国际政治思想的影响长期以来被严重低估，阿米蒂奇在其名著中用了60页篇幅论析洛克，而论析霍布斯仅用了17页。参见阿米蒂奇《现代国际思想的根基》，陈茂华译，浙江大学出版社2017年版，第80—139页。

夺新世界而开战的疆场被划定出来。其法律上的正当性在于，通过划定自由疆域，界线这边由欧洲公法管控下的自由与和平的空间获得了释放，不会因为界线那边的情况而遭遇威胁，否则欧洲和平区的稳定也难以维持。换言之，划定争夺新世界的战场，服务于对欧洲内部战争的遏制。这就是其国际法上的意义与合法性所在。①

说白了，美国是在16—17世纪的欧洲人所划出的自由疆域中崛起的，这里没有国家间的国际法的约束，美国在立国之初也宣称与欧洲切割。在1898年的美西战争之后，美国重新介入文明的欧洲秩序，把野蛮的非法习惯带入欧洲。于是，20世纪的第一次欧战就出现了歧视性的战争概念，欧洲纪元或者欧洲的国际法传统开始走向终结。

从世界历史的角度看，美国行为来自英国的传帮带。因为，英国在19世纪末取得了全球性霸权，而这种霸权基于“友好线”的划分。在16—18世纪，“友好线”的文明世界的一边是欧洲这个大家庭。现在，这个大家庭仅剩下英国这个唯一的绝对老大，文明世界仅仅是英国，“此线之外”都是自由疆域。

施米特举了两个例子来说明这一点。第一，“英国法律直到现在都一直保留了对不同疆域特殊性的区分”。这是因为殖民地的占有形式具有多样性，而欧洲大陆的法制思维只承认一种疆域类型，即“国家疆域”（Staatsgebiet）。

第二，英国法中有所谓“例外状态”（Ausnahmezustand）概念，比如海战法旨在划定时间和空间上的一个特点领域，在这个领域可以吊销一切既有法权，从而以法律形式划出一个有别于常态的例外时期。在施米特看来，这一概念明显基于划出自由领域的习惯：

在这一时间和空间的特殊区域里，一切都可能发生，只要有这样的实际需要。②

这意味着，“自由和正义的烙印皆局限于特定的时间之内”。施米特由此引出

① 施米特：《大地的法》，刘毅等译，上海人民出版社2017年版，第68页。

② 同上。

英美式自由主义法制理念的性质：所谓自由海洋、自由贸易和自由世界经济的设想，基于划出一个自由竞争和自由开发的进退空间，也就是“友好线”所划分出来的自由掠夺的自由空间。在这个空间，人类服从丛林规则，即“严酷的实力较量”和“消灭彼此的决斗”，以及“不同的评价体系和实力消长的自由游戏”。用我们熟悉的语言来说，“友好线”的划分是双重标准的法理基础。

在这里，施米特才连接起上面断掉的那个黑格尔关于美国的论断：英美政体“建构在非国家的市民社会之上”，而这个市民社会是“无所顾忌、自私自利的丛林”：

> 在黑格尔开设的历史哲学课堂上，美国仍被认为是特殊意义上的无国家的市民社会。①

通过剖析“友好线”的分界划分，施米特引出了从霍布斯到黑格尔乃至马克思的政治思想中一个核心论题，即市民社会的自由领域与作为客观理性之王国的国家之间的二元对立。霍布斯的自然状态与文明状态［市民状态］的区分，并非仅仅是历时性区分，即从摆脱自然状态到形成公民社会的区分，也是一个平行并列的区分：在经济领域是自然状态，在政治领域是公民社会。

“友好线”还引出了具有历史哲学意义的新旧世界的划分：所谓“新世界”是可以自由占取的未知世界空间。传统的“天下”即“已知世界”（Oekumene）与未知世界的关系有了根本性变化，它是可探知的和可自由占取的未知世界——如今所谓的“外部空间”。因此，施米特说：“西葡两国的盟线和英国的友好界线一样，都归属于欧洲对新世界的占地和夺海。”

问题在于，欧洲并非一个统一的政治单位，这个大家庭的成员为相互争雄而不惜大打出手。因此，“这些界线通过划分和圈定空间来调整欧洲占取列强之间的关系”，从而调整欧洲列强之间的家族内部关系。反过来看，国际法或国际条约也就反映了欧洲大家庭内部的强权分配关系的变化。

① 施米特：《大地的法》，刘毅等译，上海人民出版社2017年版，第70页。

五　全球化秩序与新大地法危机

19世纪末以来的全球秩序是欧洲国际法秩序的全球化，20世纪的30年战争表明，欧洲大家庭之间的强权分配加入了两大非欧洲的元素：北美洲的美国和东亚的中国。这意味着，欧洲内部关系扩大为全球内部关系。俄国属于横跨欧亚的大国，不仅地缘位置有两歧性，而且早在18世纪就加入了欧洲的国际法秩序游戏，因此不能算作非欧洲的国家元素。

从今天的视角来看，19世纪末以来的全球化秩序的演化分为两个阶段，30年战争及其结局（冷战爆发）为第一阶段，20世纪90年代以来，苏联瓦解和中国的崛起为第二阶段。

施米特在《大地的法》中的关注，重点落在全球秩序形成的第一阶段。我们注意到，第四章用了占全书近1/3的篇幅（约100页）来考察美国崛起的政治法学含义。《大地的法》发表12年后，施米特发表了《游击队理论》，重点考察中国如何被拖入20世纪的全球秩序。尽管施米特没有预见到中国的崛起，但他已经极为敏锐地看到，中国革命将带出后现代的新大地法，打破欧洲纪元的现代大地法所营构的全球秩序。

由此可以理解，在施米特看来，美国与俄国的关系延续的仍然是欧洲式的“友好线”划分传统。虽然在16—17世纪，列强之间统一划分标准的逻辑结果是确立“肆意征服的空间领域”，如今则是支配这些空间领域，根本性的问题依然如故：“仍然缺乏一个统一的调停争端和矛盾的仲裁庭。”

施米特在这里回到了本文起头的“地理发现”概念：所谓“地理发现”的真实含义无异于“有效占有”（Effektive Okkupation），即国家支配的占取行动，这是麦金德的《历史的地理枢纽》一文的前提。施米特表示，他已经让我们看到，麦金德不假思索地采取的这个前提，恰恰是对欧洲古典传统所承继的罗马法的背离。这一背离经历了三百多年历史，在19世纪末“终于成为一种独特的获取土地的法权资格”（Erwerbstitel），并引出了两个恶果：

> 首先，在列强冲破竞争取得土地广受承认之前，必要的时候会经历长时间的争夺战；其二，对战争的法律评价会根据战争的结果做出。换言之，战

争被承认为改变土地占有权的合法手段。全球界线划定的背景却是理性化、人性化和法律化，换言之，实际是为了阻止战争。①

这两个要点引出了施米特的后现代战争理论的关键要点：从法制化战争转向歧视性战争。这意味着，受欧洲国际法约束的大陆土地战争或因局限于国家之间的自然的军事冲突的战争，变成了意识形态化的战争。本来，战争双方都是为了争夺生存空间而战，但胜利方现在会以反战争的“人道”理由裁定战败方为战争罪犯，进而在道义上施以惩罚。这就好比说，欧洲各大国本来都是一伙强盗，为争夺地表空间大打出手，而三百年来的欧洲国际法逐渐形成了一套强盗性质的君子协定和相互打斗的“人道”规矩。现在则战败方成了强盗，战胜方成了以“理性”和“人道”名义执法的国际宪兵。

我们显然不能以为，施米特是在为“二战”后的德国成为“国际法庭”的审判对象鸣冤叫屈。毕竟，早在1939年，施米特就提出了“歧视性战争”观念，而《大地的法》中的基本观点已见于魏玛民国时期的文章：《国际联盟与欧洲》（1928年）和《现代帝国主义的国际法形式》（1932年）都是证明。②

《大地的法》第四章让我们看到，施米特的思考来自巴黎和会的结果，而“二战”的爆发与这个结果有直接关系。尽管如此，《大地的法》是施米特在“二战”之后写成的，而“二战”的结果已经不再是召开哪怕歧视性的“和会”，而是审判“发动侵略战争的罪犯”。纳粹党对犹太人的灭绝让全体德国人不得不集体背负“战争罪犯”的罪名，尽管德国人针对希特勒的刺杀行动多达近40次，军方实施的就有22次——施米特称为“诛杀僭主”的行动。③

“二战”后盟国对德国的审判在程序上合法，施米特则暗中挑战：欧洲国际法真的能让欧洲大家庭的内部冲突走出野蛮的自然状态？在欧洲人自己划定的“友好线”之内，“大屠杀”难道是头一回？就此而言，霍布斯与格劳秀斯的差异具有决定性的意义。

前文提到，《大地的法》第二章第一节的标题是“最初的地球分界线：从拉

① 施米特：《大地的法》，刘毅等译，上海人民出版社2017年版，第71页。

② 施米特：《论断与概念》，朱雁冰译，上海出版社2009、2015年版，第114—125、212—233页。

③ 参见刘小枫、温羽伟编《施米特与破碎时代的诗人》，安妮、温玉伟等译，华东师范大学出版社2019年版（即出）。

亚线经友好界线到西半球分界线”，施米特在这一节中讨论到霍布斯，为第四章讨论“西半球线浮现出来”时的历史转折埋下了隐而不显的伏笔。既然“霍布斯显然不是仅仅基于忏悔欧洲内战的观感，而是也基于新世界的诞生这一事实”才提出了他的“自然状态”说，那么，美国崛起所持有的政治原则说到底是丛林原则。

> 只有等到欧洲土地的国家空间秩序划定停当，第三条也就是最后一条国际界线——西半球线才浮现出来。欧洲和欧洲中心的国际法传承下来的对新世界的土地秩序，注定要与此线划定的局势形成对立。①

这意味着，美国崛起改变欧洲的“友好线”所划定的格局，无异于让野蛮的丛林法则全球化。施米特由此铺展出一条他眼中的世界历史脉络，即“大地的法”在世界历史中的嬗变可分为三大阶段：前现代各古典文明互不相识的大地法——现代欧洲的大地法（欧洲中心主义的确立）——后现代的全球化大地法（欧洲国际法引出的恶果）。

前现代的欧洲天下法基于“古老的土地秩序”，现代欧洲强权国家的世界划分颠覆了欧洲前现代的“古老的土地秩序”，建立起规范现代欧洲秩序的国际法体系，美国的崛起则既承继又改变了现代欧洲国际法的划界规则。

施米特重点关注第二阶段（即现代阶段）至第三阶段（即后现代阶段）的历史演进，在他看来，这一变化始于18世纪。这意味着，霍布斯的“自然状态”论的传播对“西半球线浮现出来”时的世界历史转变具有决定性影响：既然自然状态是战争状态，那么就“有必要梳理和探讨欧洲国际法上国家间的空间秩序建构以及它们所推崇的战争架构”。

无论如何，世界历史的现代阶段即欧洲阶段，应该界定为“文明化”的野蛮阶段。由于这一阶段与技术—商业文明的形成叠合在一起，尤其是与18世纪以来的“人道主义”论搅和在一起，才让人们迄今不仅善恶难辨，而且争议不断。

六　中国的现代转型与国际法

韦尔斯的《1688年的全球史》用了一个让笔者感到多少有些奇怪的副标题：

---

① 施米特：《大地的法》，刘毅等译，上海人民出版社2017年版，第71页。

“一个非凡年代里的中国与世界。”笔者的国家情怀并不能阻止自己提出一个问题：为什么不是俄国与世界，或印度与世界，或土耳其与世界？

固然，“中国与世界”更能展示全球视野。何况，那个时候的欧洲人刚刚认识中国这个礼仪之邦，难免感到新奇。从门多萨神父在罗马出版《大中华帝国志》（1585年），到1661—1672年法国传教士陆续出版《大学》《中庸》《论语》的拉丁文译本，近一百年间，欧洲人在地理大发现中不仅发现了“未开化”的美洲，也发现了高度文明化的中国。①

尽管如此，正在崛起的俄罗斯或对欧洲仍然构成直接威胁的奥斯曼帝国，在当时的欧洲智识人眼里显然更为重要。毕竟，在当时欧洲人的地缘政治感觉中，中国离欧洲老远，不会对欧洲构成战争威胁。我们未必不能设想，韦尔斯写作《1688年的全球史》是在20世纪90年代，新中国正在和平崛起，欧洲人凭自己的历史经验却实实在在感觉到中国的“威胁”即将来临。

倘若如此，中国在《大地的法》中出现的位置就值得注意。第三章第四节论及“欧洲公法中的领土变更”时，施米特说，欧洲的领土变更“主要通过欧洲大国之间的集体性条约而确立”。这意味着欧洲是一个共同体，而维持这个共同体的空间秩序原则是“均势观念”。在这一语境中，《大地的法》第一次提到中国，尽管仅仅是提到而已，但对我们认识中国与欧洲国际法的遭遇不乏启发。

“均势”靠大国之间的势力平衡来支撑，兰克在其著名的《诸大国》中以精练的笔法概述了欧洲的现代历史状况：大国可能沦为小国，小国可能崛起为大国，从而不可能有恒定不变的均势。大国沦为小国或小国崛起为大国，都会涉及领土变更，从而均势的变化必然体现为国家间的空间冲突。兰克并没有问：为何自16世纪以来，现代欧洲的历史受“均势”观念支配？我们则有问题：为何在亚洲的古代地缘政治中没有出现国际性的“均势”观念，或者说为何没有出现欧洲式的国家之间的战争？

施米特试图回答这个问题：欧洲本来是一个基督教文明共同体，所谓“大国”指某个国家在这个“既定秩序”中占据重要地位。我们自然会想到，10世纪以来，欧洲唯一的大国是德意志神圣罗马帝国，施米特称为“中世纪的皇帝制和教

① 参见周宁《天朝遥远：西方的中国形象研究》，北京大学出版社2006年版，第48、164—166页。

宗制的空间秩序"①。

随着封建王权式的地域性民族国家崛起，基督教共同体内部出现了叛乱，宗教改革撕裂了欧洲的共同信仰，随之而来的是这个共同体内部错综复杂的连绵战争。可以说，"均势"观念成为现代欧洲秩序的主导理念，意味着欧洲秩序从文明状态退回到"尚力"的野蛮状态。用孟子的名言"春秋无义战"（《孟子·尽心章句下》）来描述现代欧洲的历史，不会不恰当，商业、技术文明的进步并不能让国家间的战争称义。

在这样的历史语境中，分裂的基督教欧洲共同体只能凭靠各种双边或多边条约所建构的国际法来建立新秩序。在这一"尚力"的秩序中，一个国家被承认为"大国"非常重要。问题是，被谁承认为大国？当然是被既存大国承认。施米特说：

> 一个大国被另一个大国承认，是国际法承认中的最高形式。这种承认是最高程度的相互承认。②

这意味着，现代欧洲国际法认可野蛮的丛林法则：被承认为"大国"等于承认一个政治体有军事实力重新确立自己的边界。拉策尔在其名著《政治地理学》中论述"边疆"时，尽管具有世界历史视野，他的绝大部分史例出自现代欧洲。③因此他说：

> 国家所有地区的变化引起自身边疆的扩张或缩减，每一部分领土的变化也因之受到考验。当致力于改善边疆时，通常不是通过缩减边疆的方式，而是进行掠夺战争，以通过增加疆土的方式缩减疆界。④

问题在于，欧洲国际法的各种双边或多边条约的法律形式让基于"掠夺战争"

---

① 比较施米特《大地的法》，刘毅等译，上海人民出版社 2017 年版，第 21—28 页。

② 施米特：《大地的法》，刘毅等译，上海人民出版社 2017 年版，第 170 页。

③ 拉策尔：《作为边缘机体的边疆》，见张世明等主编《空间、法律与学术话语：西方边疆理论经典文献》，黑龙江教育出版社 2014 年版，第 121—149 页。

④ 同上书，第 123 页。

的丛林法则看起来颇为“文明”。施米特在这里提到，俄罗斯和普鲁士在18世纪、意大利在19世纪先后“被传统大国承认为新的大国”。所谓“传统大国”指欧洲的强势国家如法国、英国、奥地利等。普鲁士和意大利被承认为“新的大国”，仅仅表明欧洲共同体内部的均势变化，与此不同，俄罗斯得到承认意味着一个外族进入了欧洲的公法秩序，从而更改了欧洲秩序的空间格局。

“根据教科书，美国于1865年被承认为大国”，施米特说，这算得上是件怪事。因为，美国总统门罗在1823年宣告的对外政策，“根本上反对欧洲大国所构建的承认制度”。换言之，著名的“门罗主义”表明，美国并不承认欧洲式的现代秩序，而欧洲秩序中的大国却承认美国成了大国，岂不是搞笑。在施米特看来，美国对欧洲秩序采取的分离主义立场意味着，“西半球界线已经开始反对将特别化的欧洲视为普遍化的全球空间秩序”。

施米特接下来说到日本获得欧洲大国承认的情形：

> 对日本之大国地位的承认是在1894年（中日战争）和接下来的1904—1905年日俄战争，日本赢得了这两场战争，因此被允许加入由诸大国组成的国际法小圈子。日本将自己对中国这个大国实施的惩罚性征战（die Strafexpedition）视为具有决定意义的事件。伴随着这个亚洲大国的出现，一个新的非欧洲中心的世界秩序开始浮出水面。①

施米特没有说，日本被承认为大国是件怪事，因为日本没有像美国那样宣称自己拒绝归属欧洲体系。这意味着，日本打甲午海战和在中国土地上打了一场日俄战争，完全符合现代欧洲的战争法规矩，从而能够凭此成为欧洲公法大家庭中的要员。由于日本是在东亚打的这两场战争，现代欧洲的“文明化”野蛮法则被日本复制到亚洲，使之在地理意义上越出了欧洲范围。因此，施米特说：“一个新的非欧洲中心的世界秩序开始浮出水面。”

施米特没有提到朝鲜，以至于他自己也不经意地带有欧洲公法学家的习惯。他不应该忘记甲午战争的起因，以及谁在中国东北刺杀了伊藤博文。无论如何，中国在《大地的法》中的第一次出现，仅仅是施米特笔下的日本依据现代欧洲的

① 施米特：《大地的法》，刘毅等译，上海人民出版社2017年版，第170页。

大地法成为大国的佐证。事实上，对于欧洲的国际法学家来说，根本无须等到日俄战争，甲午海战已经足以证明日本不愧为欧洲式大国。[①] 施米特在后来的一条脚注中所引用的国际法学家冯·李斯特（von Liszt）在1898年出版的教科书《国际法》中的一句话，可以作为历史的证言：

> 如今必须把日本纳入国际法共同体之内，它的文化绝对在基督教—欧洲国家的水平线之上。日本在对中国的战争中比大多数欧洲国家都更严格地遵守了国际法规则。[②]

中国第二次出现在《大地的法》中，见于第四章题为“欧洲公法的终结”的第二节。与第一次出现时的语境一样，问题涉及欧洲公法的东移或全球化。不同之处在于，现在的历史语境是欧洲公法的终结。[③] 施米特说，这一历史语境显得颇为奇怪。因为，亚洲国家在19世纪八九十年代已经加入欧洲的国际法体系，“对完全欧洲中心主义的国际法所存在的问题并不介意”，这意味着欧洲公法“最终将转变成一种无差别的普遍的国际法”[④]。

按施米特的描述，亚洲国家加入现代欧洲国际法体系的方式有两种：一种是“非政治性的、技术性的”方式，比如日本、暹罗（“泰国”旧称）和中国加入万国邮政联盟。既然是“非政治性”加入欧洲国际法体系，人们也就看不到“欧洲观念中空间秩序的转变所存在的问题”。另一种是政治性的，即通过掠夺性战争。施米特在这里再次提到甲午战争和日俄战争：

> 日本通过1894年与中国的战争以及1904年与欧洲大国俄罗斯的胜利战争，向世界证明它愿意遵守欧洲的战争法规则。因此，它已经将其“接待团”打翻在地。此外，日本还在1900年与欧洲大国一起平等地参加了镇压“义和拳暴动”的远征军。一个亚洲大国从此而崛起并得到承认。[⑤]

---

① 比较戚其章《国际法视角下的甲午战争》，人民出版社2000年版。

② 施米特：《大地的法》，刘毅等译，上海人民出版社2017年版，第213页注释1。

③ 同上书，第212—214页。

④ 同上书，第212页。

⑤ 同上。

施米特让我们注意到，19 世纪 90 年代以来的欧洲国际法学家们如何解释欧洲国际法共同体的全方位开放。这些法学家说，现在“非欧洲、非美洲的人民（Völker）”已经被纳入欧洲公法共同体，目前，在这个体系中，欧洲国家有 25 个，美洲国家有 19 个。但在提到欧洲国家时，这些法学家用了“主权国家”这个概念，说到美洲国家时，他们就省掉了“主权”二字。提到亚洲国家如“波斯、中国、日本、朝鲜、暹罗”时同样如此，他们“与［欧洲］共同体成员保持着经常性的条约关系”①，表明这些国家已经是欧洲国际法大家庭成员。施米特紧接着说：

> 这是一幅全景画卷，既是预言，也是一份真实文献，清晰地展现了从欧洲国际法向超越欧洲之国际法的历史剧变。
>
> 通过回顾 1890 年代的国际法历史，我们尽力聚焦于国际法历史中的关键史实。19 世纪末的欧洲国际法学没有了任何反思精神，甚至在全然无意识的情况下丢掉了传统秩序中的空间结构观念。②

直到今天，亚洲研究国际法史的专家仍然缺乏施米特在这里所说的空间结构意识，谈论“主权”概念的历史时，即便采用了所谓“历时性透视”，却见不到“任何反思精神”。③ 我们则应该想起 20 世纪 90 年代末以来发生在我国学界的一件怪事，这件事表明，20 世纪末以来的某些中国史学家不仅丧失了反思精神，甚至全然下意识地丢掉了我国传统秩序中的空间结构观念，让笔者难以释怀。

事情的原委是这样的：中国虽然如施米特所说，自 19 世纪 80 年代以来已经承认欧洲的国际法体系，但民国以来的革命政府以废除“不平等条约”为口号推行“革命外交”，与欧洲国际法体系发生了持续不断的严重摩擦。④ 改革开放初见成效之际（1999—2000 年），中国面临进入“国际社会”或与国际法接轨的现实问题，晚清和民国初期的中国外交一时成为近代史学界的热门话题：

---

① 施米特：《大地的法》，刘毅等译，上海人民出版社 2017 年版，第 213—214 页。

② 同上书，第 214 页。

③ 比较篠田英朝《重新审视主权：从古典理论到全球时代》，商务印书馆 2005 年版，第 29—72 页。

④ 参见王建朗《中国废除不平等条约的历程》，江西人民出版社 2000 年版；王栋《中国的不平等条约：国耻与民族历史叙述》，复旦大学出版社 2011 年版。

> 在近代西方的国际法秩序里，所谓主权平等的原则并不是无条件的。但怎样才可享有国际法秩序下的完全人格呢？清政府洋务官僚最初选择的是遵守条约、履行条约，以换取时间争取富国强兵，以现代化武装维护国家的自主独立；继之而起的是戊戌前后维新派希望通过一系列大大小小、翻天覆地的政治社会改革，建立近代国家，在万国共尊、万世通行的公理公法下，迈向文明社会的大同世界。进入20世纪，当构建国际法意义的“文明国”、加入国际社会已成为国家的至上命题时，清政府的急务便是国家的“文明化”，以及与闻国际会议，参加国际组织了。①

这意味着，清末民初的中国政府并未把与欧洲式大国签订的双边或多边条约视为“不平等条约”。于是，我国近代史学界骤然兴起一场关于何谓“不平等条约”的论争。据说，条约是否平等取决于两项条件：第一，缔结条约的形式和程序是否平等；第二，条约内容是否损害了中国的主权。这个界定含混不清，表述也缺乏法律修辞的确定性。尽管如此，按此标准统计，19世纪以来的中国与外国订立的条约有736个，其中仍有343个可以确认为不平等条约，涉及国家多达23个。②

“不平等条约”这一概念实际意味着不承认条约的有效性，而非不承认其合法性。按实证法学的理解，某个国家在受胁迫（duress）的条件下与他国缔结的有损自身利益的条约，应该被视为既合法也有效。因此，我国的法学史学者承认，在实证法学的框架下，“‘不平等条约’问题很难得到实质性讨论”③。

在实际政治中，情形显然是另一回事。一个人在受胁迫的条件下与他人缔结的有损自身利益的条约，当然会被视为既合法也有效，但这不等于他不应该把这条约视为“不平等条约”，并在摆脱受胁迫的处境后废除条约。国家间的行为关系同样如此，换言之，条约仅仅反映国家间的暂时状况。

斯大林曾在谈论国际法和世界形势时说过，一切凭实力说话。我们得承认，斯大林比法学家或史学家们更好地把握住了欧洲国际法的精神实质。他还有一句

---

① 林学忠：《从万国公法到公法外交：晚清国际法的传入、诠释与应用》，上海古籍出版社2009年版，第398页。

② 参见1999—2002年发表在《近代史研究》上的相关论争文。

③ 赖骏楠：《国际法与晚清中国》，上海人民出版社2015年版，第48—50页。

名言同样如此：如今，一个国家的军队打到哪里，国家的边界就在哪里。欧洲文明信奉的丛林法则，在这句名言中得到精练而又准确的表达。

既然如此，中国现代史书中满篇“不平等条约”的说法，并不为过。但在某些实证史学家看来，这种说法是“革命史观”的修辞，“在外交史与国际法上的意义并不大”，因为这个概念本身无异于“对条约的合法性及效力的怀疑与挑战”。在历史的语境中，“不平等条约”的说法用于政治动员完全可以理解，如今的史学研究还使用这样的修辞就不合时宜，应该修改我们的历史叙述，避免使用这种“带偏见”的概念。有位史学教授还曾以“清政府也在朝鲜、甑南浦等地有租界”和“ 中国与墨西哥、秘鲁互享最惠国待遇”为例，指出：太过强调“不平等条约”在道德上的瑕疵，及中国“废约”在道德上的优越性，会有自相矛盾之处。

我们不禁要问：这些例子能够证明与中国革命党人的“废约”主张在“道德上的优越性自相矛盾”吗？清朝与朝鲜的关系，岂止是“租界”，连朝鲜的新军也是清朝政府派袁世凯训练出来的，更何况甲午战争的起因是中国派军队为朝鲜抵御外敌。“中国与墨西哥、秘鲁互享最惠国待遇”，难道互享最惠国待遇权利以及相互取消这种权利在道德上有问题？

最令人不解的例子是：日本与中国本来互享领事裁判权，后来日本成了欧洲式大国，于是多次要求修约，取消中国在日本之领事裁判权，这意味着日本凭靠自身军事实力的增长要求单方面享有领事裁判权——这究竟是在证明谁的道德有问题呢？

尽管如此，这位史学家仍然凭此认为，长期以来的“革命史观”已经“遮蔽了外交史中丰富的其他面向，窄化了我们对近代史理解的视野，也扭曲了对史实的诠释”，应该以“实证研究”清洗国共两党在20世纪20年代以来打造的革命史学修辞，转而“注重外交常轨之交涉谈判”，而非“只注重谴责帝国主义侵略”。他指出，国共两党将“不平等条约”描述为限制中国进步的主要障碍，正是依靠媒体宣传迎合，国共两党发动的公众运动才成功地赢得人心。我们可以问：实证史学家的“实证研究”不会“扭曲对史实的诠释”吗？根据他的诠释，北洋政府借参加欧战废止了中德和中奥条约，“收回两国不平等特权”，堪称“中国外交史之创举”。我们有理由问：北洋政府是靠“外交家的理性辩论措辞”收回“不平等特权”的吗？

这种诠释还指出，巴黎和会之后，中国单独与德国议约，订立了“第一个完全平等的新条约，甚至取得协约国各国所无之俘虏收容费，以及巨额之战事赔偿”，是“近代中国唯一对外以战胜国身份取得的战事赔偿”，堪称“北洋修约历程中重要的里程碑”。施米特若看见长达数十页的这种“实证研究”，不知会作何感想呢？

我们自己当然会感到惊诧：这位史学家没有提到引发“五四”运动的事情，似乎北平学生阻扰北洋政府外交家在巴黎的“理性辩论”是道德上有问题，而北洋政府“以工代兵”派出劳工参战，在战场附近修战壕死伤无数，得了“巨额之战事赔偿”，在道德上没有问题。① 这位史学家甚至把中国“以战胜国身份取得”的这份新条约视为“完全平等”的条约。

还有更令人费解的“对史实的诠释”——这位史学家说：“废除不平等条约”在国家实践上意义不大。1925—1927 年，国民政府厉行“革命外交”高唱“废约”，但那时尚非国际承认之中央政府，也未曾真正废除过条约。“4 · 12”事变之后，南京国民政府逐渐回归国际外交常轨，强调“改订新约”，自此“废除不平等条约”失去国际交涉上的实质意义。

看来，这位史学家多少还知道一个政治常识：弱国无外交。然而，他却在书中以 1924 年 5 月 31 日签署的《中俄解决悬案大纲协定》（通常简称“中俄协定”）为个案，花了 120 多页的“档案分析”来证明，北洋政府“尽管内外交迫，但仍坚持维护国权，外交表现可圈可点”。

中俄边界接壤数千公里，两国之间历时长达三百多年的划界史足以证明，中国与施米特所说的欧洲国际公法的遭际。1689 年的中俄《尼布楚条约》划定了两国的东段边界，之后划界订约 20 多次，中国不断丧失领土的过程，也是沙俄帝国成为欧洲公法大家庭要员的过程。1727 年的《布连斯奇条约》划定了中段边界，19 世纪 50 年代至 80 年代，即帝国主义时代或施米特所说的“新大地法”来临之前，俄国通过多个条约切割了中俄边界东段和西段约 150 多万平方公里的中国领土。② 李鸿章弥留之际，俄国公使跪在他面前，恳求他在一份切割中国土地的条约上签字，但李鸿章至死没签。

---

① 比较徐国琦《中国与大战：寻求新的国家认同与国际化》，马建标译，上海三联书店 2010 年版，第 2—15、258—288 页；侯中军《中国外交与第一次世界大战》，社会科学文献出版社 2017 年版。

② 参见王景泽、李德山主编《中国东北边疆史》，吉林文史出版社 2011 年版。

列宁的苏维埃共和国建立后，两次发表“对华宣言”（1919 年、1920 年），第一次仅宣布放弃 19 世纪 50 年代以来的俄中歧视性条约，但包括承诺将中东铁路无偿归还中国；第二次则明确宣布，“以前俄国历届政府同中国定立的一切条约全部无效”。今天的我们很难说，北洋政府错过时机，苏俄随着自己的国际处境好转又收回了归还中东铁路的承诺。毋宁说，中国虽然比俄国早几年改制共和，却并未实现国家整合，在具体谈判中根本无力落实重新订约和划界，北洋政府的外交表现何以谈得上“可圈可点”。

如今的我们也已经知道，苏联的国际共产主义理念并没有真的创制出一种“新大地法”。事实上，苏俄政府在具体谈判中仅同意至多放弃沙俄帝国在 19 世纪 90 年代以来的几个条约。即便是 1924 年签订的《中苏协定》和《奉俄协定》，也仅仅规定中国有权赎回中东铁路，赎回之前由中苏共管，实际上是苏俄独占。

不仅如此，在 20 世纪 20—40 年代，趁中国内战频仍，斯大林的苏俄帝国甚至更进一尺，超越沙俄帝国时期的歧视性划界条约，把乌苏里江和黑龙江主航道中心线中国一侧的 700 多个岛屿划去 600 多个。

20 世纪初，有个中国留日学生叫秦力山，他天真地相信，西方文明的基石是国际法秩序，并非仅仅是“凌弱暴寡”。同样是留日学生的黄群在创刊于 20 世纪之初的《新世界学报》（1902 年 9 月）上曾撰文批驳：从理论上讲，国际法固然基于各国的平等自主，问题在于，各国强弱实际上不同，国家地位事实上不平等。西方的所谓“文明国”的含义其实是强国，条约缔结无异于以强凌弱，国际法并不可恃：埃及亡于英法、印度亡于英国、波兰亡于俄国，无不是“优食劣肉、竞争最剧之场”的“新世界”中“文明国”以“公法”为外衣弱肉强食的证明。①一旦人们忘记这一事实，就会陷入无谓的学术论争。

七　新中国与国际法

《大地的法》最后一章紧紧围绕第一次世界大战前后的世界历史语境，意在强调欧洲国际法原则的歧视性转变，即对在第一次世界大战中战败的德国施行歧视

① 转引自林学忠《从万国公法到公法外交：晚清国际法的传入、诠释与应用》，前揭，第 231—232 页。关于“文明”观念与国际法的关系，参见赖骏楠简洁而又明晰的论述（赖骏楠：《国际法与晚清中国》，前揭，第 27—43、165—169 页）。

性惩罚。第一次欧战前后时期的中国，与施米特论析的欧洲公法国际普遍化的历史语境相吻合：甲午战败之后，紧接而来的是义和团运动的悲剧性收场。[①] 随后，中国出现了“东南互保”的分崩离析的局面。此时，美国基于刚刚出笼的“门户开放”宣言提出“保全中国领土”的宣称。

拉铁摩尔早就指出，美国的“门户开放”政策的实质是保护美国的在华利益，他称这一宣言为“分我一杯羹”主义：

> 美国不愿中国被弄得四分五裂，深怕那些在中国业已获得殖民地所有权的国家会销售自己的货物，投入自己的资本，而损及美国的企业。美国那时虽然已有实力参加差不多任何经济角逐，但还未确定何种活动对它最为重要。[②]

拉铁摩尔还看到，美国的“门户开放”战略其实是跟英国人学的，即让中国始终是各帝国“自由竞争”的场所，毕竟，这里是世界上最大的统一市场。凭靠欧洲式的现代经验，中华帝国一旦瓦解，随之而来的将是现代列强在中国这片土地上打一场类似于德意志 30 年战争的世界大战——1904 年的日俄战争已经是一场预演。[③] 对于新老列强来说，用武力瓜分中国不如以经济手段瓜分中国。于是，义和团事件后，中国被定性为“野蛮国”或“半开化国”，一系列涉及最惠国待遇、领事裁判权和协定关税一类的歧视性条约就来了。加上强制租借地、圈定势力范围、拥有铁路权和矿权之类的契约，史学界迄今都没法搞清楚，究竟有多少“不平等条约”。若算上后者，据估计，中国承受的歧视性条约总数在一千以上，而非七百多。

《大地的法》第三次提到中国的历史语境是第二次世界大战之前。[④] 当时的中国已经进入抗日战争时期。施米特在这里所关注的问题是，第一次世界大战之后的“国际联盟”对于欧洲国际法的全球化具有何种作用。美国总统威尔逊选定日内瓦为国联总部所在地，因为瑞士的日内瓦在现代欧洲政治史上具有象征意义，

---

① 比较相蓝欣《义和团战争的起源：跨国研究》，华东师范大学出版社 2003 年版。
② 拉铁摩尔：《亚洲的决策》，商务印书馆 1962 年版，第 9—10 页。
③ 比较和田春树《日俄战争》，易爱华、张剑译，生活 · 读书 · 新知三联书店 2018 年版。
④ 施米特：《大地的法》，刘毅等译，上海人民出版社 2017 年版，第 223—224 页。

即在政治冲突中"保持中立"，似乎欧洲国际法在成为全球国际法时，应该采取政治上"保持中立"的法理原则。

在施米特看来，国联名称用了"协会"（Société）或"联盟"（League）这样的语词，表明国联并不是一个联邦架构，而是操控中小型欧洲国家协同行动的机构。[①] 施米特强调，欧洲国际法的目的"不是为了废止战争，而是为了限制和约束战争"。因为，实际上战争没法废止，关键是"避免发生毁灭性战争"，但"国联对此却毫无助益"[②]。施米特没有提到日本在中国南京的大屠杀行径，甚至没有提到国联在调查 1931 年日本入侵中国东北事件后做出的决议形同废纸，尽管他提到，国联持守"不承认武力占领"这一"抽象原则"。

1931 年的"9·18"事件在世界现代政治史上非常有名，沃格林在其《政治观念史》中也提到，"由于国际联盟在 1931 年未能适当处理"日本对中国的入侵，日本在中国的扩张才变本加厉。在沃格林看来，这是日本效仿西方帝国主义的结果，而西方自身随后也尝到了这种效仿的滋味。[③] 太平洋战争爆发后，日本夺取英美法在东南亚的殖民地，可以说是以其人之道还治其人之身。但日本入侵中国，则只能说是日本学会了欧洲大国的恶习。

与施米特的论题相关，我们则应该看到，日本对中国的野蛮行径是欧洲国际法精神的结果。拉铁摩尔在 1944 年的一次讲演中承认，日本肆意侵略中国当归咎于英美纵容：

> 在英美这种"分我一杯羹"主义中，隐藏着一个大漏洞，从根本上削弱了我们反对日本侵占中国的立场。在我们英美向日本提出的所有抗议中，从未驳斥过日本对中国提出要求的权利。我们只抗议日本所获得的种种特权，不应把我们排除在外。[④]

1938 年年底，日军同时占领武汉和广州，美国国务卿认为："日本人已经在战争中取胜了，从今后，战事恐怕不过是大胜利之后的肃清工作而已。"拉铁摩尔

① 施米特：《大地的法》，刘毅等译，上海人民出版社 2017 年版，第 222 页。

② 同上书，第 223 页。

③ 沃格林：《宗教与现代性的兴起》，霍伟岸译，华东师范大学出版社 2009 年版，第 155—156 页。

④ 拉铁摩尔：《亚洲的决策》，商务印书馆 1962 年版，前揭，第 11 页。

还提到，1939 年 7 月，美国参议院外交委员会曾建议国务院废除日美商约，国务院认为，这会是“难以置信的荒唐举动”，因为这会使日本“警惕到我们已成为它的死对头”①。

东京审判期间，受日本胁迫的满洲国皇帝溥仪曾出庭作证。美籍检察官季南问溥仪：你当时为什么不反抗？溥仪苦笑着回答说：那么多的“民主国家”都对日本侵吞中国东北听之任之，我一个退位皇帝怎么反抗？如果溥仪熟悉欧洲的现代历史，他恐怕会说，日本不就是向你们西方人学的吗？这不是符合你们的国际法习惯吗？我登基仅仅 10 天，日本就胁迫我签订秘密协定，满洲国的政治、经济更不用说军事权力一律交日本驻军掌管。

若非日本攻击美国并夺取美英法在东南亚的殖民地，西方“民主国家”会接受日本对中国东北的占领，而溥仪仍然是被胁迫的皇帝。这类事情在欧洲现代历史中难道没有先例？马基牧师偷拍的南京大屠杀胶片，早在 1938 年 3 月就由美国《生活周刊》曝光，但直到 1946 年的东京审判，如此屠杀行为才被定罪为违反国际法和战争法。人们会问：为什么伟大的“民主国家”没有在 1938 年就依据国际法提出控告？因为中国属于欧洲的“划界思维”的另一边，是列强可以任意争夺的“自由空间”？为什么美国掌控的东京审判注重惩罚发动太平洋战争的战犯，而非入侵中国的战犯？难道这也是欧洲国际法传统的“友好线”遗风？

东京审判开庭前一天，英属澳大利亚籍的审判庭庭长卫勃法官提出，英国法官的座次要排在中国法官前面，并说这是盟军太平洋战区最高司令官的意思。还有更荒唐的事情：28 名日本战犯被告中 7 名被判绞刑后，被告的美方律师向美国最高法院提出申诉，要求复核判决。尽管在世界舆论压力下，美国最高法院最终以 6 票对 1 票否决了申诉，但高院受理这一申诉本身就已经暴露了“远东国际法庭”的政治性质。② 如果我们还没有因此对欧洲国际法及其合法性程序的政治性质长见识，那就只能怪自己愚不可及了。

我们不应该忘记，中国人的确有过这样的愚不可及。1935 年华北危机之时，蒋介石聘请的德国军事顾问团团长法肯豪森上将曾多次告诫，日本用军事手段切

---

① 拉铁摩尔：《亚洲的决策》，商务印书馆 1962 年版，前揭，第 7—8 页。

② 参见梅小璈、梅小侃编《梅汝璈东京审判文稿》，上海交通大学出版社 2013 年版。

割中国领土的目的再明显不过，中国的政府和领袖必须坚决抵抗，否则没人会出面救援，绝不能指望列强有可能联合或单独干涉。华北事件明显是“华方一味退让”、日方“空词恫吓”的结果。法肯豪森的洞察出自19世纪末至20世纪初全球化时期的德国经验，蒋介石却仍然指望英美法会因其在华利益出面干预日本，并未听从法肯豪森的告诫。甚至在卢沟桥事件之后到7月16日日军大举增兵华北之前的一周里，蒋介石还寄希望于日本和谈，以待国联干预。

法肯豪森设计的台儿庄战役取得完胜后，他告诉蒋介石必须乘胜追击，不给溃败中的日军以喘息之机，否则很快会卷土重来。蒋介石置若罔闻，法肯豪森作为一个外国人，也气得直揪自己的头发。“花园口决堤”尽管是法肯豪森的建议，根本原因则是蒋介石迟迟不按法肯豪森的军事部署做出积极抵抗姿态，还在期待“国际社会”干预。① 数十万中国人的性命这一代价，为中国认识欧洲国际法体系提供了一个血的教训，而我们的很多智识人迄今未必认为这堪称教训。

余论　从“拉亚线”到“三八线”

《大地的法》第四次也是最后一次提到中国，与美国崛起并带出全球化“大地法”的历史时刻相关。施米特说，美国自建国以来一直持守与欧洲分离的国策，这种“分离主义”带有道德上的优越感，即告别“欧洲君主制的整个政治体制”，重塑一个全新的欧洲或“西方”：

> 新西方要求成为真正的西方、真正的西洋、真正的欧洲。新的西方，即美利坚（die Amerika）将取代老的西方和欧洲，重新确定世界历史的方向，成为世界的中心。[新的] 西方将完全成为道德的、文明的和政治意义上的西方（Occident），既不会被消灭或破坏，甚至不会被废黜，而只是被替代。国际法告别了那个以老欧洲为重心的时代。文明的中心继续向西、向美利坚移动。②

---

① 参见柯伟林《蒋介石政府与纳粹德国》，陈谦平等译，中国青年出版社1994年版；王晓华、张庆军《蒋介石与希特勒：1927—1938中德关系的蜜月时期》，台海出版社2012年版。

② 施米特：《大地的法》，刘毅等译，上海人民出版社2017年版，第272页。

正当“成千上万失意或幻灭的欧洲人离开老旧而且反动的欧洲前往美利坚，在那片圣洁无瑕的土地上开始新的生活”时，美国借1898年的美西战争之机，转身大步迈向自己“开放的帝国主义时代”。[①] 不同的是，美国的帝国主义扩张方向是东方，即“深入太平洋地区”。1899年的“门户开放”宣言宣称，美国对亚洲的广阔区域拥有利益均沾的权利。

> 从全球地理的视角来看，这是一个［美国］从西方迈向东方的步骤。从世界史的角度来看，现在美利坚大陆与新出现的东亚空间的关系，就像一百年前老欧洲由于美利坚在世界史上的崛起而被挤出东半球区域一样。在思想地理学的意义上讲，这样一种显著变化会成为一个极其轰动性的主题。在其影响之下，1930年宣告了一个新世界的崛起，从此美利坚与中国联系在一起。[②]

施米特没有进一步细说，美国如何与中国联系在一起。[③] 按《大地的法》中的思路，美国与中国的联系应该可以上溯到16世纪，尽管那时还根本没有美国。

按16世纪初的《萨拉戈萨条约》，葡萄牙获得“拉亚线”以西的所有岛屿和海域的控制权，包括整个亚洲及其已经发现的属邻岛屿，西班牙则获得几乎整个太平洋及以东空间的支配权。由于条约没有提到菲律宾，查理五世钻空子，在1542年宣布向菲律宾殖民。他以为葡萄牙国王不会做出强烈反应，因为菲律宾群岛上没香料生意可做，结果打错算盘。20多年后（1565年），强势的菲力二世才凭靠海军实力在马尼拉建立西班牙的直辖贸易站。

19世纪末，趁美西战争胜利之机，美国用武力从西班牙手中夺取了对菲律宾的支配权。如果说菲力二世凭靠海军实力第一次更改了“拉亚线”，那么，美国用武力从西班牙手中夺取菲律宾就是第二次更改“拉亚线”。1942年春，日本发动太平洋战争后进兵菲律宾，麦克阿瑟麾下的五万美军被迫撤离到澳大利亚。日军

---

① 比较金德曼《中国与东亚崛起：1840—2000》，张莹等译，社会科学文献出版社2010年版，第27—34页。

② 施米特：《大地的法》，刘毅等译，上海人民出版社2017年版，第274页。

③ 比较入江昭、孔华润编《巨大的转变：美国与东亚（1931—1949）》，复旦大学出版1991、1997年版。

随即跟进，进攻新几内亚的莫尔斯比港，企图在那里建立前进基地，进攻英国海军中校库克在18世纪中叶已宣布为“英国领土”的澳大利亚本土。日本与美国的西太平洋战争，难道不应该理解为日本力图更改“拉亚线”吗?

可以设想，如果《大地的法》成书晚三年，那么，1950年年底至1953年的朝鲜半岛战争一定会成为施米特笔下的一大话题。毕竟，这场战争涉及重新划分“拉亚线”：苏俄帝国与美利坚帝国成为重新划分全球势力范围的对手，全球化进程进入新的均势格局——“冷战”状态。在美国的史学家看来：

> 朝鲜战争成为了美国历史的一道分水岭。正是从这时开始，美国才真正地成为一个超级大国，开始表现出干涉全球事务的意愿，并逐渐发展出相应的手段。①

朝鲜战争的爆发与美国的“划界思维”的突然转变有很大关系。1950年元月，艾奇逊在全国记者俱乐部的演讲中宣称，朝鲜和中国台湾都在美国防御圈之外，如果南朝鲜受到攻击，可以让联合国去采取行动。无论这一宣称是否是美国首脑圈的真实想法，斯大林正是基于这一宣称允许金日成采取统一祖国的军事行动的。

北朝鲜发动进攻之后，约翰逊、杜勒斯甚至麦克阿瑟和参联会“起初都不情愿投入地面部队作战”，因为“美国在其他地区的承诺更为紧迫”。白宫有理由担心，一旦美国与苏联在欧洲摊牌，朝鲜会“成为美国的一个战略负担”。然而，麦卡锡事件在这个时候适时地出场，新的政治正确开始决定民主的“两党共治”的“划界思维”。②

从中国的现代历史来看，朝鲜半岛战争堪称新中国对19世纪末的“门户开放”宣言的回答：不准许美国人跨过“三八”线。中国的第一代世界史学家雷海宗在1951年发表的文章，算得上是历史的证言。③ 20世纪80年代的改革开放以

---

① 艾泽曼：《美国人眼中的朝鲜战争》，陈昱澍译，当代中国出版社2006年版，第11页。

② 斯奈德：《帝国的迷思：国内政治与对外扩张》，于铁军等译，北京大学出版社2006年版，第309—316页。

③ 雷海宗：《美帝“中国门户开放政策”的背景》，载王敦书编《雷海宗世界史文集》，天津人民出版社2014年版，第269—282页。

来，美利坚与中国再次联系在一起时，“开放”的含义完全变了：主人自己开门，请外人进来搞合资经营，与外人破门或越墙而入圈地或搞治外法权，是两码事。

施米特提到，美国在19世纪末开始对亚洲施行帝国主义扩张时，也取消了本国“内部的占取自由”，美利坚不再是“开放的土地”，可以让人自由移民。[①] 这让我们想起，1905年，美国通过禁止中国移民的法例，加上华工在美受虐待的事件在传媒曝光，中国各大城市曾爆发大规模“杯葛美货”运动，海外华人也纷纷起而响应，但结果是不了了之。1951年年初，中方军队与美军在朝鲜半岛上第二次交火后，新中国政府随即动员了全国性的反美运动，而且不理会欧洲国际法，冻结甚至剥夺美国的在华资产。我们可以说，这既违背也符合欧洲公法的规矩。

1949年年底，中方军队夺取广州之后，停在了深圳河北岸，大英帝国担心的事情并没有发生。即便对“不平等条约”，新中国政府并没有凭靠武力“废约”，我们不能说新中国不遵守西方的国际法传统：是否“废约”取决于两国是否进入战争状态。

中英关于“香港回归”的谈判初期（1983年），有“铁娘子”之称的撒切尔夫人企图坚持“三个条约有效论”和“以治权换主权”的欧洲国际法式的立场就离谱了。邓小平以一句掷地有声的四川话回绝道：“主权问题没得商量。”撒切尔夫人仍不甘心，她随后问自己的国防大臣，是否有可能凭靠军事力量保住按条约规定已割让的港岛。对“铁娘子”在军事方面的太过无知，国防大臣只能苦笑和耸肩。

欧洲国际法体系教给中国的首要法理是：中国必须首先是名副其实的主权国家，而国家主权只能凭靠本国的军事力量来获得——这是中国进入欧洲国际法体系的基本前提。

从今天的国际语境来看，用施米特的话来说，随着中国的成长，美国完全有理由担心，美国大陆与新出现的东亚空间的关系，就像老欧洲由于美国在世界史上的崛起而被挤出东半球区域一样，美国会由于中国在世界史上的崛起而被挤出亚洲：现在轮到美国划定的“自由空间”受到挑战。至少，由于朝鲜战争，美苏划定的后现代的“拉亚线”让中国与美国成了全球化重新划线的对手。

---

① 施米特：《大地的法》，刘毅等译，上海人民出版社2017年版，第275页。

中国在世界史上的崛起与马克思主义的东传有关。这意味着，马克思主义带来了一种新的“大地的法”。我们还应该意识到，这个新大地法的提出与黑格尔抵制霍布斯—洛克的资本主义式大地法有关。施米特在第四章第五节结尾时再次提到，他“在讲述第一个全球界线的那一章，指出了霍布斯关于前国家的自然状态和野蛮自由区域的关联性”，而黑格尔在其历史哲学中反驳霍布斯时，已经对美利坚“这个新世界的［国家］结构做出了不同凡响的诊断”：美国还没有构建成一个国家，尚处于“利益自由优先的状态”，即“还停留在市民社会的阶段”。美国在 1950 年介入朝鲜内战时的国内政治因素证明，施米特此言不虚。

随后施米特提到，青年马克思曾对美国做出过进一步评价：这个“共和国像 19 世纪的君主国一样，私有财产决定了真正的宪法和国家”①。施米特并非马克思主义者，他如此强调黑格尔—马克思主义的新大地法，志在克服盎格鲁—撒克逊和美利坚主义的大地法，仅仅因为他尊重历史的事实。

> 在黑格尔看来，康德式的世界主义忽视了亚里士多德对于教化、道德教养、善良习惯的养成和以各种文化与历史的道德风尚（Sittlichheit）所实现的社会化的强调。一言以蔽之，康德对于历史性的和社会性的制度的道德意义及其道德价值漠不关心。②

对我们来说，无法回避的政治史学问题是：中国凭靠这种“主义”崛起，必然会给世界历史引入新的大地法。而这也意味着，中国文明的传统德性必将参与盎格鲁—撒克逊和美利坚主义的大地法的斗争之中。事实上，早在 1946 年年初，毛泽东已经“在思想上突破战后大国体系的羁绊，确立了独立自主的对美战略，并且不再把对苏联态度及其利益的考虑放在重要位置上”③。

这种新大地法究竟是怎样的呢？施米特在 1963 年的《游击队理论》中给出了回答。

---

① 施米特：《大地的法》，刘毅等译，上海人民出版社 2017 年版，第 275—276 页。

② 希克斯：《黑格尔论国际法、国际关系与世界共同体的可能性》，载邱立波编/译《黑格尔与普世秩序》，华夏出版社 2009 年版，第 72 页；比较阿维拉瑞《黑格尔的现代国家理论》，朱学平、王兴赛译，知识产权出版社 2016 年版，第 247—264 页。

③ 杨奎松：《“中间地带”的革命：国际大背景下看中共成功之道》，山西人民出版社 2010 年版，第 517 页。

地缘政治战略与世界帝国的兴衰

——从“壮年麦金德”到“老年麦金德”

强世功*

[**内容提要**] 本文分析了麦金德地缘政治战略的变化与世界帝国权势转移之间的内在关联。麦金德认为1900年之后的世界历史进入大陆强国（陆权）与海洋强国（海权）争夺世界统治权、建立“单一世界帝国”的新时代。在这种帝国竞争的背景下，麦金德认为英国不能再走传统海洋帝国的“老路”，当然也不能走帝国解体的“邪路”，而必须与时俱进，向大陆（尤其南非、印度）进军，通过金融、关税等改革将大英帝国整合起来，走一条兼具大陆与海洋、依赖技术和金融手段的新型世界帝国之路。这条道路被霍布森、列宁批判为“帝国主义”道路。然而第一次世界大战后，英国已无力单独支撑世界帝国，世界帝国权势从英国转向美国，麦金德意识到只有英美联盟才能延续其海洋世界帝国。为此，他向美国传授老牌帝国的战略教诲，即要实现统治全球的民主理想就必须考虑全球地缘政治现实。世界地缘政治的中心不在北美，而在欧亚非大陆这个“世界岛”。美国要建立单一世界帝国，就必须通过欧洲、南非、印度、日本乃至中国这些大陆边缘地带来包围、挤压大陆“心脏地带”。目睹两次世界大战对人类文明的摧毁，麦金德的观点也在发生微妙的变化，即从“壮年麦金德”强调争夺全球统治权转向

---

* 强世功，北京大学法学院教授、教务部副部长。本文的写作，得益于2018年4月21—22日在中国人民大学中外政治思想文化研究所和复旦大学思想史研究中心联合举办的“政治：中国与世界”论坛上的讨论和7月16—21日在北京大学法治研究中心和埃克塞特大学全球中国研究中心联合举办的“帝国、革命与宪制”暑期班上的授课讨论。在此，尤其要感谢刘小枫教授在论坛上发表的《地缘政治学与百年中国》一文和汪晖教授以“帝国主义时代的帝国与革命：作为思想对象的20世纪中国”为题所做的暑期班课程讲授。这两篇文章从不同的角度给笔者以思考和写作的激励。感谢张广生兄的不断催促，以及刘文娟同学和马冀东同学在查找相关文献方面提供的帮助。

“老年麦金德”探索全球平衡与世界和平。

［关键词］ 地缘政治 世界帝国 “壮年麦金德” “老年麦金德”

“假如中国被日本组织起来去推翻俄罗斯帝国，并征服它的领土的话，那时就会因为它们将面临海洋的优势地位和把巨大的大陆资源加到一起——这是占有枢纽地位区的俄国人现在还没有到手的有利条件，构成对世界自由威胁的‘黄祸’。”①

1904 年 1 月 25 日，麦金德在英国皇家地理学会上宣读了经典论文《历史的地理枢纽》。在演讲结尾，麦金德根据其理论逻辑做出一个假设性推论。就在这篇论文宣读大约两周之后的 2 月 8 日，日俄战争爆发。这场战争不仅是日俄两国在中国领土上的战争，而且是在欧洲列强争霸背景下，潜在的英美日集团与法俄德集团的战争，因此也被看作“第零次世界大战”。这次战争直接推动了全球政治局势的变化。俄国战败加速了俄国 1905 年革命，而这次革命却是 1917 年十月革命的“总演习”，可以说，这次战争的失败加速了俄国革命并推动苏联帝国的崛起。日本战胜无疑加速了军国主义的崛起，一方面日本作为亚洲人第一次打败西方人，与不断在战败中割地赔款的中国形成截然对比，这无疑进一步刺激了日本取代中国领导东亚世界建构“大东亚共荣圈”的野心；另一方面日本占领朝鲜半岛和控制中国东北为后来日本侵华奠定战略基地。

如果从日俄战争带来的全球影响再来读麦金德的这段假设性的大胆预测，我们将不能不为其深邃的历史眼光所折服，甚至时间越久，这段预测越能体现出其历史洞见。在日俄战争之后，苏联大陆帝国与日本海洋帝国在 20 世纪的崛起深刻地影响着中国乃至整个东亚的历史命运。就日本而言，日本帝国覆灭的一个重要原因就在于其究竟是成为大陆帝国还是海洋帝国的内在分裂，今天的日本也依然在大陆与海洋之间摇摆。而中国也只能在苏联大陆帝国与日英美这样的海洋帝国之间辗转腾挪寻找“中间地带”，从早期联苏抗美转向改革开放的联美抗苏，而今天又重新转向联俄拒美，从而在大陆世界与海洋世界之间寻找空间战略定位。可以说，这百年来东亚历史地缘政治的秘密都被麦金德所猜中。只有日本、中国和俄国结成一体才能真正对抗西方世界的全球霸权，反过来，西方世界要维持自己对整个世界的支配，就必须想方设法让日本、中国和俄国处于敌对状态。今天东

① 麦金德：《历史的地理枢纽》，林尔蔚、陈江译，商务印书馆 2017 年版，第 70—71 页。

亚世界的政治逻辑依然遵循着麦金德的地缘政治逻辑。

麦金德之所以有这样的洞见，就在于他的政治地理学从地理与政治互动中找到了推动人类历史发展的内在法则，从而敏锐地意识到全球历史是大陆与海洋关系演化的历史。早期是大陆心脏地带对边缘地带形成压倒性战略优势地位的亚洲时代，而随着地理大发现变成欧洲海洋民族利用海洋机动性对大陆构成压倒性优势的欧洲时代。而在1904年演讲开端的20世纪，人类历史进入了一个新的时代，即亚欧大陆心脏地区、内部边缘的新月形地区和外部岛状新月形地带的三元政治空间的大博弈时代，具体而言，就是德俄占据的大陆地带与英美国占据的海洋世界通过争夺“内新月形（边缘）地区”来争夺全球支配权、进而建立“单一世界帝国”的时代，而东亚世界的政治格局不过是全球政治格局的有机组成部分。因此，我们可以名正言顺地将20世纪以来大陆帝国与海洋帝国世界争夺全球统治权的时代称为“麦金德时代”①。

政治地理学或地缘政治学一方面要关注作为客观事实的地理空间、气候及其资源，但另一方面又要利用这些客观自然地理要素，人为地建构政治上的敌我关系或支配关系。因此，政治地理学家或者地缘政治学家无疑都是政治战略家，从地理的角度提出政治战略建议。就像钱学森说的，“科学是没有国界的，但科学家有国籍”。同样，地理学作为客观的科学是没有国界的，但政治地理学家是有国别政治立场的，因此每个政治地理学家都从其所处时代的政治地理空间出发服务于特定的政治战略。② 麦金德也不例外，他作为大英帝国事业的忠实捍卫者，直接推动英国地理学向政治地理学的转型，以服务于大英帝国政治秩序的建构。他的地缘政治理论直接回应了大英帝国如何适应“麦金德时代”大陆国家与海洋国家争夺全球统治权的挑战，然而随着大英帝国的衰落和美国的崛起，他的地缘政治学说则在反思大英帝国发展道路的基础上，为新的世界海洋帝国的美国提供地缘战略思考。本文正是围绕麦金德1904年的《历史的地理枢纽》、1919年的《民主的理想与现实：重建的政治学之研究》和1943年的《环形地带与世界和平》这三个经典文本，探讨麦金德的地缘政治战略与世界帝国兴衰之间的内在关联，从中我

① 强世功：《陆地与海洋：“空间革命”与世界历史的“麦金德时代”》，《开放时代》2018年第4期（即出）。

② 政治地理学的起源就是服务于西方列强展开争夺领土和重新分配领土的战略需要。参见帕克《地缘政治学：过去、现在和未来》，刘从德译，新华出版社2003年版，第二章。

们可以清楚地看到麦金德的地缘政治学说经历了从“壮年麦金德”向“老年麦金德”的发展和转化。

本文第一部分展现麦金德在1904年的《历史的地理枢纽》中，基于“麦金德时代”“心脏/枢纽地带”的扩张，预测可能出现的三种世界帝国图景以及大英帝国在地缘战略上的应对之道。在麦金德对未来世界帝国图景的描述中，美国被看作一个东方强国，扮演着不重要的同盟者甚至旁观者的角色。然而，第一次世界大战恰恰表明美国在全球秩序的建构中绝非简单的旁观者，而是成为取代大英帝国建构全球政治秩序的决定性力量。那么，如何理解麦金德对美国在世界秩序建构中所扮演角色的这种“误读”呢？本文第二部分围绕这个问题，集中探讨整个19世纪关于大英帝国的三条道路分歧，从而指出麦金德“误读”美国的深层根源在于他主张大英帝国迈向大陆帝国的道路、积极推进大陆帝国的内部整合，从而将英国打造为一个庞大的兼具大陆与海洋的世界帝国，在这样的世界帝国图景中，美国只能处在同盟者或旁观者的位置上。然而，第一次世界大战证明大英帝国无力承担起世界帝国的使命而走向衰落，美国作为世界海洋帝国而崛起。本文第三部分重点分析麦金德面对世界海洋帝国的权势转移，在1919年的《民主的理想与现实：重建的政治学之研究》中坚持其大陆视角，批判马汉的海权理论，强调大陆基地对于世界海洋帝国的重要性。他通过凭吊罗马帝国来反思大英帝国的发展道路，认为大英帝国仅仅满足于商业利益而采取“大海角”的地缘战略，犯了和当年罗马帝国类似的错误，被海上人的狭隘视角所束缚，未能占领更广阔的大陆领土，以至于无法在“麦金德时代”继续保持世界海洋帝国的地位。在反思大英帝国发展道路失误的基础上，本文第四部分的分析表明，麦金德面对世界海洋帝国的权势转移，着眼于建构美英地缘战略同盟。为此，他从美国的视角提出“世界岛”的地缘空间概念，从而强调美国要成为统治世界的海洋帝国、实现“国际联盟”的民主理想，就必须采取现实主义的地缘战略思想，一方面必须高度重视大陆以及大陆边上岛屿的地缘战略重要性，从而突出美国与英国在地缘政治上结盟的必然性；另一方面则必须将东欧和中东这两个在历史上对西方海洋帝国构成致命威胁的战略地带碎片化，防止大陆强国的兴起。这无疑是一个走向衰落的世界海洋帝国对一个新兴的世界海洋帝国的战略教诲。如果说1904年的《历史的地理枢纽》代表了“壮年麦金德”的思想，即为大英帝国在“麦金德时代”继续保持世界海洋帝国提供地缘战略建议，那么在1919年的《民主的理想与现实：重建的政治学之研究》代表了“老年麦金德”的思想，即为世界海洋帝国从英国向美国的权势转移提供地缘战略建议，而1943年的《环形地带与世界和平》则更是代表了麦金德晚年的想法。本文的结论部分正是展现麦金德地缘战略思想从“壮年麦金德”到“老年麦金德”的转化，这种思想转变的背后不仅是世界海洋帝国的权势转移，而且是从关注全球争夺向关注全球和平和繁荣的转变，是一个地缘战略家向一个思想家的转变。

一 “心脏/枢纽地带”的扩张与世界帝国的三种图景

陆地与海洋、东方与西方的两极世界对峙贯穿西方思想的始终。而英国作为孤悬海上的岛国长期面临着大陆入侵的危险，对大陆的恐惧进一步加深了陆地与海洋的对峙。随着拿破仑在欧洲的失败，英国和俄国分别作为海洋大国和陆地大国而崛起。由此，英国人乃至西方人对东方的恐惧也逐渐从历史上抽象的“黄祸”变成了具体的俄国。如果说大英帝国的崛起和海外扩展经历了几个世纪，那么俄国差不多是骤然崛起后开始急速扩张，从而对大英帝国构成了巨大的压力。整个19世纪英国与俄国围绕中亚、东亚展开了漫长的争夺，被称为“大博弈”（Great Game）。在写作《历史的地理枢纽》之际，大英帝国几百年的扩展达到了极限，尤其是1899—1902年大英帝国在南非与布尔人的战役让英国人心力交瘁，而大英帝国与沙皇俄国的“大博弈”直到1907年签署英俄协议才告一段落。

在1904年《历史的地理枢纽》的演讲中，麦金德正是从大英帝国现实政治处境出发，将俄国盘踞的大陆心脏地带作为政治上的对手。因为“俄国取代了蒙古帝国。它对芬兰、斯堪的纳维亚、波兰、土耳其、波斯、印度和中国的压力取代了草原人的向外出击。在全世界，它占领了原由德国掌握的在欧洲中心的战略地位。除掉北方以外，它能向各方面出击，也能受到来自各方面的攻击”[①]。如果说曾经的蒙古帝国让西方世界心惊胆战，以至于杜撰出“黄祸”这个词来表达它们对东方的恐惧，那么麦金德恰恰是从政治地理学的地理空间出发来建构可能的政治空间，从而提出大英帝国用以应对俄罗斯帝国扩张的政治战略。

① 麦金德：《历史的地理枢纽》，林尔蔚、陈江译，商务印书馆2017年版，第68页。

（一）从大英帝国看世界：三元地理空间

虽然麦金德一般被看作陆权理论的代表人，但他的关注点始终是海洋以及统治海洋的大英帝国，他之所以关注大陆恰恰是由于海洋世界统治全球的最大障碍和威胁来自盘踞在欧亚大陆的俄国。正是面对来自俄国的巨大威胁，麦金德提出了大陆“心脏地带”（heartland）这个重要的地缘政治概念。① 这个概念不仅是他划分全球历史的基础，也是他提出地缘政治战略的基础，以至于后来的“世界岛”和“环形世界”这些概念都来源于对欧亚大陆的政治想象。“心脏地带”理论意味着麦金德对欧亚大陆做出了切割，即他将完整的欧亚大陆划分为两个独立的地理空间：大陆“心脏/枢纽地带”与“边缘地带”，而“边缘地带”又被划分为四个相对独立的地理区域：以中国为核心的东亚区域、以印度为核心的南亚区域、阿拉伯半岛和欧洲拉丁半岛。这四个区域分别对应四种宗教所统率的文化区域：佛教、婆罗门教、伊斯兰教和基督教。而围绕大陆心脏地带，他又对欧亚大陆以外的海洋世界进行了切割，他将欧亚大陆之外的空间不管是大陆还是海洋重新划分为两部分：“内（边缘）新月形地区”与“外（岛状）新月形地区”。

如果从大陆与海洋的对峙来看，麦金德这种地理空间划分并不完全符合地理学的理论逻辑，比如“外（岛状）新月形地区”实际上包括了美洲、南部非洲、大洋洲的巨大大陆及其海洋，而“内（边缘）新月形地区”也包括大陆边缘地带以及附近的海域，它属于大陆与海洋重合的地区。然而，如果从“心脏地带”的理论来看，这种空间地理的构想非常有道理，即整个世界围绕大陆心脏地带形成了一个两层包围圈：第一层包围圈是大陆边缘地带或内新月形地区，第二层包围圈是外新月形地区。而这种地理空间布局恰恰是俄国占据了大陆心脏地带，英国占据了最外围的外新月形地区，双方都在争夺中间的内新月（边缘）地区。在这个意义上，“内（边缘）新月形地区”具有重要的空间战略地位，在大陆与海洋的争夺中，谁夺取内新月边缘地区，谁就会取得最终的胜利。后来斯皮克曼提出

① 麦金德在后来的回忆中明确提出：“激发出‘心脏地带’理念的事件，是英国在南非的战争和俄国在满洲的战争。”参见麦金德《环形世界与赢得和平》，载麦金德《民主的理想与现实：重建的政治学之研究》，王鼎杰译，上海人民出版社 2016 年版，第 176 页。需要注意的是，麦金德在 1904 年的《历史的地理枢纽》中并没有直接使用“心脏地带”（heartland）这个概念，而是用“大陆的心脏”（heart of continent）这个概念，他更多的是用“枢纽”（pivot）这个概念。而在后来，他更多的是用“心脏地区”这个概念来取代“枢纽”这一概念。参见方晓志《麦金德地缘战略思想研究》，军事科学出版社 2014 年版，第 47—49 页。

的地缘地带战略实际上就是对麦金德地缘政治学理论的运用。[1]

在这样一个三元空间格局中，麦金德分析了不同的国家在地理空间的定位及其可能的政治空间组合。他直接给出了一份能够进入全球政治博弈的国家名单，除了心脏枢纽地带上的俄国外，就是内新月形地区的“德国、奥地利、土耳其、印度和中国”，和外新月形地区的“英国、南非、澳大利亚、美国、加拿大、日本”[2]。这份名单实际上就是麦金德心目中的世界政治棋盘，法国、意大利竟然没有出现在麦金德想象的全球博弈棋盘上，足以看出这些国家在全球博弈中处于无足轻重的地位。而这些国家的政治走向所建构的政治空间决定了这场全球政治博弈的大棋局的走向。为此，麦金德提供了一个动态的地缘政治战略图景，设想了未来世界的三个可能图景，并针对每一个世界可能图景提出了大英帝国的地缘战略。

（二）世界帝国图景（Ⅰ）：俄国主宰全球

麦金德构想的第一种世界帝国图景是俄国成为主宰全球的“世界帝国”，而要出现这种图景，俄国必须在地缘政治上争取与法国、德国或日本结盟。麦金德关于“心脏/枢纽”地带与边缘地带的划分乃是陆地与海洋的划分。在哥伦布时代，海洋世界已经取得了对大陆心脏/枢纽地带的战略优势。但是在第二次“空间革命”发生之后，人类历史进入了一个“封闭的政治体系”，海洋世界无法取得更多的海外殖民地，因而其地理上的战略优势在丧失；相反，大陆“心脏/枢纽”地带因为铁路和通信等新技术的运用而获得了与海洋地带相匹配的战略机动性。尽管如此，麦金德认为，如果心脏地带的枢纽国家要获得全球统治权，就必须取得海洋资源，从而进一步压缩边缘国家在海洋上的优势。“枢纽国家向欧亚大陆边缘地区的扩张，使力量对比转过来对它有利，这将使它能够利用巨大的大陆资源来建立舰队，那时这个世界帝国也就在望了。”[3] 事实上，这恰恰是俄国帝国长期的扩张战略目标：取得出海口，参与西欧控制的全球海洋世界的竞争中。为此，俄国在18世纪相继取得西方波罗的海的出海口和南方里海进入地中海的出海口，而在19世纪，它不但向远东扩张取得了进入太平洋的出海口，而且开始进入中亚地

① 参见斯皮克曼《和平地理学：边缘地带的战略》，俞海杰译，上海人民出版社2016年版。

② 麦金德：《历史的地理枢纽》，林尔蔚、陈江译，商务印书馆2017年版，第68—69页。

③ 同上书，第69页。

区试图夺取印度洋的出海口。

俄国的扩张无疑要处理与边缘地带上诸国家的关系。在麦金德看来，边缘地带上西方的法国、德国和东方的日本对俄国就至关重要。因此，心脏地带的俄国要想迈向世界帝国，其地缘战略有三种可能：

一是俄国面对边缘地带的压力，就需要把“法国来充当平衡物”，从而争取法国的支持，打破边缘地带的围堵。事实上，这正是俄国当时采取的地缘战略。面对德国的崛起以及德国与法国的矛盾，俄国始终在小心翼翼地处理德法关系，而随着 1882 年德国、奥地利和意大利“三皇同盟”（Triple Alliance）的建立，德国在地缘政治上直接对俄国构成了压力，俄国才转向与法国建立友好关系，并于 1892 年建立军事同盟。因此，在麦金德看来，俄国对法国的态度就是作为地缘政治上的“平衡物”，来平衡“三皇同盟”的地缘政治压力。

二是如果俄国与法国结盟只是缓解心脏/枢纽地带的压力，从而扭转其地缘劣势，那么德国对于心脏地带的重要性远远超过法国。“如果德国与俄国结盟，这种情况（指建立世界帝国——引者注）就可能发生。”① 在 19 世纪的欧洲大陆国家中，俄国和德国之间始终存在一种若即若离的关系，二者在欧洲大陆上存在竞争关系，然而在共同开拓海洋的事业中，因为都面对英国、法国的海上压力而存在结盟的态势。与俄国结盟是俾斯麦德国稳定的地缘战略，因为只有稳定的大陆后方才有德国在海外扩张的可能。俄国也有类似的战略构想，以至于“三皇同盟”建立之后，俄国依然寻求与德国的友好关系，直到俾斯麦之后德国野心膨胀，对俄国采取敌对立场，才使俄国转而寻求与法国甚至英国结盟。

麦金德的批评者要么批评他对世界大战的错误预言，即预言俄国全球扩张引发世界大战，而没有注意到德国扩张引发世界大战，要么批评他的“心脏地带”学说没有看到德国；而他的拥护者则特别强调麦金德预见到了德国与俄国结盟的重要性，这意味着麦金德在地缘政治上注意到了德国和东欧的重要性，以至于麦金德在后来的《民主的理想与现实：重建的政治学之研究》中修正其“心脏地带”学说，将德国和东欧看作心脏地带的一部分。

然而，无论是 1904 年的《历史的地理枢纽》，还是 1919 年的《民主的理想与现实：重建的政治学之研究》，在发表之际并没有引起大英帝国和美国当局的特别

① 麦金德：《历史的地理枢纽》，林尔蔚、陈江译，商务印书馆 2017 年版，第 69 页。

关注。然而，德国地缘政治家霍斯浩弗却从麦金德的这一地缘战略思想受到启发，不仅推动希特勒政权与苏联在1939年签署《苏德互不侵犯条约》，更期望推动德国、苏联和日本组成欧亚集团。对此，霍斯浩弗毫不犹豫地宣称受益于麦金德在《历史的地理枢纽》一文中的构想，“在我看过的地缘政治学著作中，没有比薄薄几页纸的《历史的地理枢纽》更伟大的杰作”。“世界历史在哪里说过一个人不要从敌人那里学习呢？……俄国和德国双方因相互敌对搏斗而都输掉了战争。当德国人和俄国人意识到这一点并结盟的时候，这已经比哈福德·麦金德勋爵曾经所预期的要晚了很长时间。”① 尽管希特勒德国后来用征服取代了结盟，但这种地缘政治选择恰恰证明了麦金德地缘战略思想的预见性。也正是由于德国的地缘战略和霍斯浩弗对麦金德的尊崇，麦金德开始在美国变得家喻户晓。从1939年到1945年乃至第二次世界大战后，《历史的地理枢纽》至少重印了三次，被广泛阅读，并被称为关于战争的“独一无二的预见”。②

三是如果说俄国与德国结盟有建立世界帝国的可能性，那么正如麦金德在演讲结尾所预测的，俄国与中国和日本结盟，这才真正构成对西方世界灾难性的打击。从政治上看，当时日本与俄国已经开始争夺中国东北，中国是一个无足轻重的半殖民地国家，三国根本没有结盟的可能性。然而，地缘政治首先关注地理的重要性。麦金德这里实际上是在提出日本和中国作为内新月形（边缘）地区对于心脏地带的重要性。如果从地缘政治学的角度看，重要的是地理，至于地理上是哪个国家并不重要。麦金德看到的不是心脏地带的俄国向中国和日本这些边缘地带的扩张，而是想象日本在甲午战争中打败中国并将朝鲜半岛和中国整合起来，进而进入心脏地带推翻俄罗斯帝国，从而实现对大陆心脏地带与边缘地带的整合。

总而言之，从上述地缘政治战略的分析中，麦金德已经意识到法国、德国和日本这三个边缘国家对于心脏/枢纽国家俄国的重要性。如果与法国结盟，只能改变俄国所处的劣势，如果与德国结盟，无疑具有了建立世界帝国的可能性，而一旦与日本、中国结盟，那就毫无疑问将建立起世界帝国，对西方文明而言无疑是灾难。正是在对法国、德国和日本进行地缘战略重要性的排序中，麦金德展现出对大陆地缘政治的洞见，并在某种意义上启发了德国第二次世界大战期间的地缘

① 转引自 W. H. Parker, *Mackinder: Geography as an Aid to Statecraft*, Oxford: Clarendon Press, 1982, p. 159, p. 173。

② Ibid., p. 159.

政治战略，即轴心国家德国与日本意图打败苏联，从而实现心脏/枢纽地区与边缘地区整合起来的战略优势，更预示着冷战时期、后冷战以来苏联及后来的俄罗斯与中国在政治上分分合合的地缘政治背景。①

（三）世界帝国图景（Ⅱ）：大英帝国继续主宰全球

在哥伦布时代，大英帝国借助海洋世界对大陆的压倒性地理优势成长为世界帝国，然而，随着俄国和德国这样的大陆强国、美国这样的海洋强国兴起，大英帝国要继续保持世界帝国主宰全球的优势就必须进一步向大陆边缘地带渗透，为此，大英帝国在地缘战略上除了关注法国外，最重要的就是重视南非、印度和日本。

其一，高度关注德国和日本，就是防止德国、日本与俄国结盟。事实上，自英国联络欧洲大陆国家打败拿破仑并建立维也纳体系以来，欧洲列强在19世纪维持了相对的和平。也是在这个时代，英国从传统的欧洲国家转向了全球海洋国家，因此德国的统一和崛起并没有与英国产生冲突，而是彼此照顾对方的核心利益：英国在全球海外扩张与德国在欧洲大陆扩张。到19世纪晚期，德国已成为不亚于俄国的新兴大陆强国，它也和俄国一样具有向海外扩张的冲动，在这种背景下，德国和俄国在地缘政治上无疑用结盟来减少大陆上的彼此压力，共同向边缘地带扩张来挑战大英帝国领导的海洋世界的倾向。而俾斯麦之后的德国采取敌视俄国的立场，从而促成了俄国与法国甚至英国走到一起的现实可能性。就在麦金德演讲之后不久的1907年，英国与俄国建立了同盟关系。尽管如此，麦金德防止德国与俄国结盟的地缘政治战略具有深远的洞见，而1939年德国与苏联签订互不侵犯条约，乃至后来德国与日本结盟并入侵苏联，实际上都证明了麦金德的上述地缘政治洞见。

其二，大英帝国的地理空间定位必须从“大陆体系”转向“世界体系”，从而将法国从历史上的宿敌转变为牢固的盟友，并让欧亚大陆东边的日本与西边的法国发挥同样重要的作用。麦金德首先从全球地理空间的三元结构入手，认为英国作为海洋帝国首先应当考虑如何组织欧亚大陆的内新月形地区，“法国、意大利、埃及、印度和朝鲜就会成为这么多的桥头堡”，同时组织南非、加拿大、澳大

① 相关讨论参见强世功《陆地与海洋：“空间革命”与世界历史的“麦金德时代”》，《开放时代》2018年第4期（即出）。

利亚以及美国这些外新月形地区的国家，其“海军可以从这些桥头堡支持陆地部队来迫使枢纽联盟也部署陆上部队，从而阻止他们集中全力去建立舰队”①。可见，在麦金德的战略中，大英帝国之所以主要选择内新月形地区作为进入大陆枢纽地带的桥头堡，不是利用这些地区来占领或攻击枢纽地带，而是用来牵制枢纽国家的力量，使其无力建造海军与海洋国家展开海上竞争。可以说，大英帝国的战略目标就是持续保持在海洋世界的绝对统治权，从而在麦金德时代延续哥伦布时代西方通过垄断海洋而对大陆心脏地带构成的压倒性优势。

在这样的海洋联盟中，麦金德格外重视法国和日本在地缘政治中的地位，因为它们在地理上处在边缘地区的西端和东端。而法国很可能成为俄国平衡英国而争取的对象，但是他也意识到如果德国和俄国结盟无疑会伤害法国利益，“必将推动法国与海上强国联盟”②。然而，在当时很多人的思想中，法国是英国的宿敌。整个19世纪英国对欧洲的地缘战略实际上局限在欧洲的“大陆体系”（a continental system）中。在这样的地理空间定位中，英国的政治空间版图中的敌人就变得非常清晰，其首要争霸对手就是对岸的宿敌法国，因此英国的地缘战略就是“较远攻近”，采取与德国结盟的办法，尽可能放任甚至鼓励德国对法国的打击，其中普法战争就是最典型的历史。然而，正如麦金德早在1902年就明确提出的，“最近国际政治的舞台出现了急速的扩张，历史的欧洲阶段正在逝去，就像欧洲人曾经经历过fluviatile阶段和地中海阶段。正在出现的是一种新的权力平衡，而且只能由少数世界性大国（great world - states）出现在舞台上”③。当世界历史进入“麦金德时代”，大英帝国要面对的是一个全球的“封闭政治体系”，这就意味着英国人必须重新矫正自己的地理空间定位，将其欧洲地缘战略放在一个更大的“全球体系”（a global system）中来思考，由此英国政治空间版图中的敌人也要随之进行调整，大英帝国在全球的敌人并非法国，而是德国和俄国，在这个意义上，难道法国不正是英国天然的盟友吗？“后来许多对《历史的地理枢纽》的批判源于误解了这样一个事实：麦金德所写的是一个即将到来的全球体系，而当时人们的思想依然沉浸在对大陆体系的思考中。”④

---

① 麦金德：《历史的地理枢纽》，林尔蔚、陈江译，商务印书馆2017年版，第69页。

② 同上。

③ H. J. Mackinder, *Britain and British Sea*, Oxford: Clarendon Press, 1907, pp. 350 - 351.

④ W. H. Parker, *Mackinder: Geography as an Aid to Statecraft*, p. 160.

麦金德在此恰恰要矫正英国人根深蒂固的仇视法国的观念。在1943年接受美国《外交》杂志的专访中，麦金德回顾其地缘政治学理论最初源自童年对一则新闻的强烈感受：法国在色当向普鲁士投降。当时，大多数英国人为此欢呼雀跃，因为他们“在精神上仍然沉浸在特拉法尔加的伟大胜利和拿破仑自莫斯科溃败的振奋之中”[①]，然而这在麦金德幼小的心灵中就已经种下对德国作为大陆国家崛起的担忧。在1919年的《民主的理想与现实：重建的政治学之研究》中，他回顾了欧洲帝国争霸的历史，进一步反思并检讨英国在欧洲的地缘战略：“在1870年，英国并没有支援法国抵抗普鲁士。凭借着事后之明，或许我们也完全可以一问，在此事上，我们是不是没有压错赌注?”[②] 如果当时英国支援法国打败普鲁士，也许就没有德国作为大陆强国的迅速崛起。无论如何，在1904年的《历史的地理枢纽》中，麦金德已经做出了回答：当全球进入封闭的政治体系中，当英国的政治舞台从欧洲迈向全球之后，地理空间的重新定向必然会改变政治地图的重新定向，法国不能成为英国的敌人，而应当成为其坚固的盟友。

至于日本，就在麦金德演讲两年前的1902年，英国与日本为了共同对付俄国而签署条约结成同盟。在英国的支持下，日本也在准备与俄国在中国东北展开争夺。和许多帝国战略家们一样，麦金德看到了日本对于大英帝国围堵俄国的地缘战略意义。然而，作为地缘政治学家，麦金德也同样看到了日本、中国与俄国结合起来建立世界帝国的地缘可能性，为此才有麦金德在演讲结尾的预言。这对于当时满足于英日联盟的帝国战略家来说，不啻是一个富有远见的警告。

其三，大英帝国的南非和印度发挥着围堵和消耗大陆枢纽国家，从而维持其海洋霸权的战略重要性。麦金德以惠灵顿利用伊比利亚半岛的托雷斯维德拉斯海军基地击溃拿破仑为例，说明面对心脏/枢纽地带可能的俄德联盟，印度在大英帝国体系中扮演着类似的“战略功能”。为此，他非常赞赏当时的保守党成员、深度卷入南非布尔战役报告的帝国活动家艾默里（Leopold Amery）的主张：“英国军事前线从好望角经过印度延伸到日本。”[③] 南非之所以重要，就在于它是连接英国本土与印度的必由通道；而印度之所以重要，就在于它是防止心脏地带向海洋扩

① 麦金德：《民主的理想与现实：重建的政治学之研究》，王鼎杰译，上海人民出版社2016年版，第175页。

② 同上书，第118页。

③ 麦金德：《历史的地理枢纽》，林尔蔚、陈江译，商务印书馆2017年版，第69页。

张的战略基地。正因为如此，麦金德不仅支持大英帝国在南非的布尔战役，而且支持英国在印度领土上实施“帝国向西进军”的战略，甚至认为这是“边缘强国围绕着枢纽地区的西南和西部边缘的一次短暂的旋转”①。而在下文的讨论中，我们会看到他对南非和印度的特别关注与其对大英帝国发展道路的思考紧密联系在一起。

（四）世界帝国图景（Ⅲ）：德国与美国冲突的世界？

上述世界的两个可能前景分别是以俄国和英国作为全球帝国的主角进行思考的，至少在当时看来这是最具可能性的两种世界图景。然而，由于德国和美国分别作为大陆强国与海洋强国的崛起，麦金德从地缘政治的角度预设了第三种可能的图景，那就是南美洲的巨大开发潜力带来的不确定性因素。如果南美洲如同“门罗宣言”所宣称的那样成为美国的政治空间，那么无疑“可以加强美国的实力”。但“如果德国向门罗主义挑战而取得成功的话，那么它们就可以使柏林放弃与俄国结盟的政策，我可以将其称之为枢纽政策（a pivot policy）”②。19 世纪德国崛起亟须向海外扩张，而当时殖民地基本被欧洲列强瓜分，德国要争夺，也就剩南美了，而事实上德国已经开始向南美洲移民渗透。然而，在“门罗宣言”背景下，如果德国在南美洲建立殖民地，必然与美国发生冲突，那未来世界可能是另外一幅图景。

为什么麦金德会设想出这种可能呢？这不仅是麦金德的一种猜想和愿望，而且也是一种可能的历史态势。麦金德始终从德国和俄国占据着大陆心脏/枢纽地带的角度来看问题，担心的是德国与俄国的结盟，从而试图在地缘战略上提供分裂德国与俄国的可能性。在整个 19 世纪，英国和俄国分别在海洋和陆地成为两个强势的世界性帝国，而同样崛起的美国和德国则分别是海洋和陆地上的区域性强国。英国与俄国是主要矛盾，但德国和美国的崛起让世界矛盾更加复杂和多样化。美国和德国在 19 世纪崛起，必然要向欧洲老牌殖民帝国争夺海外殖民地，但他们不可能与强势的英国或俄国直接发生冲突，而往往是利用英俄的矛盾扩展自己的势力，尤其是争夺衰落帝国西班牙和葡萄牙的殖民地。美国崛起恰恰是通过美西战

---

① 麦金德：《历史的地理枢纽》，林尔蔚、陈江译，商务印书馆 2017 年版，第 70 页。

② 同上书，第 69 页。

争夺取了西班牙的殖民地。而德国也早就觊觎南美，曾经试图占领墨西哥，直接威胁美国进而取得在南美的优势。如果能够将德国的势力增长引向南美，那么世界矛盾就可能出现在德国、俄国和美国之间，这对于大英帝国而言何尝不是一个可以期待的世界图景呢？事实上，英国首相威廉·皮特就曾表达了利用德意志打败美国的战略构想。①

总而言之，从麦金德对即将到来的“麦金德时代”的上述三种可能世界图景及其战略的分析中，我们可以清楚地看出，麦金德政治地理学始终是围绕欧亚大陆枢纽地带的俄国展开思考的。这种思考不仅来源于俄国的现实政治威胁，更重要的是麦金德对全球“地理空间”和“政治空间”的理解。在他看来，全球地理的中心乃是欧亚大陆，中心、边缘和岛屿的三元地理空间是围绕欧亚大陆展开的。如果从欧亚大陆的角度看，整个世界是大陆向海洋开放的巨大空间。在这样的地理空间中，“特定的力量组合”形成的政治空间和世界历史图景都是“围绕枢纽国家展开的”，尽管“和周围的边缘国家和岛屿国家相比，枢纽国家机动性有限”，但它“总是有可能变得很强大”②。然而，这样的空间地理构想因为关注心脏地带而突出了德国崛起的重要性，必然忽视美国崛起对于全球政治格局的重要意义。

二　海洋还是大陆：帝国的三条道路与麦金德对美国的“误判”

在1904年的演讲中，麦金德虽然注意到美国的崛起，但其对世界帝国图景的三种战略构想中，并没有凸显出美国的重要性，在大陆心脏/枢纽地带与海洋世界争夺全球统治权的“麦金德时代”，美国似乎扮演着作为大英帝国同盟者的角色，在未来世界帝国的图景建构中并没有发挥主导性的地位。麦金德也注意到美国地缘战略家马汉的理论，但在演讲中也是一笔带过，仅仅作为自己的理论注脚。从地缘政治学的角度看，麦金德预见到了德国与俄国作为大陆心脏地带国家在政治上结盟的可能性，可为什么在演讲中从来没有预见到英国和新兴的美国在内新月

① 西姆斯：《欧洲：1453年以来的争霸之途》，孟维瞻译，中信出版社2016年版，第XVI页。

② 麦金德：《历史的地理枢纽》，林尔蔚、陈江译，商务印书馆2017年版，第70页。

形地区和外新月形地区结成新的海洋帝国结盟，共同对抗心脏枢纽地区德国和俄国的扩张呢？我们究竟应当如何理解麦金德眼中的美国及其对世界帝国前景的影响呢？

（一）“东方强国”的旁观者角色：对美国的“误判”？

在1904年的演讲中，麦金德对美国及其在全球地缘政治格局中的地位做出明确定位：

> 美国最近已成为一个东方强国，它不是直接地，而是通过俄国来影响欧洲的力量对比，而且它将修建巴拿马运河，以便使它的密西西比河流域和大西洋沿岸的资源能用于太平洋上。从这个观点来看，大西洋才是东西方之间将来的真正分界线。[①]

这段话包含了两层政治判断。其一，美国在全球博弈中处于从属于大英帝国的配角位置。麦金德看到美国是一个正在兴起的强国，但对于当下大陆强国俄国与海洋强国英国争夺全球统治权而言，它并不是全球博弈的主角，而只能算作一个配角。它“不是直接地，而是通过俄国来影响欧洲的力量对比”，在这个意义上，美国不过被放在与德国、日本甚至法国类似的位置上，成为俄国与英国之间博弈的砝码。[②] 麦金德之所以做出这个判断，不仅是基于现实的政治理由，而且是一个地缘政治学上的基本判断，即其二，在麦金德构想的大英帝国主导的海洋世界帝国未来前景中，美国不过被放在类似南非、澳大利亚等这样的外新月形地带的位置上，并没有特别突出的地位：“英国、加南大、美国、南非、澳大利亚和日本，现在是制海权和商业上的一连串外围岛屿基地，它们是欧亚大陆的陆上强国难以达到的地方。”更重要的是，美国是一个“东方强国”，以至于麦金德甚至认为大西洋将东方美国与西方英国分割开来，成为东西方之间真正的分界线。

无论是将美国看作东方国家，还是将美国看作即将来临的世界大战的旁观者，这种地缘政治的判断无疑让后来人大跌眼镜，因为美国始终被看作西方世界的一

---

① 麦金德：《历史的地理枢纽》，林尔蔚、陈江译，商务印书馆2017年版，第69页。

② 同上书，第65页。

部分，而美国恰恰是第一次世界大战的重要参与者而且是最大受益者，麦金德似乎完全没有感觉到20世纪会成为美国的世纪。如果单纯就政治预见而言，麦金德未能预见到第一次世界大战中美国扮演的重要角色，就像未能预见到德国发动第一次世界大战一样，至少在美国的一些地缘政治学者看来似乎是不可饶恕的。①

那么，麦金德为什么会犯如此低级的错误？要知道在那个时候，美国的崛起不仅被人们普遍关注到，而且建立英美联盟的呼声也开始出现在英国朝野。那么，麦金德究竟是如何看待美国崛起的呢？而要理解麦金德对美国的这种“误读”，首先就要“历史地”理解英国与美国的关系。在大英帝国成长为世界帝国的历程中，如果说俄国和德国是最直接的挑战者，那么美国绝非可靠的盟友，而始终是搅局者、破坏者甚至是潜在的挑战者。

（二）历史中的英美关系：美国作为大英帝国的挑战者

今天我们对“英美世界”的观念来源于第一次世界大战、第二次世界大战以来的政治塑造，由此将英、美看作天然一体。而这个建构首先就来源于英国和美国的相互需要，大英帝国面临衰落需要美国的支持，而美国要成为新的全球帝国也需要英国的援助，二者相互支持实现了世界帝国权势的顺利过渡和转移。比如英国首相丘吉尔出于建构英美联盟的政治目的，在《英语民族史》一书中将英国及其曾经的殖民地美国、加拿大、澳大利亚、新西兰和南非等建构为一个整体。②然而，如果回到麦金德演讲的时代，我们不能忘记，1815 年英国联合欧洲力量打败拿破仑之后，世界上再没有一个力量可以挑战英国通过海洋建立的全球霸权，由此世界历史进入了“不列颠治下的和平”（Pax Britannica），尤其是进入维多利亚时代的辉煌（1837—1901 年）。在这个意义上，麦金德是以一种世界帝国的眼光来傲视美国，将其看作“东方强国”。

从历史的角度来看，英国迈向全球帝国的过程始终伴随着美国的挑战。美国

---

① 帕克面对这些批评对麦金德进行辩护，在他看来，“麦金德很少单独提到美国，这是因为他集中在那些他认为能带来危险的国家，而他认为美国作为一个伟大的民主伙伴，在任何冲突中几乎不可避免地与英国站在一起”。参见 W. H. Parker, *Mackinder: Geography as an Aid to Statecraft*, Oxford: Clarendon Press, 1982, p. 224。这种看法显然受到“二战”之后英美同盟的影响，而未能理解麦金德的帝国理想与崛起的美国之间的潜在张力。关于批评麦金德未能突出美国在全球地缘政治中的重要性，参见 W. H. Parker, *Mackinder: Geography as an Aid to Statecraft*, Oxford: Clarendon Press, 1982, pp. 224 – 226。

② 参见丘吉尔《英语民族史》，薛力敏、林林译，南方出版社 2004 年版。

从独立以来就与英国长期处于敌对状态并不时兵戎相见，因为美国作为新兴国家要想在世界上争夺殖民地就不免与迈向全球帝国的英国发生冲突。19 世纪初爆发了第二次英美战争，英军甚至火烧了美国的白宫。但恰恰是这次战争让美国获得了真正独立，开始在精神上摆脱大英帝国的控制和纠缠。从此，美国开始不断挑战欧洲列强的霸权，“门罗主义”就要求欧洲列强不得干涉美洲事务，从而将整个美洲置于美国的庇护之下，成为美国的势力范围，从而使得美国争取到与英国、法国这些欧洲列强平起平坐的地位。南北内战后的美国迅速从农业国变成了工业国并积极参与全球扩张。就在麦金德 1904 年演讲的十年前，美国历史学家特纳（Frederick Jackson Turner）在 1893 年正式发表了《边疆在美国历史上的重要性》的演讲。麦金德关注的是地球上自由领土已经被瓜分完毕，全球进入了封闭的体系，而特纳关注的是美国大陆西进运动占领自由领土的时代已经结束，美国也进入了一个相对封闭的空间。同样是封闭的空间，麦金德关注的是大陆国家与海洋国家因重新瓜分领土引发争夺全球统治权的斗争，而特纳关注的是美国西进运动结束之后，美国怎么办?[①] 在他看来，一部美国历史就是从欧洲大西洋不断向西部拓展边疆的历史，也是美国人的生活方式乃至精神不断脱离英国或欧洲的“旧世界”从而美国化的历史，从而形成美国独特的个人主义、民主主义和民族主义精神，以及由此带来的生机勃勃的不断开拓进取的精神。因此，他认为“美国历史的第一个阶段宣告结束”，但他认为“迁移运动是扩张个性最显性的事实，除非这种训练对一个民族没有影响，美国人的力量将不断要求一个更加广阔的场域以满足其锻炼的需求”[②]。这实际上已经暗示，美国开始进入了从北美转向全球进行开疆拓土的第二个阶段。果不其然，1898 年美西战争爆发，这也证明在世界进入封闭空间之后，欧洲列强从“殖民主义”转向了“帝国主义”，帝国之间开始了争夺全球统治权的斗争。美国通过美西战争取得了西班牙属地古巴、波多黎各和菲律宾，并针对中国问题对西方列强提出“门户开放”政策，从而不仅完整控制了美洲，而且全面介入东亚事务，将帝国的边疆向西一直推进到太平洋西岸，从而

---

① 关于对麦金德与特纳的关于“封闭空间”的对比，参见 G. Kearns，“Closed Space and Political Practice：Frederick Jackson Turner and Halford Mackinder”，*Environment & Planning D Society & Space*，No. 2，1984，pp. 23 – 34。

② 特纳：《边疆在美国历史上的重要性》，李明译，载张世明等主编《空间、法律与学术话语：西方边疆理论经典文献》，黑龙江教育出版社 2014 年版，第 93 页。

与大英帝国在东亚乃至全球的利益形成竞争。

然而，美国之所以能够在美洲顺利崛起，就在于充分利用了19世纪英国与德国和俄国在亚洲、非洲的争夺。在这种争夺中，美国恰恰“通过俄国来影响欧洲的力量对比”，通过不断支持俄国在欧亚大陆的扩张，换来俄国支持美国不断挑战英国的势力，蚕食英国的利益，而英国由于受到俄国挑战，根本顾不上在美洲、东亚、东南亚的利益，只能对美国蚕食其利益保持隐忍。1902年大英帝国在南非取得了对布尔人的胜利，但已是强弩之末，不堪重负。而就在1903年，美国不仅取得巴拿马运河的开凿权，而且策动巴拿马独立建国，从而将其置于美国的控制之下。而巴拿马运河的开凿打通了整个美国进入太平洋和亚洲的通道，麦金德敏锐地意识到，美国“使它的密西西比河领域和大西洋沿岸的资源能用于太平洋上”①。这实际上意味着美国成为同时拥有大西洋和太平洋的海洋强国，这对作为世界帝国的大英帝国而言，无疑是一种无法回避的挑战。因此，我们才能理解麦金德对美国的政治判断：美国与其说是英国的同盟，不如说是暗中支持俄国的潜在挑战者。我们也能理解为什么麦金德在对世界帝国前景的分析中，竟然对德国进入南美与美国发生直接的冲突怀着期待。

正是基于这种政治判断，麦金德将美国定义为区域性的“东方强国”，就像德国成为区域性的欧洲大陆强国一样，他甚至进一步认为，“从这个观念来看，大西洋才是东西方之间将来的真正分界线”②，这句话看起来是顺手拈来的闲来之笔，但却具有特别的意涵。如果我们注意到麦金德对全球历史的分析，就会发现他始终从欧洲的角度将亚洲看作东方，并从西方海洋世界与东方大陆世界来看待全球博弈。在这样的全球地缘格局中，美国虽然兴起，却被看作欧洲政治上的潜在对手，以至于在地理上被看作比远东的太平洋西岸更远的东方。如果把美国作为一个东方国家，那就会在地缘政治版图上出现一个特别的图景。一方面，如果把地图铺成平面看，美国在东方的东方，远离大陆心脏地带和边缘地带展开的全球博弈，从而在围绕心脏地带展开全球博弈的世界图景中属于遥远的旁观者。这或许受到当时采取墨卡托投影地图（mercator map）的影响，美国在这种地图上处在边缘位置，以至于这些批评者有的主张从太空北极的角度看，那么美国才是真正的

① 麦金德：《历史的地理枢纽》，林尔蔚、陈江译，商务印书馆2017年版，第69页。

② 同上。

“心脏地带”，至少是“第二心脏地带”（*a second heartland*）。[①] 然而，从北极太空的角度看全球，或许更符合麦金德对美国的地缘想象。另一方面，如果把西欧/英国作为世界的西方，那在地理空间左右两侧向东分别是俄国和美国。从这个地缘格局看，英国的地缘政治战略无疑是挑起俄罗斯与美利坚两个东方帝国的矛盾，由此才能维持处在中间的内新月形边缘地带的大英帝国的安全。这个地缘政治战略恰恰是第二次世界大战后丘吉尔看到大英帝国不可避免地走向衰落的地缘政治战略，挑起美国与苏联的“冷战”以维持大英帝国的局面。

麦金德对美国的这种“误判”，恰恰提醒我们要高度重视地缘政治学中地理科学的一面与政治战略的另一面之间的内在张力。地理科学是客观的、不变的，然而政治战略却是高度主观的、流变的。这就意味着不同地缘政治学家的政治立场和地缘政治战略会形成对地理空间的不同认识，而这恰恰是我们后面要讨论的施米特关于空间“定向”（orientation）的问题。在这个意义上，麦金德对美国的“误判”恰恰来源于他作为维多利亚时代成长起来的帝国政治家对大英帝国未来继续维持世界帝国的坚定立场，这个政治立场定位就决定了如何处理大英帝国与美国的地缘政治关系。而要理解麦金德对大英帝国未来维持世界帝国的战略定位，就必须理解 19 世纪围绕大英帝国未来发展的三条帝国道路的分歧。

（三）传统海洋帝国道路对帝国大陆政策的批判

面对俄国、德国、日本和美国这些新兴大陆强国和海洋强国的挑战，英国要维持维多利亚时代世界帝国的辉煌不免有些吃力。在这种背景下，英国人在帝国未来究竟是维持海洋帝国还是迈向大陆帝国的发展道路上出现了分歧。我们可以称为帝国发展道路之辩。其中可以看出帝国发展有三条不同的道路，而这些不同发展道理之间的辩论或明或暗地贯穿了 19 世纪大英帝国发展的始终。[②] 其中第一条道路就是主张继续走传统海洋帝国的老路。

---

① 关于墨卡托投影地图对麦金德看待美国的影响，参见 W. H. Parker, *Mackinder: Geography as an Aid to Statecraft*, Oxford: Clarendon Press, 1982, pp. 221 – 223。

② 达尔文敏锐地意识到，19 世纪以来英国实践了三种帝国观念或三种帝国模式：第一种是“旧大西洋帝国模式”；第二种是“开明官僚治理的模式”；第三种是在自由贸易与自治基础上形成的“新帝国”。然而，他并没有注意到这三种帝国观念与大英帝国从海洋转向陆地之后所形成的不同发展道路之间的内在关联。参见达尔文《未终结的帝国：大英帝国，一个不愿消逝的扩张梦》，冯宇、任思思译，中信出版社 2015 年版，第 23—27 页。

英国是从海洋上不断挑战葡萄牙帝国和西班牙帝国而崛起的。在这个过程中，英国人在其政治话语中不断将西班牙和葡萄牙塑造为“大陆帝国”，而将自己塑造成与其相对立的“海洋帝国”，大陆帝国意味着征服、占领、掠夺和战争，而海洋帝国则意味着商业、贸易与和平。这一套话语体系不断通过重塑雅典与斯巴达或波斯或罗马的对抗、迦太基与罗马的对抗而成为欧洲政治中的流行话语。特别是当格劳秀斯和普芬道夫这些国际法学家加入大陆与海洋的话语对立时，这套政治话语就变得更为稳固。英国由此被塑造为海洋帝国的形象，而英国的敌人，从早期的西班牙、葡萄牙到后来的法国、德国和俄国都被塑造为大陆帝国的形象。然而，随着七年战争结束以及拿破仑帝国的失败，英国不仅崛起为海洋帝国，而且占领了加拿大、澳大利亚、新西兰、非洲、印度等的大量陆地。大英帝国实际上变成了一个兼具海洋与大陆的新型帝国。英国既要承担大陆帝国的责任，也要竭力维持海洋帝国的形象和权势，于是基于自由海洋统治的语言和词汇似乎不再适合。①

然而，让小小的英伦三岛来维持一个兼具海洋—大陆的全球性帝国，无疑让英国变得不堪负重，尤其英国需要在印度和南非不断增加兵力来镇压潜在的反抗，以至于不少人开始反思并批判这种新帝国的发展路向。需要注意的是，早在18世纪晚期，欧洲富有革新精神的启蒙思想就已经对“欧洲帝国式的征服和统治”进行了系统的批判。到了19世纪30年代，“这一脉系有望成为欧洲扩张持批判态度的模式……被这帝国自由主义所取代，提供了一些最为持久和成熟的论点，以证明对非欧洲民族和领土进行征服的合法性”②。然而，到了19世纪晚期，对欧洲帝国的批判再度兴起。如果说18世纪晚期的批判是基于人权、自治等启蒙主义理想的批判，那么在19世纪晚期的批判则更多地基于现实利益的批判，尤其是来自民族主义和社会主义这些左翼思潮的批判。霍布森在1902年也出版了著名的《帝国主义：一项研究》，对大英帝国的“帝国主义”政策展开了系统的批判，认为大英帝国用普通纳税人的钱、普通士兵在战场上的冲锋陷阵，最终维持的却是权贵资本家、冒险家、大公司代理人、投资者等人的利益。③

---

① 参见阿米蒂奇《现代国际思想的根基》，陈茂华译，浙江大学出版社2017年版，第三章。

② 参见皮茨《转向帝国：英法帝国自由主义的兴起》，金毅、许鸿艳译，江苏人民出版社2012年版，第2—3页。

③ 参见霍布森《帝国主义》，卢刚译，商务印书馆2017年版。

需要注意的是，19世纪对大英帝国的批判“很少反对英国扩张本身：他们反对的是他们认为的只为局部利益服务或者妨碍英国社会需求的扩张形式”[①]。这种批判不是基于道德理想，而是基于现实的利益考虑。有人担心英国殖民者在印度的贪婪和腐败会通过金钱贿赂败坏英国的议会；有人担心英国在印度的扩展会与其他国家构成冲突，危及欧洲的和平；有人担心为了镇压印度人反叛而扩大常备军会造成英国的财政负担；有人担心英国金融扩张导致资本家将英国的储蓄转移到海外；有人担心英国的扩张会变得越来越反动，阻碍英国社会现代化进程。总而言之，英伦三岛无法支撑这样的全球帝国，大英帝国已经成为英国难以承受的负担，维多利亚的辉煌不过是帝国衰亡的开始。“到19世纪90年代中期，英国的领导者……开始怀疑帝国的巨大规模正在变成一个沉重的负担，他们正在失去以维多利亚时代中期的男子气概推行英国主张的意愿和手段。”[②] 帝国诗人吉卜林所谓的“白人的负担”也是在这种背景下道出了以英伦三岛来维持全球帝国所要付出的艰难，而他在1897年的《退场》却伤感地预言了帝国的衰落。[③]

这种对帝国扩张的批判集中体现在自由党的政策中，自由党批判大英帝国无限度的扩张，尤其是在南非布尔战役以及对印度的征伐。自由党的总体政策就是积极捍卫和平的全球自由贸易。比如自由党领袖格莱斯顿的传记作家、国会议员莫莱（John Morley）就是这种理论的坚定捍卫者，他在1899年的国会演讲中重申格莱斯顿的教导，主张自由党必须走和平、经济和改革的道路。他认为由于全球的骚乱使得英国进入了“关键时期”，英国要尤其警惕“对领土扩张的渴望和……对追求帝国这种异教骄傲的渴望”，为此他批判了英国走向帝国主义道路，而这条道路必然带来军国主义、财政压力和政府权力的集中。[④] 需要注意的是，围绕在自由党政策周围的各种思潮对大英帝国扩张的批判，并不是要让英国放弃帝国政策、让殖民地获得独立，而是批判大英帝国在19世纪开始从传统海洋帝国发展道路走向在大陆扩张（尤其南非和印度）的新型大陆帝国的发展道路。换句话

① 参见达尔文《未终结的帝国：大英帝国，一个不愿消逝的扩张梦》，冯宇、任思思译，中信出版社2015年版，第29页。

② 同上书，第282页。

③ “我们的海军消失在远方；沙丘和海岬上的火熄灭了；瞧我们往日的浮华，随着尼尼微和提尔城而沉没！”

④ G. Kearns, *Geoplitics and Empire*: *The Legacy of Halford Maickinder*, Oxford: Oxford University Press, 2009, p. 133.

说，这些批判者秉持的帝国理念依然是走传统海洋帝国的道路，维持“旧大西洋帝国模式”，即大英帝国的要义不在于占领大陆，而在于维持全球海洋贸易，从全球汲取资源来维持英国（大不列颠）的商业繁荣。这样的帝国发展道路对占领大陆只有商业上的兴趣，而没有道德使命和治理上的兴趣，因此他们不希望英国投入大量的人力、物力在大陆扩张甚至治理大陆。

要走传统海洋帝国的道路就意味着英国必须维持强大的海军，只有强大的海军才能维持并保护帝国的全球海洋贸易。以约翰·科隆布（John Colomb）和菲利普·科隆布（Philip Colomb）兄弟为代表的“蓝水学派”（Blue - water School）就是这种主张的代表。他们强调从大英帝国的历史中总结出大英帝国走向世界巅峰的战略经验，那就是英国面临的问题不是入侵，而是被围困，而要摆脱围困必须始终掌握海军的绝对优势。因此英国不需要海岸设防，更不需要夺取大陆要塞，否则就丧失了海军的优势，只要保持绝对的制海权，就可以保持大英帝国作为世界海洋帝国的优势。约翰·科隆布甚至提出“谁控制海洋，谁就将控制陆地”的口号。“蓝水学派”的主张在美国的马汉那里获得了全面的阐述，“海权”也因此成为一个家喻户晓的概念，而马汉也因此在英国受到推崇，甚至因为英国的推崇而受到了美国的重视。而醉心于世界帝国的德国威廉二世皇帝在“谁控制大海谁就主宰了世界”这种“海权”论调的激励下，制订了雄心勃勃的海洋发展计划，从而与英国展开海上竞争，而这种竞争又进一步激励了英国的“蓝水学派”理论，利用强大的海军来维护大英帝国的全球利益。①

（四）“白人的负重”：进军大陆乃是帝国的天命

从麦金德的历史眼光来看，传统海洋帝国战略或者说“蓝水学派”最大的误区可能在于对时代的误读。在“哥伦布时代”，海军是海洋国家的专利，欧洲的小国单纯依赖海军就能控制全球海洋，进而占领巨大的大陆领土并利用全球贸易的优势和工业革命的技术优势，击垮亚洲的东方大国。然而，19 世纪之后，像俄国和德国这样的大陆国家都已经获得出海口并积极发展海军，铁路的出现又使得大陆国家获得了陆地上的机动性优势。当人类历史从哥伦布时代进入大陆国家与海

① 参见纽先钟《西方战略思想史》，广西师范大学出版社 2003 年版，第十四章；胡杰《海洋战略与不列颠帝国的兴衰》，社会科学文献出版社 2012 年版，第三章。

洋国家全球争霸的“麦金德时代”，面对大陆国家同时利用大陆与海洋的综合优势，英国单纯依靠海军根本就无法维持全球帝国的优势地位。如果大英帝国要想继续维持维多利亚时代的辉煌，那么不仅要维持海洋的优势，更重要的是要能够维护作为全球海洋通道的大陆边缘的战略要地，比如南非和印度。英国只有拥有这两个战略要地，才能维持大西洋与印度洋乃至太平洋的贸易。正是基于对世界历史发展变化的深刻洞见，我们才能真正理解麦金德作为全球海洋帝国的维护者，却为什么要极力强调“陆权”的重要性。这恰恰是帝国发展必须与时俱进的体现。

从仅仅依靠海军来维持海洋优势的传统海洋帝国迈向同时依靠海军和大陆纵深来维持海洋优势的新型海洋帝国，这对英国来说无疑构成巨大挑战。这种挑战不仅是军事占领问题，更重要的是帝国治理问题。作为一个海洋国家，英国缺乏治理大陆的经验。海洋帝国的发展道路着眼于全球贸易，最多占领一些岛屿和海角要塞来维持全球海洋贸易的畅通，即便占领领土广阔的大陆殖民地，也仅仅是为了获得商业原料和产品销售市场，而并不承担对其进行治理的责任。这恰恰是英国这个新型海洋帝国与传统大陆帝国的最大区别。因此，英伦三岛的“英国”或不列颠与遍布全球的“大英帝国”始终是两个政治实体，帝国始终作为被压榨的对象而服务于英国这个政治实体。这就意味着英国与大英帝国之间始终存在内在的矛盾，也正是这种矛盾最终导致北美独立、18 世纪的大英第一帝国解体。[①] 当英国占领印度进入 19 世纪大英第二帝国的时候，为了吸取大英第一帝国“统而不治”导致解体的教训，英国就必须承担起帝国治理的责任。而如何治理大陆是英国的历史经验所缺乏的，英国正是在印度和非洲大陆的治理中摸索出一套“间接治理”的治理模式，即培养殖民地精英并将其整合在帝国官僚精英体系中来治理殖民地。[②] 这就意味着随着英国对大陆的占领并开始形成稳定的治理，大英帝国也在从传统的海洋帝国发展为兼具大陆治理和海洋优势的新型海洋帝国。

事实上，“白人的负担”（the White Men's Burden）这个概念本身就是在帝国从海洋贸易转向大陆治理的历史背景下产生的。对这个概念的理解也自然可以有

---

① 关于英国与大英帝国这两个政治实体建构的内在矛盾以及由此导致的北美独立和大英第一帝国的解体，参见刘天娇《帝国宪制研究——从大英帝国与北美殖民地宪法关系切入（1607—1788）》，博士学位论文，北京大学，2017 年。

② 关于大英帝国“间接治理”的讨论，参见强世功《中国香港》，生活 · 读书 · 新知三联书店 2010 年版，第三章；弗格森《帝国》，雨珂译，中信出版社 2012 年版，第四章；达尔文《未终结的帝国：大英帝国，一个不愿消逝的扩张梦》，冯宇、任思思译，中信出版社 2015 年版，第七章。

新旧两种帝国理念和两种帝国发展道路的不同解读。从传统海洋帝国的视角来看，“白人的负担”正是批判大英帝国逐渐转向对新型帝国无力承担起大陆治理负担而陷入的困境。然而，为了大英帝国在“麦金德时代”继续维持世界帝国的理想远景，不列颠必须与时俱进，推动帝国发展道路的转型，走一条全新的帝国发展道路，使得大英帝国兼具海洋和大陆的优势。这就意味着帝国精英必须主动承担起治理大陆、教化殖民地、推广西方文明的道德责任。因此，这个词更准确地应当翻译为“白人的负重”，即白人通过商业贸易、传教、文化教育和行政治理等一整套礼乐刑政，把处在历史发展低端的野蛮人背到历史发展的文明阶段，这种“负重”恰恰证明了帝国精英具有的道德责任感和宗教使命感。正是这种责任感和使命感推动了19世纪“帝国自由主义”（imperialist liberalism）思潮的兴起，“欧洲卓越的自由主义者却成了欧洲帝国扩张的坚决支持者”[①]，推动维多利亚时代大英帝国在全球的不断扩张。“维多利亚时代的英国人野心更大，他们不仅梦想着统治世界，还要救赎这个世界。他们不满足于剥削其他民族，还要教化他们……维多利亚时代的人，狂热地要将光明带给这些他们称之为黑暗的地方。”[②]

伴随着大英帝国在非洲、亚洲（尤其印度）的扩张，基督教、西方文明开始在这些地区扩张，传教与探险就与帝国的殖民扩张有机地结合在了一起。从某种意义上说，1830年“英国皇家地理协会”的成立实际上推动了大英帝国从海洋向大陆的发展道路转型，协会的重要任务就是为大英帝国在大陆的扩张提供地理学指引。“要教化非洲，就必须先探险非洲。”这甚至成为协会内部的主张。比如英国传教士兼探险家戴维·利文斯顿（1813—1873年）第一个穿越非洲大陆，他发现并命名了“维多利亚瀑布”。他认为，基督教和贸易是欧洲文明的两大动力，二者密不可分，而他探险旅行的目标就是“找到让非洲向英国的贸易和文明敞开大门的途径”。他在探险的基础上曾经提出一个大胆的大陆计划，主张在非洲腹地巴托卡平原建立新的殖民地，不仅进行经济殖民，更重要的是进行文化改造，利用那里种植棉花，减轻从美国南部进口棉花的压力，从而将贸易、文明和基督教完美地结合起来。他在非洲的探险报告通过伦敦传教士转交给皇家地理协会，并赢

① 皮茨：《转向帝国：英法帝国自由主义的兴起》，金毅、许鸿艳译，江苏人民出版社2012年版，第357页。关于大英帝国中的传教与文化传播，亦参见达尔文《未终结的帝国：大英帝国，一个不愿消逝的扩张梦》，金毅、许鸿艳译，江苏人民出版社2012年版，第九章。

② 弗格森：《帝国》，雨珂译，中信出版社2012年版，第99页。

得金奖，成为皇家“年度地理发现奖”项目之一。他的著作在伦敦受到了广泛传播，获得无数奖章和荣誉，甚至有幸觐见女王。[①] 而随着铁路、电报这些科学技术的发明，大英帝国对大陆的治理更是如虎添翼。地理测绘业从早期探险变成大陆治理的重要手段。“知识就是信息，知道所需要的东西在哪里则是政府所需要的基本信息。”[②] 地理学成为服务于帝国治理的必备手段，甚至作用于英俄对中亚的争夺中，“间谍就是那些地理测绘人员，因为谁能够正确绘制前线地形，谁就有了占领该地的良机”[③]。

（五）帝国整合的新型发展道路：金融帝国与帝国联邦

从海洋转向大陆无疑是帝国发展的必然选择，但问题是当大英帝国进入维多利亚时代之后，已经统治了全球近 1/2 的领土和人口，以小小英伦三岛来维持庞大的全球帝国已经力不从心。尤其是面对俄国、德国、美国和日本的现实挑战，大英帝国走到了十字路口，是收缩还是扩张？是知难而退，还是知难而进？这才是传统海洋帝国道路对新型大陆帝国道路的追问。若要继续保持自己作为世界帝国的地位，就必须进行全面改革以适应帝国竞争和扩张的需要，否则大英帝国就会面临衰落，并随时准备退出历史舞台。面对这种两难，即使是主张传统海洋帝国发展道路的人也意识到了问题的严重性，他们在主张传统海洋帝国道路和自由贸易的同时，也同样主张与美国、日本这样的海洋强国结盟，也就意味着不得不承认帝国的权势要向美国转移。然而，另一批坚定的帝国捍卫者则主张知难而上，大英帝国的组织和治理手段必须改造和提升，从而使大英帝国成为更加坚固的实体，以适应“麦金德时代”全球竞争的需要。

其一，大英帝国的政治精英必须掌握最新的金融力量和最新的科技力量，包括最新发明的武器，用最新的经济和军事技术来统治，从而保持世界帝国的优势地位。要知道大英帝国这个时候已经是全球金融帝国，甚至为国际货币设定了标准，英国通过投资、贸易协定等一系列经济法律手段，控制着远远超过占领领土的更庞大的“非正式帝国”。而铁路、电报等科学技术发明大大降低了帝国治理的

① 关于利文斯顿在非洲的探险、传教的详细描述，参见弗格森《帝国》，雨珂译，中信出版社 2012 年版，第三章。

② 弗格森：《帝国》，雨珂译，中信出版社 2012 年版，第 150 页。

③ 同上。

成本，减轻了帝国治理的负担，以至于大英帝国被看作“以最低成本统治着世界”。而此时罗斯柴尔德家族恰恰是大英帝国事业的积极投资者，而他们的朋友罗德斯正是在他们的支持下成为大英帝国在非洲的积极开拓者。而此时欧洲人开始利用最新的马克沁重机枪来征服非洲的反叛。正是基于对金融和技术的自信，罗德斯甚至一本正经地提出考虑最终收复美利坚合众国，使其重新成为大英帝国不可分割的一部分。他在牛津大学设立了罗德斯奖学金基金会，专门培养统治全球的帝国精英。他甚至希望这种精英团体像耶稣会效忠于罗马天主教会一样效忠于大英帝国。无论是霍布森对帝国主义的批判，还是后来列宁对帝国主义的批判，都是基于大英帝国这种金融垄断的全球扩张与治理转型。

其二，更为大胆的设想是英国必须走出英伦三岛，与大英帝国整合在一起，使得英伦三岛、南非、印度、澳大利、新西兰和加拿大以及众多的岛屿，整合为一个横跨全球的大陆—海洋国家。剑桥大学历史系教授约翰·罗伯特·西利（John Robert Seeley）在1883年出版的畅销书《英格兰的扩张》中总结了1688—1815年的大英帝国历史，认为大英帝国是在“不经意间”统治了世界上1/2的领土和人口。然而，他认为在新的历史时代，如果英国继续把自己看作一个欧洲国家，那么它将和德国、法国一样面临沦为二流国家的命运。面对俄国、美国乃至德国的挑战，如果英国不想沦为二流国家，必须知难而进，利用电报、蒸汽船将帝国整合为一个前所未有的整体。这种帝国整合主张获得了新一代帝国主义者的支持，用当时政治家查尔斯·迪尔克（Charles Dilke）在《大不列颠的问题》中的主张，就是“让我们提到加拿大和澳大利亚时，好像说的是我们的肯特郡和沃康尔一样”①。

如果说传统海洋帝国道路的主张集中在自由党的政策上，那么新型大陆帝国的主张就集中在保守党的政策上。维多利亚时代两度出任首相的保守党领袖迪斯雷利（Benjamin Disraeli）就是大英帝国积极扩张的支持者。他在1844—1847年出版的三部曲提出了全新的帝国政治构想。其中《西比尔：两个国家》中提出英国面临的阶级整合，赋予工人阶级投票的权利，从而将他们整合在国家体制中，成为大英帝国的积极支持者。而他在《唐克雷德：新十字军》中则提出了地理上的整合，主张英国女王应该迁都到德里，从而使得英国从一个传统的海洋国家转变

① 弗格森：《帝国》，雨珂译，中信出版社2012年版，第213页。

成一个新的整合大陆与海洋的世界帝国、从一个欧洲国家变成一个亚洲国家。这种构想意味着重新在地理和宪制上整合英国与大英帝国。而后来的英国首相张伯伦深受《英国的扩张》的影响，从自由党转向支持保守党主张。他甚至宁愿担任殖民地部部长也不担任内政部和财政部部长。如果说将英国与其殖民地整合为一个统一的国家将面临现实难题，那么一个可行的办法就是推动建立“大英帝国联邦”，从而保证“一个国王、一面旗帜、一支军队、一个帝国”①。而大英帝国联邦的建构就从张伯伦时期推动的帝国关税联盟开始。

毫无疑问，麦金德是大英帝国从传统海洋道路转向新型大陆道路的积极鼓吹者和推动者。他和霍布森一样看到了大英帝国面临的问题和挑战，但解决的思路完全不同，霍布森秉持的是社会改革的左派思路，他将帝国在经济领域的全球扩张看作引发社会问题的根源，而麦金德秉持的是“新帝国主义”进一步整合提升的思路，他将继续维持帝国在全球经济中的支配地位看作解决社会问题的重要途径，从而将帝国整合与社会改革结合起来，帝国整合为社会改革提供条件，而社会改革为帝国扩张提供充沛的“人力”（man－power）。② 因此，“他是一个充满焦虑的爱国者，因为他对英国的独特理解使他意识到英国的严重缺陷，他对历史与地理关系的深刻认识使他意识到帝国的兴衰。他虽然关注德国在眼前的崛起，但也意识到，只有一个联合起来的大英帝国（a united British Empire）才能与不可避免地成为超级强国的美国和俄国相抗衡”③。为此，他不仅积极参加皇家地理协会的活动，去非洲肯尼亚探险，而且积极推动地理学从自然地理学转向政治地理学，以服务大英帝国发展道路的战略转型。他的地缘政治学说之所以关注大陆和陆权，不仅是由于大陆国家德国和俄国对英国的现实威胁，而且是由于大英帝国从海洋帝国迈向大陆帝国的现实需要。他全力以赴投身地理教育正是为了帝国内部地理知识的整合，让英国人了解和认识帝国的地理，让帝国臣民了解英国地理。

更重要的是，麦金德也是一个积极参与大英帝国联盟建设的政治活动家。他早期接受自由党的主张，推动“自由帝国主义”的建构，希望英国成为世界经济

① 这是1941年大英帝国的宣传口号，参见弗格森《帝国》，雨珂译，中信出版社2012年版，第295页。

② 关于霍布森与麦金德对新帝国主义发展道路的比较，参见G. Kearns, *Geoplitics and Empire*：*The Legacy of Halford Mackinder*, Oxford：Oxford University Press, 2009, chap. 5。

③ W. H. Parker, *Mackinder*：*Geography as an Aid to Statecraft*, Oxford：Clarendon Press, 1982, p. 28.

的组织中心，通过经济力量来维持帝国的权势。1899 年他在英国的银行家学院（the Insitution of Bankers）上发表关于“大贸易路线图”（the great trade routes）的系列演讲，他虽然支持自由贸易的理念，但是他已经指出由于受到德国、美国的竞争，英国的制造业在遥远的地方不再像以前那样占支配地位，为了确保在竞争中的支配地位，英国需要推行关税改革，从自由贸易转向贸易保护和帝国优先，以此来推动帝国的统一。就像今天的美国面对中国的贸易竞争一样，英国开始推动关税改革，通过关税改革将大英帝国打造为一个内部经济分工密切的统一关税区。为此，他明确主张：“摆在我们眼前的唯一道路就是将不列颠和它的殖民地团结为一个民主的邦联，并建立统一的海军和高效的军队来保卫这个邦联。”[①] 而在 1902 年出版的《不列颠与英国海》中，他开始放弃自由贸易的主张，进一步强调大英帝国的整合。他认为，“18 世纪 60 年代的梦想就是全球自由贸易，在这个条件下，工业生活与帝国可以脱离关系，但是当那些与我们展开竞争的国家试图通过关税手段来垄断市场的时候，甚至我们这些民主国家也被迫合并为帝国”[②]。因此，“对于英国人而言，帝国具有双重的含义：由几个英国的共和国（commonwealth）组成或松散或紧密的邦联，同时继续保持英国人对其他种族的统治”[③]。而一个自由贸易的帝国意味着英国可能要准备和美国、日本分享成果，甚至建构新的经济联盟，而关税改革则意味着英国与美国甚至日本开始经济竞争，甚至不排除战争。

正是基于对帝国前景的忧虑，麦金德从自由党转向了保守党，而保守党主席张伯伦在 1903 年提出的关税改革和帝国优先的理念也与他不谋而合。而 1904 年的《历史的地理枢纽》演讲实际上将他对大英帝国的发展道路和前景放在宏观历史的大背景下，即面对大陆与海洋争夺全球统治权且大陆国家占据明显优势，尤其是可能面对德国与俄国在大陆心脏地带结盟所带来的威胁，大英帝国必须从关税入手进行全面的改革，整合帝国的力量，从而应对大陆心脏地带的挑战。1905—1906 年，他进一步提出“钱力”（money - power）和“人力”（man - power）这两个概念，将二者看作衡量国家力量和帝国力量的尺度，而这些力量不仅

① 转引自 Brian W. Blouet，“The Imperal Vision of Halford Mackinder”，*The Geographical Journal*，Vol. 170，No. 4，2004，p. 324。

② H. J. Mackinder，*Britain and British Sea*，Oxford：Clarendon Press，1907，p. 342.

③ Ibid.，pp. 345 - 346.

来源于具有优越文明意识的种族、强大的海军和海上贸易，统一的关税所形成的经济力量以及帝国内部分工联合所形成的力量。而这种力量不仅是赢得美国支持的保证，而且是战胜俄国、德国这些大陆国家的保证。① 为此，麦金德后来投身帝国的政治活动中，尤其是担任帝国航运委员会和帝国经济委员会主席时，致力于推动帝国的关税改革，建立帝国关税联盟，推动帝国的关税乃至经济的统一。②

正是在大英帝国发展道路争论的背景下，我们才能真正理解麦金德为什么如此“误读”美国。帝国发展道路的选择其实也是政治意识和政治人格的选择，这些选择必然导致对美国的崛起持不同的看法。传统海洋帝国发展道路的选择就意味着英国要维持其全球利益，必须容忍美国甚至日本的崛起，主动与美国建构英美联盟，让英美海洋帝国联合起来共同对抗俄国和德国的大陆帝国，而这种主张的潜台词就是英国准备拱手让出全球帝国的统治权。然而，像麦金德这样的帝国主义者则主张大英帝国知难而进、继续探索独霸全球的新型发展道路，推动大英帝国向大陆转型，尤其是推动大英帝国在地理和宪制上的整合，把大英帝国打造为兼具大陆与海洋的新型全球帝国。从这个角度看，大英帝国必须将美国看作潜在的对手和挑战者，英国只有继续保持全球帝国的优势才能巩固与美国的同盟地位。因此，问题不在于英美同盟的建构，而是英美同盟中究竟是英国主导还是美国主导，这才是麦金德对美国的“误读”的政治根源。

事实证明，英国的政治精英们选择了推动帝国转型的大陆发展道路取得了巨大成就，尤其是大英帝国联邦建构取得相当的成就，以至于在第一次世界大战中加拿大、澳大利亚、新西兰和南非这些曾经的帝国殖民地在经济、军事和政治上对英国投入巨大的支持，甚至在政治上体现出对大英帝国的认同和效忠，从而使得大英帝国使出洪荒之力才赢得了第一次世界大战的胜利。第一次世界大战中，虽然建立起英美联盟，但联盟是在英国的主导之下，事实上直到第二次世界大战中英美联盟才逐渐由美国主导，大英帝国也逐渐放弃大陆政策，逐步退出印度和南非回归到传统海洋帝国的道路上。更重要的是，大英帝国政治精英的根深蒂固的统治意识和锲而不舍的帝国追求，使得大英帝国经历两次世界大战之后继续存

---

① 参见 Mackinder，“Man - power as a Measure of National and Imperial Strength”，*National and English Review*，XIV，1905；Mackinder，*Money - power and Man - power：The Underlying Principles Rather Than The Statistics of Tariff Reform*，London：Simikin - Marshall，1906。

② 弗格森：《帝国》，雨珂译，中信出版社 2012 年版，第 76—78 页。

在上百年，至今依然是全球政治中不可或缺的重要力量。

三 “大海角”：罗马帝国与大英帝国的比较与反思

尽管第一次世界大战的爆发与麦金德的预测有所不同，但这场大战引发的现实世界政治图景变化真实地验证了麦金德提出的在一个全球封闭政治系统中争夺统治权的斗争，这就为麦金德进一步修正并完整其地缘政治学说提供了难得的契机。因此，在 1919 年出版的《民主的理想与现实：重建的政治学之研究》一书中，麦金德着眼于战后全球秩序的长远安排，完善其关于心脏地带的学说。① 和此前的地缘政治构想相比，麦金德最大的调整就是从现实出发重构了全球的“地理空间”和“政治空间”。就地理空间而言，尽管麦金德重申大陆对于海洋国家的重要意义，但他对地理空间的划分从欧亚大陆视角所构想划分的心脏/枢纽地带、边缘地带和岛屿地带的三元地理空间，转向从全球海洋视角所划分的“世界岛”、海洋世界的陆地与海洋的二元地理空间。在这种“地理空间”重构的背后实际上是对全球政治空间的重构，即麦金德不再以大英帝国为中心、为维护大英帝国全球霸权来思考世界政治图景的可能性，相反是以英美联盟乃至美国主导的“国际联盟”的平衡模式来尽可能维持大英帝国的优势地位。

（一）认真对待大陆基地：对马汉学说的批判

在 1904 年《历史的地理枢纽》的演讲中，麦金德虽然提到马汉的理论，但将马汉的理论看作对他所提出的“哥伦布时代”的一个注脚②，这似乎意味着马汉的理论并不一定适用于“麦金德时代”。然而，第一次世界大战英美盟国的胜利很容易被看作海权的胜利，这似乎证明马汉海权理论的正确性。因此，不同于 1904 年演讲中强调的心脏/枢纽地带的大陆视角，麦金德在《民主的理想与现实：重建的政治学之研究》中尤其关注海洋视角。他在著作中首先强调“海上人的观点”，

---

① 相关讨论参见 Geoffrey Sloan, “Sir Halford J. Mackinder: The Heartland Theory Then and Now”, *The Journal of Strategic Studies*, Vol. 22, Issue. 2 – 3, 1999, pp. 15 – 38。

② “由哥伦布一代的伟大航海家们开始的变革，赋予基督教世界以最广大的除飞翔以外的活动能力。这个单一、连续的包围分散的岛状陆地的海洋，当然是制海权最终统一的地理条件，也是马汉船长和斯潘塞·威尔金森先生等这些作家们所阐述的当代海军战略及政策的全部理论的地理条件。” 参见麦金德《历史的地理枢纽》，林尔蔚、陈江译，商务印书馆 2017 年版，第 64 页。

然后才讲“陆上人的观点”。而在“海上人的观点”中，他一开始就援引《圣经》名言：“神说，天下的水要聚在一起”，并强调马汉正是从这句话中提出有关海权的新论点。对此，麦金德进一步评论道：“大洋从来都是一个，但是这一重大现实的实际意义，直到几年前才全然为人们理解，也许直到现在，才渐渐为人们彻底掌握。”① 这句话显然是指第一次世界大战让西方人真正认识到海洋的力量。然而，这是不是意味着马汉的理论是正确的，而麦金德提出的大陆“心脏地带”理论就是错误的呢？

答案并非如此。麦金德在1919年的著作中恰恰是进一步批评了马汉的海权理论，重申其大陆心脏地带的学说。麦金德借助对希腊、罗马“海上人的观点”的细致分析来矫正马汉在《海权论》中的核心观点，即海洋帝国必须夺取控制海洋的权力并由此特别强调海军的重要性。在他看来，这种“对海洋的单一掌控”主张乃是一种“陈词滥调”（well - worn theme），考察西方海权的兴衰关键是要看海洋国家的基地与陆地国家的基地之间的关系，“从长远来看，这才是根本性问题”②。

从早期希腊控制爱琴海的历史中可以清楚地看出，海洋固然重要，但是恰恰从海洋的视角来看，控制陆地的丰富资源更为重要，海洋国家往往要通过控制陆地资源来控制海洋。“海上的人力必须由某处陆上富源供养，而当本土安全和人民精力等因素对等时，建立在更大资源基础之上的力量将最终控制海洋。”③ 欧洲后来的历史一再证明了这一点。比如希腊与波斯和马其顿的对抗就是第一次海权国家与陆权国家的争霸。在海洋上希腊占据着明显的优势，甚至打败了波斯海军。然而马其顿继承了波斯的陆地战略，控制希腊半岛根部的陆地，然后从叙利亚进入埃及，摧毁了希腊人和腓尼基人的陆上基地，从而把东部地中海变成一个“封闭之海”，结束了陆权与海权第一周期的争夺。

陆权与海权之间第二周期的争夺在罗马帝国建立的过程中展开。马汉在《海权论》的导言中详细阐述了罗马与迦太基的争夺，从而试图纠正罗马在西方人眼中传统的大陆帝国形象。在马汉看来，罗马之所以能够打败迦太基，最重要的原因就在于罗马始终控制着海洋，不仅在第一次布匿战役中在海洋上打败迦太基，而且在第二次布匿战役中，凭借着对海洋的控制权而不断运送军队来切断汉尼拔

① 麦金德：《历史的地理枢纽》，林尔蔚、陈江译，商务印书馆2017年版，第30页。
② 同上书，第55页。
③ 同上书，第34页。

试图通过陆地进攻罗马的补给线。因此，马汉的《海权论》始终以海军控制海洋、保护贸易补给线作为海洋帝国的基本战略。麦金德认同马汉对罗马帝国控制海洋的战略分析，并认为恺撒的西方舰队在亚克兴海战中打败安东尼的东方舰队，将地中海变成了一个封闭的海洋。但是，他仍然强调控制海洋的关键在于控制海上基地，"这控制并不是在海上，而是在陆上通过把守海岸才得以保持"①。而后来罗马帝国恰恰是丧失了对小亚细亚和北非的控制才丧失了对地中海的控制。

可见，麦金德试图避免马汉对"海权"的强调所导致的简单化理解，以为仅有一支强大的海军就足够了。麦金德的地缘政治学始终强调大陆的重要性，海洋帝国的关键在于能够有力量占领连接陆地与海洋的陆上基地。总结欧洲争霸的历史，麦金德认为："我们已经看到基地是关键所在，在安全、生产方面都对海权至关重要；物产丰富的基地为繁衍人力所必需，这不仅为舰队，也为所有与舰队有关的陆上劳役提供人员。"② 一方面，海洋需要大陆战略基地来保卫；另一方面，海洋只有借助沿海的大陆小岛或大陆沿海、沿河的城市，才能与大陆内地丰富的物产资源展开商业贸易。这才是大英帝国的海洋战略："海上人自然而然地选择大陆海岸的小岛，诸如蒙巴萨、孟买、新加坡、中国香港或者小的半岛，诸如好望角和亚丁，作为他们在当地进行贸易或战争的基地，因为这些位置为他们的船只提供庇护，为仓库提供安全。当胆量渐增、力量渐强之后，他们就把商业城市，比如加尔各答和上海，放在大河通道的入口处，他们通行生产旺盛、人口繁密的市场之地。欧洲海上人，由于其更大的机动性，因而在近四个世纪之中压制住了亚非路上人。"③ 可见，要正确认识海洋帝国，绝不能脱离陆地来单独看待海洋，海洋帝国的关键不在于单纯地控制海洋，而在于控制能够对大陆展开军事和商业行动的基地，海洋帝国与大陆帝国的对抗取决于对这些基地的控制。

（二）"空间定向"：从罗马帝国到大英帝国

在陆地与海洋的争夺中，欧洲"海上人"形成一个最基本的观点：

> 从海上人的观点来看，欧洲是一个相当明确的概念，虽然陆上人可能会

---

① 麦金德：《历史的地理枢纽》，林尔蔚、陈江译，商务印书馆2017年版，第40页。

② 同上书，第119页。

③ 同上书，第50页。

> 认为它与亚洲相连。这是一个独自分立的世界，但在这世界中有充足的富源，而它的水道则是天赐之物，使各国亲如一家。①

麦金德在批判马汉的海权理论时，力图矫正这种“海上人”的流行看法。他提出了一个根本性的问题：欧洲究竟是一个独立的地理—政治空间，还是作为欧亚大陆的一部分来建构自己的地理—政治空间。这个问题不仅涉及如何看待陆地与海洋的关系问题，而且涉及后来在施米特那里才在理论上着重强调的人的地理空间的“定向”问题，即一个国家或民族所占据的地理空间并不是一块僵死的、固定不变的物质空间，而是一个可以朝向不同方向来自我定位的精神—政治空间。②“海上人”将欧洲看作一个独立的地理空间，而“陆上人”则将欧洲看作欧亚大陆的一部分，在地理学上同样的地理空间，却在人类行动中被理解为两个完全不同的精神—政治空间，从而导致两种不同的行动取向。在1904年的演讲中，麦金德坚持认为欧洲历史从属于亚洲历史，欧洲人必须从亚洲的角度来思考问题。这显然是从“陆上人”的角度看问题。

那么，欧洲人究竟应当从“海上人”的角度看世界，还是从“陆上人”的角度看世界？麦金德花了不少篇幅讨论罗马帝国对地理空间的“定向”。罗马军队在欧洲大陆不断扩张，直至征服不列颠并到达莱茵河畔。如果从地中海的视角看，罗马帝国占据了整个欧洲大陆，成为横跨欧亚非的大陆帝国。然而，从欧亚大陆的角度看，罗马帝国不过占据了这块大陆的一个“半岛”，就像一个巨大的“拉丁十字架”，头部在德国、两臂在不列颠和意大利，足部放在西班牙，中央在法国。而后来的这五个基督教国家实际上继承了罗马帝国的地理遗产。面对这种地理上的“拉丁十字架”，麦金德突然发古幽思，进一步追问：

> 如果罗马没有拒绝越过莱茵河而向东征服，会发生什么？如此推测是不是颇为诱人？罗马有统一且强大的海上力量，并将远至黑海和波罗的海的区域完全拉丁化，谁能说他不能从其拉丁半岛的基地控制世界呢？③

---

① 麦金德：《历史的地理枢纽》，林尔蔚、陈江译，商务印书馆2017年版，第47页。
② 相关的论述参见施米特《大地的法》，刘毅、张陈果译，上海人民出版社2017年版。
③ 麦金德：《历史的地理枢纽》，林尔蔚、陈江译，商务印书馆2017年版，第44页。

麦金德之所以做出如此富有想象力的假设和追问，实际上就是在讨论罗马帝国的空间“定向”问题。罗马帝国可以从海上的视角出发，将其构想为围绕地中海建构起来的大陆国家，但也完全可以从陆地视角出发将其构想为以拉丁半岛为基地面向东方大陆的海洋国家。同样的地理空间却可以做出完全不同的空间定向，而不同的定向取决于罗马人的政治意识和空间视角。在麦金德看来，罗马帝国恰恰是从海上人狭隘的欧洲视野出发，将自身定位一个地中海强国，而非以一种陆上人的亚洲视野出发将自身定位为欧亚大陆上的半岛强国。正是这种的空间定向使得罗马帝国“必须将莱茵河—多瑙河边界视作从地中海沿岸向内陆不断渗透的边界，而非从拉丁半岛的政策视角将其看作是未能跨越的边界”[①]。这也意味着罗马帝国错失了以拉丁半岛为基地越过莱茵河征服大陆心脏地带从而建立世界帝国的可能性。因此，正是“海上人”的视野，使得罗马帝国与世界帝国失之交臂，最终沦为“区域性帝国”。

从地理空间来看，罗马帝国与后罗马基督教欧洲基本上是一致的，然而麦金德认为世界历史的起点不是从罗马帝国开始，而是从后罗马帝国的基督教时代开始。原因就在于罗马是一个“区域性帝国”，而后罗马的基督教世界面对亚洲的冲击，特别是撒拉森人从阿拉伯西下，占领了叙利亚、埃及和迦太基和北非，地中海不再是罗马的内海，而是成为基督教国家与伊斯兰教国家的边界。这就迫使基督教世界第一次面向亚洲东方，将自己的生存空间“定向”为一个半岛国家，从狭小的拉丁半岛出发面对来自东方的巨大压力，展开十字军东征。可以说，在麦金德眼里，十字军东征作为欧洲与亚洲的对抗具有世界历史意义。而当西方基督教国家绕道大西洋进入印度洋，进入非洲和印度之后，“就像薛西斯、亚历山大、汉尼拔和十字军，曾经迂回行军到海洋的后方一样”[②]，最终打败了来自亚洲的进攻，世界历史也从“基督教时代”进入“哥伦布时代”。

可见，地理大发现重要的不仅仅是发现海洋，将全球的海洋连为一体，更重要的乃是大陆的发现，从此整个欧亚大陆和非洲连为一个大陆整体，“世界是一个巨大的海角，在不列颠和日本之间向南突出”[③]。而这个“大海角”的关键部位就

---

① 麦金德：《历史的地理枢纽》，林尔蔚、陈江译，商务印书馆 2017 年版，第 44 页。

② 同上书，第 49 页。

③ 同上书，第 50 页。

在南非、印度和中南半岛。[①]“大海角”这个地缘政治概念的提出，无疑进一步延伸了1904年演讲中提出的“欧亚大陆”概念，将大陆概念扩展到欧亚非这个更大的大陆整体。在麦金德看来，大英帝国正应该吸取罗马帝国由于空间定向“失误”而错失世界帝国的教训，坚定不移地选择大陆，推动大英帝国从海洋帝国转向兼具大陆—海洋的新型帝国发展道路，从而成为世界帝国。可以说，麦金德凭吊罗马帝国的历史，恰恰是为了大英帝国的发展。

（三）“大海角”：是超越罗马还是重蹈罗马覆辙？

在追溯欧洲历史上陆地国家与海洋国家争夺统治权的斗争中，麦金德敏锐地抓住了两个经验教训：一是欧洲人往往容易从“海上人”的视角出发着眼于对海洋的争夺，而忽略对大陆尤其是半岛（有时是“半岛根部”）的争夺；二是欧洲国家从来无法团结起来，往往是内部四分五裂最终导致被外来的力量所毁灭。

雅典和斯巴达的战争阻碍了希腊半岛成为一个统一的海上基地，以至于希腊世界最终因为丧失希腊半岛的根部而被马其顿所征服。基督教国家四分五裂，未能实现拉丁半岛的统一，以至于险些被伊斯兰世界所吞没。然而，恰恰是拉丁半岛的分裂，使得英国可以凭借面积较小的不列颠岛包围、控制这个更大的拉丁半岛，它虽然不能征服欧洲，却可以操纵欧洲，正是英国通过“均势”战略维持着欧洲的统一。大英帝国正是借助不列颠这块陆上基地以及对欧洲大陆的“均势”操纵，使得它有能力向欧亚非这个“大海角”的海上基地延伸，以至于将印度洋变成“封闭的海”。而这一切不仅来源于海洋的力量，更重要的是来源于不列颠的英国本土基地。在罗马帝国时代，“地中海称为‘封闭之海’是依赖罗马军团”，而在大英帝国时代，“印度洋之‘封闭’是由发自于本土基地的海权长臂缔造的”[②]。可见，在麦金德眼中，海军不过是大陆基地延伸的长臂，离开大陆基地的丰富资源和力量，海洋国家无法单独依靠海洋来战胜大陆国家。[③]

---

① 麦金德在论述中着重强调南非和印度，却很少提“中南半岛”。事实上从马六甲到香港，始终在大英帝国的控制之下。这在很大程度上是因为麦金德的现实政治考虑主要集中在与德国和俄国在非洲、欧洲、中东、中亚的争夺。相比之下，东亚和东南亚地区在当时并没有对大英帝国构成现实的威胁。

② 麦金德：《历史的地理枢纽》，林尔蔚、陈江译，商务印书馆2017年版，第55页。

③ 事实上，早在1902年《不列颠与不列颠海》的著作中，麦金德就细致地分析了不列颠本土对于海洋的重要意义，而在《民主的理想与现实：重建的政治学之研究》中，再次强调了英国本土的重要性。参见麦金德《历史的地理枢纽》，林尔蔚、陈江译，商务印书馆2017年版，第51—53页。

从19世纪大英帝国的角度看，欧亚非大陆可以理解为一个“大海角”，从而选择沿岸的基地进行布局。“英国海上力量也包围着以好望角为顶端的世界大海角，并且，通过从印度洋诸地的海上前线进行操纵，它与俄罗斯—哥萨克的权势形成角力，然后渐渐完成对‘心脏地带’的控制。”[①] 在这个意义上，大英帝国的地缘战略是非常成功的。正是借助内新月边缘地带南非、印度、新加坡和中国香港这些世界大海角的陆地优势，大英帝国将贸易和军事集中在从大西洋西岸一直到西太平洋的海域，甚至将印度洋变成“封闭的海”，从而通过商业贸易掠夺广袤欧亚大陆的巨大财富，成就了维多利亚时代的帝国辉煌。

然而，当欧洲基督教国家在哥伦布时代利用“大海角”的地缘优势战胜亚洲力量（尤其是伊斯兰势力）入侵之后，欧洲国家内部却陷入持久的纷争，就像历史上雅典与斯巴达、罗马和迦太基、西罗马与东罗马的纷争一样，欧洲陷入了两个相互交织在一起的更大纷争中：一是英国与俄国的纷争；二是拉丁半岛（西欧，比如法国）与希腊半岛（东欧，比如德国）之间的纷争，而希腊半岛内部又有日耳曼人（德国）与斯拉夫人（俄国）的纷争。如果说在1904年的演讲中，麦金德首先关注的是英国和俄国的矛盾，而在1919年的《民主的理想与现实：重建的政治学之研究》中，麦金德更加关注西欧与东欧对拉丁半岛根部的争夺，为此麦金德修正了1904年提出的“心脏地带”理论，在1919年的著作中，东欧不仅被纳入“心脏地带”，而且被看作“心脏地带”的关键所在。

从这个角度看，具有世界历史意义的并非导致大英帝国崛起为世界帝国的特拉法尔加海战，而是导致德国崛起的普法战争。以至于在晚年的回忆中，麦金德也是从童年听到普鲁士打败法国的心灵震撼谈起。为此，他特别批评英国主张走传统海洋帝国道路的短视，看不到普法战争以及东欧大陆“心脏地带”崛起的历史意义：“英国岛民们的眼睛仍然被特拉法尔加海战的胜利所蒙蔽着。他们知道享有海权、享有海上自由意味着什么，但他们忘记了，海权在很大程度上，依赖于它所依靠的基地的生产力，而东欧和‘心脏地带’将会是一个强大的海上基地。”[②] 麦金德之所以如此关注大陆心脏地带，实际上始终在批判英国走传统海洋帝国发展道路的主张，他认为这条帝国道路不过是目光短浅的小“店主之国”的

① 麦金德：《历史的地理枢纽》，林尔蔚、陈江译，商务印书馆2017年版，第114页。
② 同上书，第118页。

理想，关注眼前的航运和市场带来的商业利益，始终将英国在空间上“定向”为一个欧洲国家或海洋国家，而无法将其“定向”为一个能够控制大陆心脏地带的全球帝国：

> 在19世纪，英国在大洋上随心所欲，因为当时美国尚未强盛，而欧洲则完全忙于内部战争。在曼彻斯特学派的影响下，“店主之国”的目标就是航运和市场。因为非洲尚未开发，并且大部分土地荒无人烟，南美洲的人口还没有繁息，主要由印度的庞大人口提供新的市场。因而，在英国本可以吞并除美国的大西洋海岸以外的所有非欧洲海洋时，它却自限于通往印度航道上的船只，自限于在未占领地区发展殖民地，后者只是英国的探险家妄自为之，它屡次制止但最终未果。与此同时，英国却在印度步步为营，不断推进，这正是旧时罗马所熟知的那种前进，剥夺敌人赖以侵略新领土的基地，从而吞并一个又一个的新省份。①

如果说在“哥伦布时代”英国可以凭借海洋而成为世界帝国，那么随着“麦金德时代”大陆国家的全面崛起，英国若继续走海洋帝国老路，就不可避免地走向衰落。这恰恰是第一次世界大战展现为麦金德的现实图景。麦金德表面上是在凭吊罗马帝国，实际上是在反思大英帝国的发展道路。当年，罗马帝国由于空间“定向”的局限，满足于将地中海变为“封闭之海”，从而满足于一个欧洲帝国，最终止步于莱茵河，丧失了成为世界帝国的历史机遇。大英帝国虽然表面上突破了罗马帝国的欧洲大陆局限，将眼光瞄准了亚洲，成为一个世界海洋帝国。然而，在“麦金德时代”大陆崛起的背景下，大英帝国的战略选择和命运却又与罗马帝国非常相似，即大英帝国的空间“定向”仅仅局限在世界海洋，满足于“大海角”的大陆边缘地带，满足于将印度洋变为“封闭之海”，而丧失了占领南美洲从而在“麦金德时代”称霸全球的宝贵机会。大英帝国的海洋帝国成就本身就埋下了其衰亡的种子。麦金德看来，这才是大英帝国小“店主理想”的悲剧性所在。然而，罗马悲剧性命运首先来源于罗马内部的分裂，尤其是东西罗马的分裂和长期战争。在麦金德看来，假若东西罗马不分裂，无疑就能够以欧洲半岛作为基地

① 麦金德：《历史的地理枢纽》，林尔蔚、陈江译，商务印书馆2017年版，第114—115页。

去征服整个欧亚大陆，进而征服整个世界；同样，假若欧洲国家不陷入第一次世界大战，而是联合起来，欧洲的命运应该是征服整个世界，而不是由于内部分裂而最终被美国和苏联操纵。这或许才是麦金德当时在心中的想法。在1923年，麦金德感慨，“当前，我们想到欧洲，首先浮现在脑海中的就是地图上依据传统边界给这些小国家涂上不同的颜色。但是，我们欧洲人将来会不得不学会把我们自己看作是一个聚在一起的单一群体（a single crowd），美国人、南非人和澳大利亚人已经是这样看我们的”。而在20世纪30年代，他又提出了欧洲完全有可能构成“一个潜在欧洲合众国”（a potential United States of Europe）①。

四　从“世界岛”到“环形世界”：世界帝国的权势转移与战略教诲

经历第一次世界大战之后，美国全面崛起并开始主导世界格局。这就意味着看待世界的眼光要从大英帝国转向美国。从某种意义上讲，从大英帝国主导的世界帝国向美国主导的世界帝国的转变构成了麦金德地缘政治思想的主线。如果从美国的角度看世界，大英帝国的“大海角”视野无疑具有其地理空间的局限性，即它依然是从内新月形边缘地区出发关注欧亚大陆的边缘地带。美国的视角则是从外新月形岛屿这个全球海洋的角度来看世界。正是从美国的视角看世界，麦金德将整个欧亚非大陆看作“世界岛”（world－island）。因此，“大海角”与“世界岛”的这个空间视角差异恰恰是大英帝国与美国的视角差异，前者将连接欧亚大陆东方边缘地带的中国、西方边缘地带的欧洲和非洲的印度看作帝国的战略重心，而后者则将整个美洲和整个太平洋两岸作为战略重心，以至于美国曾经被麦金德看作“东方强国”。

（一）重新认识“旧世界”：“世界岛”与海洋帝国的战略教诲

长期以来，美国人往往从意识形态的角度出发，将美国与欧洲大陆的关系理解形成“新世界”与“旧世界”的关系，不但将二者对立起来，还确立起美国优

---

① 转引自W. H. Parker, *Mackinder: Geography as an Aid to Statecraft*, Oxford: Clarendon Press, 1982, p. 80。

越于欧洲的自我认同。“旧世界”被描述成君主专制和列强争霸的战争状态，缺乏和平和自由，而“新世界”之“新”就在于民主共和的基础上致力于商业繁荣与自由和平。因此，当欧洲陷入第一次世界大战时，美国主流意识形态并不愿意卷入“旧世界”的纷争中，而当美国最后参战并取得胜利之后，美国也试图按“新世界”的道德眼光来肢解德国，并组建“国际联盟”这个新的政治体系来取代传统的保持平衡的“维也纳体系”。

然而，对于在经历了欧洲几个世纪合纵连横的漫长争霸中成长起来的老帝国而言，无论是宗教教派的分歧还是政治意识形态的分歧，最终都是地缘政治上的利益分歧。因此，从一个老牌帝国的角度看，美国所秉持的以道德意识形态视角看世界，就像对世界充满理想和憧憬的年轻人一样，显得太过天真和浅薄。因此，麦金德的《民主的理想与现实：重建的政治学之研究》就像一个老年人对青年的教育那样，始终从地缘政治角度出发，以一种深厚的历史眼光和现实主义的立场，来矫正美国人从意识形态出发做出的“新”“旧”世界之分。因此，《民主的理想与现实：重建的政治学之研究》实际上是一个老帝国写给一个新帝国的经典政治教科书，试图用老帝国在历史经验中所把握住的政治“现实”来矫正新帝国从意识形态出发建构起来的政治“理想”。

从意识形态的角度看，欧洲在美国人眼中是不值一提的“旧世界”。然而从地缘政治角度看，整个世界的中心并不在美国占据的北美，而依然是欧亚非大陆，因为它是“我们地球上无与伦比的最大地理单位”，是被海洋包围的“世界岛”。比较之下，北美洲、南美洲和澳大利亚这些“新世界”不过是这个巨大“世界岛”的边缘卫星而已。[①] 若从“世界岛”的角度看，英国占据的世界“大海角”就相当于欧亚大陆的半岛，而美国所在的北美就成了半岛边上的岛屿，美国与大英帝国的关系就像古希腊时期克里特岛与希腊半岛的关系，或者后罗马基督教时期不列颠岛与拉丁半岛的关系。而在麦金德所建构起来的希腊和罗马在陆地与海洋关系图景中，可以清楚地看到陆地与海洋的关系中重要的不是海洋或岛屿，而是作为基地的半岛。这就意味着从美国地缘战略角度看，重要的不是美国本土，而是大英帝国所控制“大海角”这个半岛所具有的战略意义。这就意味着美国要

① 麦金德：《民主的理想与现实：重建的政治学之研究》，王鼎杰译，上海人民出版社2016年版，第62、61页。

取得全球霸权，在地缘政治上必须依赖大英帝国，并积极主动地与大英帝国结盟。这才是麦金德给美国传授帝国秘籍的要旨所在。

为此，麦金德从地缘政治的角度比较了美国和英国崛起的历史，从而强调“在短短的美国历史与较长的英国历史之间，有显著的相似之处”①，大英帝国的崛起恰恰是将欧洲大陆作为外在的对象而确立起自己独立的海洋身份，而美国要作为一个海洋岛国崛起，必须超越过去对欧洲大陆“旧世界”的想象，而以整个欧亚非作为一个整体，认识到欧洲属于欧亚非这块“真正的大陆”（the Continent）并将其作为自己的战略对象或外在的他者，由此才能真正确立美国作为一个海洋帝国的真正地缘空间想象，即美国把整个大陆世界作为自己的战略目标，从而统率英国、南美、日本、澳大利亚和马来西亚这些海洋国家和地区。

可见，在麦金德的眼中，美国兴起的是一个在地理空间上扩展和升级的海洋帝国，在某种意义上讲，美国的崛起才真正符合麦金德心目中的世界帝国图景，即一方面将广袤的大陆整合在一起，另一方面又拥有全球海洋，从而成为一个兼具大陆—海洋的新型世界帝国。如果说大英帝国的“大海角”视野就是海洋帝国在“哥伦布时代”的1.0版本，那么美国的“世界岛”视野是海洋帝国在“麦金德时代”的2.0版本。这种版本的升级换代以及世界图景的转换就体现在第一次世界大战中。而在帝国扩展、升级换代的背后不变的是“麦金德时代”陆地国家与海洋国家争夺全球统治权的对抗。因此，第一次世界大战绝非像美国人所想象的那样是民主与专制之间的意识形态战争，而实质上是“一场海洋岛国与大陆国家之间的战争”。对于海洋国家而言，其真正的危险始终是大陆“心脏地带”的整合和扩张，从而以大陆为基地进入海洋并同时成为海洋国家。因此，战争的关键始终在于争夺大陆边缘地带的半岛，法国、意大利、印度和中国都成为英国、美国和日本这些海洋力量向大陆进攻的前线，这些基地恰恰成为大陆国家与海洋岛国争夺的关键。② 在这个意义上，第一次世界大战恰恰证明了麦金德在1904年演讲中提出的世界历史进入“麦金德时代”这个根本判断，所不同的是1904年演讲中，他以大英帝国（或英国主导的海洋联盟）为中心构想世界秩序，并担心俄国、中国和日本在地缘政治上整合起来，成为对西方海洋国家构成“威胁的黄

① 麦金德：《民主的理想与现实：重建的政治学之研究》，王鼎杰译，上海人民出版社2016年版，第62页。

② 同上书，第63—64页。

祸”，而在1919年的著作中他以美国（或美国主导的海洋联盟）为中心构想世界秩序，担心的是德国崛起或大陆联盟将大陆作为基地而建成海洋强国，从而构成“对世界自由的终极威胁”[①]。

在这种背景下，麦金德进一步充实其“心脏地带”的学说。1904年演讲中，“心脏地带”这个概念是以俄罗斯作为政治想象，然而德国兴起导致的第一次世界大战的政治现实迫使麦金德进一步扩大了对“心脏地带”的地理认知，从而将包含勃兰登堡—普鲁士、奥匈帝国和俄罗斯在内的这一“三位一体的广大人力基地”看作心脏地带的核心力量。与此同时，将非洲也并入欧亚大陆中作为“世界岛”的重要组成部分，从而将欧亚大陆的心脏地带称为“北心脏地带”，将非洲撒哈拉以南看作“南心脏地带”，而两个心脏的中间地带恰恰是整个“世界岛”的中心——耶路撒冷。[②] 他系统考察发生在欧洲的帝国之间的对抗历史，得出的结论是：“‘世界岛’和‘心脏地带’是有关海权和陆权的决定性地理现实，而东欧在本质上是‘心脏地带’的一部分。”[③]

总而言之，比较1904年的《历史的地理枢纽》、1919年的《民主的理想与现实：重建的政治学之研究》和1943年的《环形地带与世界和平》，麦金德对美国的看法不断在进行调整。在1904年的《历史的地理枢纽》中，他只是潜在地提到英国和美国的结盟问题，那时他希望英国成为主导全球的世界帝国，只是基于地缘政治的考虑将美国放在与南非、澳大利亚、加拿大和日本同等的海洋国家的位置上。在1905年的演讲中，他虽然构想了英美“大西洋联盟”（an Atlantic alliance），但也是为了强调英国必须具有强大的实力才能赢得美国的盟友地位，比如英国有实力支持美国提出的“门罗宣言”等。换句话说，在这个联盟中由英国主导而美国追随。然而，第一次世界大战已经让他意识到在“麦金德时代”英国无力战胜大陆国家从而维持其世界帝国的地位，而美国将不可避免地承担起英国曾经承担的世界帝国的角色。面对世界帝国权势的必然转移，麦金德不再将美国看作陆地与海洋争霸中作为旁观者的“东方国家”，而将其看作海洋帝国衣钵的继承者。因此，麦金德在《民主的理想与现实：重建的政治学之研究》中放弃了东方

① 麦金德：《民主的理想与现实：重建的政治学之研究》，王鼎杰译，上海人民出版社2016年版，第65页。

② 同上书，第79—80页。

③ 同上书，第119页。

与西方、亚洲与欧洲的划分，更加突出地强调陆地与海洋之间的区分。可以说，1919年的《民主的理想与现实：重建的政治学之研究》充满了一个老牌海洋帝国在向新兴海洋帝国进行权力移交过程中的地缘政治教诲，即变化的是海洋世界的政治领导权转移，不变的是大陆世界与海洋世界的政治空间划分以及二者争夺全球统治权的永恒斗争。为此，他在1924年建议“西欧和北美现在出于许多目的考虑要构建一个单一的国家共同体（a single community of nations）”[①]。而在1943年的《环形地带与世界和平》中，他进一步提出“有必要在美国、英国和法国之间建立起有效且持久的合作”，在这个合作中，美国才是战略纵深，而英国不过是一个“壕沟环绕的前沿据点”，也就是“一个更大尺度上的马耳他”[②]。

如果美国要继承英国的海洋帝国衣钵成为新的世界帝国，就不能天真地从意识形态的角度看世界，而必须高度重视“心脏地带”的战略意义，也正是在与“心脏地带”的对抗中，“世界岛”的边缘地带，尤其是“大海角”就成为必须争夺的战略基地。由此，对美国成长为世界帝国而言，建构英美联盟绝非是基于文化传统的纽带，而是基于地缘政治不可动摇的地理法则。在这个意义上，我们可以说，1904年的《历史的地理枢纽》是麦金德写给处于巅峰时期的大英帝国的，希望大英帝国与时俱进在新的时代能继续保持世界帝国的位置，而1919年的《民主的理想与现实：重建的政治学之研究》实际上是写给新崛起的美国的，希望英美海洋帝国联盟能够完成英帝国未竟的事业，时刻警惕大陆“心脏地带”的扩张，在维持陆地与海洋的平衡中实现全球帝国的霸业。

（二）世界帝国的地缘政治关键：民主理想的现实基础

如果说1919年的《民主的理想与现实：重建的政治学之研究》是老帝国对新帝国的战略教诲，那么这个在历史争夺中成长起来的老帝国的政治真传就是领悟到支撑帝国的必然法则，那就是自然力与人力交织在一起推动人类文明最终迈向世界历史的进程。在这个意义上，麦金德提出的政治地理学就是探讨人类历史迈

---

① 转引自 W. H. Parker, *Mackinder: Geography as an Aid to Statecraft*, Oxford: Clarendon Press, 1982, p. 80.

② 麦金德：《民主的理想与现实：重建的政治学之研究》，王鼎杰译，上海人民出版社2016年版，第183页。

向世界帝国的内在法则，其中地理所包含的各种自然要素的力量发挥着支配性作用。①

第一次世界大战后，美国总统威尔逊提出战后建立“国际联盟”的世界图景。这个构想本身是基于美国“新世界”与欧洲“旧世界”的意识形态对立的基础上，从而主张基于自由、平等的政治理念，用“国际联盟”来建构一种所有国家平等、协商的民主模式来解决国际争端，彻底摒弃欧洲“旧世界”因为迷恋“实力”所导致的专制和战争。然而，在麦金德看来，这种基于政治理念所建构起来的“国际联盟”民主理想看起来就像是“海市蜃楼，一直在战争沙漠的远处荧惑着我们的西方人民”②。从现实主义的角度看，必须考虑“要建成一个真正的、强有力的国际联盟，有哪些不必可少的条件”，“如果不考虑现实，理想将把我们卷入循环往复之中”③。

那么，这个民主理想的现实条件是什么？这就是麦金德所强调的地缘政治，即必须认真对待地理的客观要素在政治生活中所能发挥的巨大支配性力量。如果国际联盟的构想真的要实现国家之间平等的民主理想，那就必须从地缘政治的现实来考虑战后欧洲各国通过领土分割以确保这种民主理想的实现。如果说英美结盟的地缘政治必然性是麦金德给新兴帝国的“隐晦教诲”，那么为“国际联盟”的稳固提供直接的地缘战略则无疑属于“显白教诲”。《民主的理想与现实：重建的政治学之研究》这个书名就直接点明了实现国际联盟这个民主“理想”的地缘政治“现实”。

从全球陆地与海洋的格局看，要保持海洋世界包围“世界岛”的战略优势，必须防止“世界岛”的“心脏地带”被一个政治力量或一个政治联盟所控制。为此，麦金德明确提出了两个具体的地缘政治战略主张。

其一，针对“心脏地带”，明确提出将东欧碎片化，防止任何大国独占东欧。从某种意义上，战后如何划分东欧领土是直接推动麦金德写作《民主的理想与现实：重建的政治学之研究》的动力。早在第一次世界大战结束之前的1914年，有人在皇家地理学会提出战后欧洲的边界划分，主张政治单位划分要根据地理单位、

① 麦金德：《历史的地理枢纽》，林尔蔚、陈江译，商务印书馆2017年版，第50—51页。

② 麦金德：《民主的理想与现实：重建的政治学之研究》，王鼎杰译，上海人民出版社2016年版，第142页。

③ 同上。

人口等自然要素。麦金德坚决反对这种观点，他认为欧洲疆界的确定一定是基于古老的权力平衡理念，是政治筹划和讨价还价的产物，由此德国必须被肢解，否则以德国的人口规模和强烈的民族性，战后依然会是一个强大的国家。[①] 在《民主的理想与现实：重建的政治学之研究》中，麦金德进一步从地缘政治的角度总结了欧洲列强争霸几百年的历史，认为整个东欧是西方强国德意志与东方强国俄罗斯争夺的关键地区，任何一个国家控制了这个地区都会打破欧洲大陆上的平衡，19 世纪的俄罗斯和20 世纪初的德意志，都是因为占据了东欧这块战略要地，从而具备了占领整个“心脏地带”的地缘战略优势，进而对海洋世界构成两次巨大的挑战。为此，他进一步完善了“心脏地带”的学说，将德国与俄国所争夺的东欧地区看作“心脏地带”的心脏所在，并进而提出著名的战略预言：

> 谁统治了东欧便控制了“心脏地带”，谁统治了“心脏地带”便控制了“世界岛”；谁统治了“世界岛”便控制了世界。[②]

从这个地缘格局出发，麦金德对第一次世界大战后的世界前景不免产生新的担忧：“如果这巨型大陆，这整个‘世界岛’或它的大部分，在将来成为海上强国单一或者统合的基地，会发生什么呢？……如果用长远的目光看，难道我们不应当虑及这样的可能性——巨型大陆的一大部分会在某一天归于统一，而一个无可匹敌的海上强国将在此崛起？”[③] 正是基于地理自身固有法则的支配性力量，麦金德在此实际上预见到后来美国与苏联所分别统率的海洋世界与大陆世界之间“冷战”敌对，而他试图建构的“欧洲合众国”或“大西洋联盟”实际上成为后来“北约”的先声。

因此，他认为建构战后政治秩序的关键在于如何处理“心脏地带”之心脏的东欧。一方面，要让德国和俄国成为彼此真正独立的国家，而不给任何一方单独占据东欧进而占据心脏地带的机会；[④] 另一方面，“东欧应像西欧那样分成若干独

---

① Geoffrey Sloan, “Sir Halford J. Mackinder: The Heartland Theory Then and Now”, *The Journal of Strategic Studies*, Vol. 22, Issue. 2 – 3, 1999, p. 24.

② 麦金德：《民主的理想与现实：重建的政治学之研究》，王鼎杰译，上海人民出版社 2016 年版，第 128 页。

③ 同上书，第64—65 页。

④ 同上书，第128 页。

立自主的国家"[①]，从而削弱德国的力量，并以此作为建构"国际联盟"的前提条件："东欧领土重新安排之稳妥的条件是，领土必须划分为三个而非两个体系。德国与俄国之间必须有一层列的独立国家，这至关重要。"[②] 为此，他细致地分析了东欧各个国家在地缘政治上的独特性，并根据这些地缘政治独特性提出相应的安排。他反复呼吁"那些视国际联盟为唯一救世之法的理想主义者们，应把他们的注意力集中于东欧的适当划分。在俄、德之间画出一层列真正独立的国家，他们就能达到目的"[③]。

其二，针对"世界岛"的中心地带，围绕中东的地区也必须碎片化，进行国际托管，并扶持犹太建国，防止阿拉伯世界崛起并因打通南北两个"心脏地带"而统治"世界岛"。基于历史上基督教世界与伊斯兰世界漫长的争夺，麦金德在地缘政治上高度关注处于"心脏地区"边缘地带的阿拉伯半岛。在1904年的《历史的地理枢纽》中称其为大陆边缘地区的"脆弱"环节，而在1919年的《民主的理想与现实：重建的政治学之研究》中则从"世界岛"的角度，将其看作"世界岛"的中央，其地缘战略意义就像当年阿拉伯人到后来撒拉逊人以这里为中心建立起像雄鹰展翅的大陆帝国，一翼越过"北心脏地带"进入亚洲深处，一翼越过"南心脏地带"进入非洲深处。而它的西边从地中海越过直布罗陀海峡进入大西洋，东边从印度洋越过马六甲海峡进入太平洋，"南北向的骑骆驼民族统治与东西向驾船民族统治纵横交错"，差点建立起一个真正囊括陆权和海权的世界帝国。[④] 正是为了防止连接东西南北的"世界岛"中央被一个政治力量所控制，麦金德建议将中东地区分割并交给英国、法国托管，支持犹太人建国，"在世界的地理与历史中心，应当有一个民族家园"[⑤]，甚至提出将君士坦丁堡作为"国际联盟"首都的宏伟计划，"从君士坦丁堡，西方的领导国家正好可以向这些地区散射光芒，它们数世纪以来备受压迫，从人类大局来看，光芒也正为它们所求；从君士坦丁堡，我们也许将西方和东方合为一体，并使海洋自由永远地渗入心脏地带"[⑥]。

---

① 麦金德：《民主的理想与现实：重建的政治学之研究》，王鼎杰译，上海人民出版社2016年版，第134页。

② 同上书，第135页。

③ 同上书，第145页。

④ 同上书，第82—84页。

⑤ 同上书，第148页。

⑥ 同上书，第147页。

威尔逊从政治理念出发提出平等、民主的“国际联盟”构想，试图超越“旧欧洲”势力均衡的陈旧观念。而在麦金德这样的现实主义者眼中，这种国家之间平等的民主理想恰恰是通过实力平衡来维持和平的“维也纳体系”或欧洲体系的翻版。而欧洲大陆均衡体系的建议恰恰是以英帝国单独维持海洋霸权作为前提条件的，即英帝国在利用在海洋上的绝对优势来操纵着欧洲大陆国家之间的均势，而欧洲大陆国家的均势反过来支撑着英国在海洋上的绝对优势。[①] 因此，麦金德对国际联盟的地缘战略构想不过是继续维持这种欧洲体系而已。只不过在海洋世界，由于美国霸权开始取代英国霸权，麦金德希望英美能够协调，对全球海洋通道的关键基地，比如巴拿马、直布罗陀、马耳他、苏伊士、亚丁和新加坡等地，进行共同托管，甚至提出巴勒斯坦、叙利亚和美索不达米亚，博斯普鲁斯和达达尼尔海峡，以及波罗的海出海口也以某种方式加以国际化，用英美海洋霸权来操作大陆国家之间的平衡，防止大陆国家再次崛起而威胁到海洋世界。

（三）“环球世界”：从太空的角度看世界

不幸的是，“国际联盟”的民主理想失败了，德国再次崛起并将西方引入第二次世界大战。从地缘政治的角度看，我们不能不佩服麦金德的洞见，战争正是从“心脏地带”的心脏部位东欧开始，而最终无论是西方的德国还是东方的日本，其失败恰恰在于同时对陆地强国苏俄和英美海洋世界两线作战。而在 1919 年的著作中，麦金德早就总结了德国在第一次世界大战中的地缘战略失误导致其最终失败：“柏林犯了一个根本错误：两线作战，但并未完全拿定主意要在哪边得胜。……柏林没有在其政治目的间做出决策，是汉堡和海外统治、还是巴格达和‘心脏地带’，因而它的战略目标同样迟疑未决。”[②] 麦金德的理论后来受到了德国地缘政治学家们的普遍推崇，甚至直接影响到纳粹德国的战略，可是如果他们认真阅读麦金德著作并倾听其忠告，怎么可能两次犯同样的错误呢？

1943 年，第二次世界大战虽然没有结束，但战局的未来已经明朗。一方面，西方政治家又开始讨论如何从哲学观念上清除日耳曼哲学，就像建构国际联盟关注实现民主理想一样；另一方面，随着航空的兴起，有人主张陆权和海权的划分

---

① 参见施米特《大地的法》，刘毅、张陈果译，上海人民出版社 2017 年版，第三章。

② 麦金德：《民主的理想与现实：重建的政治学之研究》，王鼎杰译，上海人民出版社 2016 年版，第 132 页。

因此丧失了意义，从而质疑心脏地带学说。为此，麦金德在访谈中专门澄清他提出这些地缘政治学说主要是对第二次世界大战后地缘战略的长远思考。麦金德再次从现实主义的地缘政治立场出发，认为只有在地缘政治版图上彻底占领并肢解德国，才能真正清除德国哲学的影响。为此，他重申“心脏地带”理论的重要性，注意到苏联会因为打败德国而成为“地球上最强的陆权国家”，而坚持海洋国家必须巩固大陆边缘地带，强化海洋纵深（美国）、海边岛屿据点（英国）和海岸基地（法国）的深度合作，让这三个“海陆兼备的大国”团结起来，因为“要平衡陆权，海权必须是两栖的”[①]。而这个战略不仅预示着第二次世界大战后苏联作为陆权强国与英法美作为海洋强国的对抗，而这种对抗由于苏联控制着东欧这个“心脏地带”的心脏部位而处于战略优势，而最后恰恰是东欧率先脱离苏联的控制而直接推动了苏联的解体。

随着空军的兴起，人类看待地理空间的视角也发生变化。虽然麦金德始终强调大陆的重要性，认为空军必须依赖陆地的组织，[②] 但实际上他看待地理空间的视角也随之进行了调整。如果说1904年《历史的地理枢纽》中提出的“心脏/枢纽地带”是从大陆看世界，1919年的《民主的理想与现实：重建的政治学之研究》中提出“大海角”和“世界岛”这些概念是从海洋看世界，那么1943年的《环形地带与世界和平》中他提出“环球世界”这个概念实际上是从太空看世界。

从北极上空看世界，全球地理分布就可以看成是围绕北极地区形成一层又一层的“环带”。第一层环带是由欧亚大陆的“心脏地带”和北大西洋盆地（包括附属的地中海、波罗的海、北冰洋和加勒比海，北美、英国和法国等）构成的。在这个环形带上，美国、英国和苏联乃是战后推动世界繁荣的重要动力，尤其从苏联的叶尼塞河到美国的密苏里河之间有芝加哥—纽约、伦敦—莫斯科的经济带，这是“实现世界繁荣的支点”。[③] 第二层环形带包括南美洲、非洲热带雨林、太平洋、印度和中国的季风带。在这个环形带上，印度和中国所代表的古老东方文明会在战后再度繁荣起来。如果说美国和英国处在环形地带的第一层上，那么在第二层“外围世界的秩序”建构中，麦金德特别提到中国。他认为西方世界应当支

① 麦金德：《民主的理想与现实：重建的政治学之研究》，王鼎杰译，上海人民出版社2016年版，第184页。

② 同上。

③ 同上书，第185页。

持中国“建造一个新的文明”。然而，他从地缘政治学家的视角，坚持认为这个新的中国文明“绝非绝对东方亦非全然西方”①。由此，整个“外围世界的秩序”应当“由中国、美国和英国引领，后两者各自领导一个自由国家组成的邦联——尽管它们的历史或许殊途，未来却必将同归”②。

如果说麦金德在1919年的《民主的理想与现实：重建的政治学之研究》以美英联盟的世界帝国作为地缘政治想象的现实基础，那么在1943年的《环形地带与世界和平》中，他不再关注世界帝国问题，而是预见到苏联、美英、中国和印度成为世界繁荣的推动力。今天我们回过头来看，怎能不说麦金德的学说充满了历史的洞见？在这个问题上，麦金德对美国的最大的告诫或许就是中国的新文明“绝非绝对东方亦非全然西方”。然而第二次世界大战以来，美国两次检讨对华政策的失败，第一次是新中国成立之后讨论“失去中国”的问题③，第二次就是2018年中美贸易战中讨论“误判中国”的问题。④ 如果从麦金德的角度看，美国对华政策的失败根源于意识形态的误区，即始终希望将中国改造为“全然西方”的文明，而未能领悟麦金德的教诲，从现实主义而非意识形态的角度来建构美国与中国的关系。如今，面对全球美、俄、中三个海洋地带、大陆心脏地带和大陆与海洋之间边缘地带强国之间的全球政治博弈格局，假如麦金德地下有知，会不会对美国的战略选择就像对大英帝国当年的战略选择那样扼腕叹息呢？

五　结论：从“壮年麦金德”到“老年麦金德”

1904年发表《历史的地理枢纽》演讲时，麦金德刚好41岁，正处在壮年时期，而这个时期大英帝国恰恰处于维多利亚辉煌的巅峰时期。他对大英帝国的战略转型和升级充满了热情、憧憬和向往，甚至对即将来临的俄国（与德国联盟）大陆帝国与英国（与日本、法国和美国的联盟）海洋帝国争夺全球统治权的斗争

---

① 麦金德：《民主的理想与现实：重建的政治学之研究》，王鼎杰译，上海人民出版社2016年版，第185页。

② 同上。

③ 参见邹谠《美国在中国的失败：1941—1950》，周先进译，上海人民出版社1997年版。

④ 美国《外交事务》杂志2018年7/8月刊组织了题为“美国误判中国了吗？——辩论接触政策”的讨论，中文译稿参见“观察者”网站的翻译（https：//m. guancha. cn/ForeignAffairs/2018_07_04_462570. shtml？ s = fwrplbbt）。

充满了渴望。麦金德认为，正是英国在南非布尔战争和俄国在中国东北扩张，激发了他在《历史的地理枢纽》中提出“心脏地带”理论。[①] 这两场战役前者潜在地针对德国来捍卫大英帝国的海洋霸权，后者则是俄国直接在远东挑战大英帝国的海洋霸权，两个事件联系在一起就展现出20世纪的世界格局：英国必须向大陆发展从而与俄国和德国这样的大陆国家争夺全球统治权，以至在“后哥伦布时代”继续维持大英帝国作为世界帝国的辉煌。可以说，《历史的地理枢纽》代表了“壮年麦金德”的地缘政治思想。因此，在《历史的地理枢纽》的演讲中，他以一种大历史刚刚展开的恢弘视野来看待全球即将到来的英俄世界争霸，并为大英帝国提供地缘战略建议。

然而，随之而来的世界大战结果与麦金德的期望有很大差距，大英帝国虽然赢得胜利但无力继续维持世界帝国的霸权，美国开始取代英国成为新的世界帝国，面对世界帝国的权势转移，58岁的麦金德出版了《民主的理想与现实：重建的政治学之研究》一书，系统地阐述了他对世界格局变化的地缘政治思考。这本书可以说代表了“老年麦金德”的思想。《民主的理想与现实：重建的政治学之研究》可以看作《历史的地理枢纽》的升级版和理论辩护，麦金德主要在理论上回应了对“心脏地带”学说的质疑。如果说“心脏地带”的学说曾经服务于大英帝国作为世界海洋帝国的地缘战略，那么这个理论经过修正和完善之后同样可以服务于新兴的世界海洋帝国，从而成为一个老牌帝国对一个新兴帝国的政治教科书。因此，《民主的理想与现实：重建的政治学之研究》反驳了马汉的海权理论，系统充实和完善了其“心脏地带”的理论阐述，并用更加丰富的历史资料来充实他在《历史的地理枢纽》中提出的空间历史的三阶段划分。与此同时，面对世界海洋帝国的权势转移，从海洋的视角出发提出了“大海角”和“世界岛”等许多新的地缘战略概念，甚至在后来提出“环形世界”的概念。

与“壮年麦金德”相比，“老年麦金德”的论述不仅在于地缘战略思想的丰富和深化，更重要的是写作心态发生了重大变化。如果说“壮年麦金德”集中关注大陆国家与海洋国家在全球范围内争夺统治权，他甚至对这场即将到来的世界大战充满渴望，那么目睹了第一次世界大战的惨烈、德国和俄国的崩溃、大英帝

① 麦金德：《民主的理想与现实：重建的政治学之研究》，王鼎杰译，上海人民出版社2016年版，第176页。

国衰落和美国崛起之后，麦金德关注的问题也更为复杂，视野也更为开阔。或者是由于这种世纪沧桑的变化，“老年麦金德”在《民主的理想与现实：重建的政治学之研究》中以一种“历史终结”的心态总结并传授大英帝国的政治教诲，并寻求“人类和平”之道。如果说《历史的地理枢纽》是为战争和争霸而作，反映的是麦金德壮年时期的帝国雄心壮志，那么《民主的理想与现实：重建的政治学之研究》是为和平与平衡而作，反映的是麦金德老年时期面对帝国衰落产生的历史智慧。因此，在《民主的理想与现实：重建的政治学之研究》中，麦金德提供的不仅是第一次世界大战后寻求世界和平的地缘战略，而且试图提供寻求人类持久和平的“平衡之道”，其中包括生产方式之间的平衡，也包括陆地与海洋之间空间地理的布局平衡，更涉及“国际联盟”这样一种自由国家之间的平衡。① 在这个意义上，可以说麦金德在启蒙式的普遍历史观下对“民主理想”的信念更多地来源于这种关于人类秩序的平衡理念，而与启蒙观念中的民主理念有着相当的距离。

如果说“壮年麦金德”在《历史的地理枢纽》中更多地以一个高瞻远瞩的地缘政治学家的眼光来看待人类历史进程，将“麦金德时代”理解为人类进入陆地与海洋之间全球争霸的时代，那么在《民主的理想与现实：重建的政治学之研究》中虽然有地缘政治学上的真知灼见，但更多的像一个智慧的哲人，关注海洋与陆地上两种人类的组织形态和生活方式，进而关注普遍人类秩序的哲学思考，由此“麦金德时代”也被理解为人类共居一个地球而寻求平衡而和平的时代。尤其需要注意的是，他在晚年发表的回顾一生思考的《环球世界与赢得和平》文章中，麦金德关注的不再是陆地与海洋之间如何争夺全球统治权，而是人类的和平与繁荣。或许在一生经历了陆地与海洋之间争夺全球统治展开的毁灭性战争之后，他更希望看到地球作为所有人类都栖息在其上的封闭整体，平衡、和平和繁荣。

---

① 参见麦金德《民主的理想与现实：重建的政治学之研究》，王鼎杰译，上海人民出版社 2016 年版，第六章、第七章、结论。

理论探源

历史社会学视野下的“新教伦理与资本主义精神”

杨光斌*

[内容提要]　国内思想界依然视韦伯的《新教伦理与资本主义精神》为学术经典，其实这是一部旨在建构“西方的兴起”的文化优越论的作品，对此国外学术界早有否定性研究，著名历史学家布罗代尔称韦伯的做法是“改写历史”。在文本意义上，韦伯的假设性因果关系或者逻辑链为：天职——预定论——自律——理性——商业行为——自我救赎（履行天职）。回到事情本身，即在欧洲史、全球史和宗教史的脉络上看新教伦理与资本主义精神，发现这种由假设构成的逻辑链，真是一种“自由意志”的异想天开之举。韦伯为什么要“改写历史”？这是他作为一个民族主义者乃至人种主义帝国主义者的身份意识所决定的，“民族权力”而不是正义、道德是韦伯的毕生追求。遗憾的是，这样一部文化帝国主义作品，依然被国内学术界视为“经典”，根本原因在于中国社会科学之滞后性，没有历史社会学，把一本历史社会学著作当作政治哲学作品去推崇。

[关键词]　“西方的兴起”　新教伦理　资本主义精神　“改写历史”　文化帝国主义

几年前，美国一家著名的音乐学院要在天津建一家分校，天津市相关领导要求把音乐学院建成哥特式风格的建筑。美国人一听就急了，说哥特式建筑是欧洲

* 杨光斌，中国人民大学特聘教授、国际关系学院院长，教育部长江学者特聘教授。

殖民主义的象征，应该彻底放弃，坚决主张建一个面向21世纪的现代风格的学院。在中国，这种“殖民化思维”绝不鲜见。

在思想领域，很多被西方人自己都已经抛弃的帝国主义、殖民主义作品，依然被中国人视为“经典”而膜拜，其中马克斯·韦伯的《新教伦理与资本主义精神》最为典型（以下简称《新教伦理》）。“大象公会”曾经推出“何必读经典”一文，首先拿《新教伦理》开火，[①] 但因为是媒体文章，这一枪只伤及皮毛而不能动其筋骨。

2016年在韦伯的《儒教与道教》发表100周年之际，秋风（姚中秋）教授也曾组织过一场专门的“走出韦伯神话”研讨会，围绕《儒教与道教》和《新教伦理》各抒己见。[②] 但与会者多为哲学学者或文化学者，而韦伯的著作尤其是《新教伦理》虽然是一部宗教学著作，最不应该当作哲学著作加以研究，它实际上是一本史学著作，一部以学术形式出现的政治著作，可以看作政治史类的，很遗憾没有世界史、欧洲史学者参与讨论，因此除秋风教授触及韦伯的史观外，不少人甚至没能认识到韦伯的宗教研究恰恰是韦伯自己都最不自信的部分，多数学者还在从文本到文本、在字里行间纠结，没有意识到韦伯的政治身份而只把他当作“价值无涉”[③] 的学者，因此很多人依然未能跳出韦伯布下的迷魂阵。

我们将会看到，韦伯是在通过研究文明中最具代表性的因素即宗教，主张一个民族权力中的最根本的权力——文化。因此，我们不但要理解韦伯著作中的概念、知识，更重要的是要认识其历史观、文明观。

在这个不能“无问西东”的最为根本的问题上，我们应该认识到，西方人自己早已像对待哥特式建筑一样，把韦伯的《新教伦理》也视为文化帝国主义的象征了，但是我们依旧奉为“学术经典”。这里的根本原因是政治思想史的研究路径出了大问题，国内一般都是沿着“思想史中的思想研究”去研究，结果剥离了政治思想的历史语境。事实上，政治思想史研究更应该沿着“历史中的思想研究”，即沿着历史社会学的路径去发掘思想，在历史研究中发现政治社会理论。《新教伦理》是一部典型

---

① 段宇宏：《不必读经典：从〈从新教伦理与资本主义精神〉到费正清学派》，大象公会，2015年3月13日互联网文章，详见 https：//mp. weixin. qq. com/s? __biz = MjM5NzQwNjcyMQ% 3D% 3D&idx = 1&mid = 211387104&sn = b98a6e0a097712b1f89f93e49b5a0e99。

② 参见秋风等《走出“韦伯神话”后的中国文化自觉》，《开放时代》2016年第3期。

③ 相对于易被误解为“折中”的“价值中立”，“价值无涉”这一译法更能传达韦伯的社会科学方法论。

的历史社会学作品，但是流行的“思想史中的思想研究”却把它视为政治哲学作品，结果永远跳不出韦伯那些艰涩、繁杂的概念。

著名编年史历史学家布罗代尔质问：“一种文明凭什么始终要比另一种文明更聪明和更合理性呢?”韦伯认为：“对资本主义的一切解释都离不开西方‘精神’本质和不可缺少的优越性，其实这种优越性也来自历史的偶然和暴力，来自世界范围的‘发错了牌’。为了这个事业或某种解释的需要而改写历史（其实同样可以翻译为‘篡改历史’——引者注），这是没有意义的。”① 我们将会看到，“改写历史”的韦伯不但是一个学者，还是一个政治人物，其政治身份往好的方面说是自由主义和民族主义的混合，其实就是一个文化帝国主义者，其政治使命是完成“民族帝国主义”。② 这样一个兼学者和政治人物的韦伯，写作《新教伦理》的目的，诚如历史社会学家戈德斯通所言：“这种观点是被用来为西方的扩张主义进行辩护的。直到今天，许多西方人看到伊斯兰国家时，总是认为他们见到一种完全不同的生活方式，这种生活方式有时看起来充满威胁，有时看起来又十分落后。然而，这种东方主义倾向和对西方崛起过程中宗教差异的理解是建立在对历史和宗教的一系列错误认识的基础上的。从当代儒教、印度教及佛教（如中国、韩国、印度、斯里兰卡和泰国）的经济体制，以及前经近代东方国家在技术方面的卓越成就（其中很多都对日后西方的技术产生了重要影响）来看，这种认为亚洲历来就是停滞或落后的观点是很容易被证伪的。”③

“改写历史”的作品自然是很容易被证伪的。《新教伦理》如果不是出自韦伯之手而是一个二流学者的作品，早就被人遗忘了。要知道，作为伟大学者的韦伯自己都对其充满政治偏见的宗教社会学研究并不那么自信，也可以说宗教研究系列是他思想体系中最脆弱的部分，甚至是因为其政治身份、政治目的而带给其学术生涯的污点。在《新教伦理》中，一开始韦伯就把自己当作宗教领域内的“非专业人士”，他说：“特别是可使用的真正资源（即碑文和古文书）的翻译文本，特别是关于中国的资料，其数量与存世的重要资料相比还是少之又少的。这些因

---

① 费尔南·布罗代尔：《15至18世纪的物质文明、经济和资本主义》第二卷，顾良等译，生活·读书·新知三联书店2002年版，第645页。

② 沃尔夫冈·蒙森：《马克斯·韦伯与德国政治（1890—1920）》，阎克文译，中信出版社2016年版，第3—4章。

③ 杰克·戈德斯通：《为什么是欧洲：世界史视角下的西方崛起（1500—1800）》，关永强译，浙江大学出版社2010年版，第52页。

素就导致了我们的研究肯定具有一种暂时性，特别是那些涉及亚洲的研究更是如此。”“这些论述注定要被那些具有更重要意义的论述所去掉的，因为一切科学皆是如此。”[①]《新教伦理》的最后一句话是：他的这本书只是研究的准备工作，不能被当成研究的结论，否则就不能揭示历史的真相。[②] 然而，对于韦伯自己都不那么自信的一种“暂时性的”“准备性的”研究，而且是为帝国主义扩张证明的作品，到现在居然还被很多国人奉为“永久性的”“经典”，实在是匪夷所思。这意味着，要建立自主性的中国社会科学，至少有两个方面的工作要做：一是要重新认识中国自己；二是“去殖民化思维”——祛除韦伯带给中国学人的心魔，这是重新认识中国的前提。

一　韦伯历史叙事的真相:“西方的兴起”

韦伯并非“西方的兴起”历史叙事的始作俑者，但绝对是关键人物。美国中国史和世界史教授马立博（Robert Marks）这样描述道：“在最初讲述‘西方的兴起’的时候，整个故事如同一场接力赛，由希腊兴起的民主思想传给了罗马人，而后者却丢掉了接力棒（罗马帝国崩溃后接下来是所谓的黑暗时期），但基督教登台，重新捡起接力棒继续向前跑去，在封建时代创造了独具特色的欧洲文化。古代希腊的遗产在文艺复兴时期被重新发现，并在启蒙时期得到阐发，最终在法国和美国革命以及‘西方的兴起’的浪潮中得到完善。”[③] 这段话我们很熟悉，因为在中国流行经久的西方政治思想史教科书，就是这套逻辑。在这套历史叙事中西方是“先进的”“文明的”，非西方是“落后的”“专制的”“野蛮的”。这种西方历史概念化的一个非常重要的人物就是马克斯·韦伯，他集中西方价值和文化，认为源自新教的理性主义和工作伦理对资本主义的兴起即西方的兴起至关重要。

需要说明的是，即使在文明和价值的意义上，韦伯也并不是一个创始者，其前有赤裸裸的人种优越论者如我们熟悉的自由主义者小密尔，其后有更加隐晦的

---

① 马克斯·韦伯：《新教伦理与资本主义精神》，马奇炎、陈婧译，北京大学出版社 2012 年版，第 18 页。

② 同上书，第 185 页。

③ 马立博：《现代世界的起源：全球的、环境的述说（15—21 世纪）》，夏继果译，商务印书馆 2017 年版，第 6 页。

制度优越论者，“人种优越论——文化优越论——制度优越论”构成了“西方的兴起”所导致的“历史的终结”的完整的历史叙事。[①] 虽然从韦伯开始叙事方式越来越隐晦，但万变不离其宗，出发点还是原初的白人优越论。韦伯著述《新教伦理》的时候，正值帝国主义的高峰时期，其中社会达尔文主义和种族主义甚嚣尘上，我们将会看到，韦伯是一个典型的种族主义者和帝国主义者。那么，在《新教伦理》中，韦伯到底是如何展开其历史叙事的呢？虽然被很多人奉为“经典”，但因是中世纪史尤其是宗教史的研究，读懂这本小册子对很多人而言并非易事。

韦伯在《新教伦理》的开篇就宣告：西方赢了！西方文明具有普适意义和普适价值。[②] 西方赢在哪里呢？韦伯列举到：第一，只有西方的科学真正达到了可以被当代公众认可的发展程度；第二，中国的历史学虽然高度发达，却没有修昔底德的研究方法；第三，在音乐艺术上，理性而和谐的音乐，只有在西方才有；第四，在建筑学上，哥特式拱顶的空间结构在其他地方也没有；第五，大学制度为西方所独有；第六，公职人员系统为西方所独有；第七，理性的成文宪法为西方所独有；第八，也是结论性的，所有这些，源自其他文明所没有的资本主义组织。[③] 而资本主义是怎么来的呢？就是“西方文化独特的理性主义”[④]。

韦伯在亮出观点后，在《新教伦理》的最后一章重申：“不论在何种情况下，就清教徒的立场所影响的范围而言，比起仅仅鼓励资本积累的作用，更为重要的意义在于，它有助于培养一种理性的资产阶级经济生活；在这种生活的发展过程中，教徒的立场是最为重要的，并且始终发挥着重要的作用。正是它哺育和培养了现代的经济人。”[⑤] “基于天职观念的理性行为，正是现代资本主义精神乃至整个现代文化的基本要素之一，而这种理性行为乃源自基督教的禁欲主义精神，这便是本文力争要证明的观点。”[⑥]

---

① 杨光斌：《论世界政治体系：兼论建构自主性中国社会科学的逻辑起点》，《政治学研究》2017 年第 1 期。

② 马克斯·韦伯：《新教伦理与资本主义精神》，马奇炎、陈婧译，北京大学出版社 2012 年版，第 3 页。

③ 同上书，第 3—15 页。

④ 同上书，第 16 页。

⑤ 同上书，第 175 页。

⑥ 同上书，第 182 页。

从开头到结尾，韦伯叙事的逻辑就是“新教伦理——理性主义——资本主义精神”。“新教伦理与资本主义精神”到底是什么样的关系呢？就连布罗代尔这样的史学大家也这样说，韦伯的“论证十分复杂，使人有茫无头绪之感。他想找到具有特殊心态的，即具有理想型‘资本主义精神’的少数新教徒，因而需要预设一系列的假定。他在时间上从现在向过去倒着论证，因而使问题变得十分复杂。”① 也就是说，不熟悉中世史的读者很难理解韦伯在说些什么。从过去到现在的时间顺序，笔者试图帮助梳理出一个更清晰的新教伦理与资本主义精神的假设性因果关系或者逻辑链：天职——预定论——自律——理性——商业行为——自我救赎（履行天职）。这种由假设构成的逻辑链，真是一种“自由意志”的异想天开。

关于天职。“天职”（the calling，又为“感召”）似乎是韦伯的最爱，不但在本书中，在其他文献中也多次使用“天职”以表达韦伯自己的使命感，比如《作为天职的政治》（又译《作为志业的政治》）。韦伯给天职的定义是“上帝留给人类的任务”，这是路德宗教改革的产物、一种新观念，把履行世俗事务的责任看作个人道德活动所能采取的最高形式，“上帝唯一能够认可的生活方式并不是通过隐修禁欲主义来超越世俗道德，而是履行个人在现世中所处位置所赋予他的义务”②。

关于预定论。每个人的“天职”都是注定的，即所谓的“预定论”。韦伯这样描述预定论：

> 对于生活在宗教改革时期的人来说，他生活中最重要的事情就是永恒的救赎，他被迫独自一人跟随他被预定的人生轨迹去面对那个已经为他预旨了的永世命运。没有人能够帮助他。牧师不能帮助他，因为上帝的选民可以通过自己的心灵来理解上帝的预旨。圣礼不能帮助他，因为虽然圣礼是由上帝授命用于增加他的荣耀，每个人因此必须谨慎遵守，但是不能通过这一方式获得恩典，圣礼不过是信仰的一个主观“外在补充”。教会不能帮助他，因为即使人们把“教会之外不得救赎”理解为不真正加入教会就永远不可能成为上帝的选民，但是那些虽然加入了教会心灵却并不虔诚的教徒，也是注定要

① 弗尔南·布罗代尔：《15至18世纪的物质文明、经济和资本主义》第一卷，顾良等译，生活·读书·新知三联书店2002年版，第628页。

② 马克斯·韦伯：《新教伦理与资本主义精神》，马奇炎、陈婧译，北京大学出版社2012年版，第76页。

> 被罚下地狱的。……最后，甚至连上帝也不能帮助他们。因为连耶稣也仅仅是为了上帝的选民而死，为了选民的利益，上帝已经在永世中预旨了耶稣的受难。这完全消除了通过教会和胜利得到救赎的可能性，从而形成了一种与天主教截然不同的决定性差异。[①]

关于自律。既然命运是预定的，怎么办呢？接下来只能求助于救赎，那么又如何得到救赎呢？过一种自律的生活方式，“把人们从非理性冲动的影响和对于现世和自然的依赖中解救出来。隐修制度试图让人服从一种意志坚定的无上权威，使他的行为受到持之以恒的自律，从而深思熟虑自己的行为会产生的伦理影响。在客观上，隐修制度把修道士训练成为上帝之服务的劳动者，而在主观上，修道士也由此确保了自己的灵魂获得救赎。这种积极的自律构成了圣依纳爵的苦修的目的，也构成了所有理性的隐修美德的目的，而对于清教徒来说，或者这种自律也构成了它最为重要的实际理想”。并宣称“对寂静自律的尊重”“在今天依旧可以从英国或美国典型的绅士身上分辨出来。用我们的话说就是，和每种理性的禁欲主义一样，清教徒试图让人能够保持他一贯的行为动机（特别是清教徒教导给他的动机），并且依照这一动机行事，而不是凭情绪行事”[②]。韦伯知道，禁欲主义在中世纪就是一种行为哲学，那么加尔文教的禁欲主义与之有什么区别呢？“加尔文宗又在其中增添了一种积极的观念，即有必要在世俗活动中证明自己的信仰”[③]，以理性主义精神从事商业活动以完成“天职”并获得救赎。

关于理性。在逻辑上，禁欲主义的自律生活方式会酝酿出理性。韦伯牵强附会地论证到，商业活动的记账簿来自禁欲主义，“用以一一收录罪恶、诱惑或蒙恩进展的虔诚的记账簿”，并认为所有道德家和神学家都提到过记账簿，而资本主义精神的代表人物本杰明·富兰克林的例子最为典型，他的记账簿以图表统计的方式记述了他在各种美德方面的自我提高。[④] 韦伯直接把来自教会活动的记账簿与商业活动关联起来，认为清教徒能够理解上帝在生活中所有的细节之处留下的痕迹，

---

① 马克斯·韦伯：《新教伦理与资本主义精神》，马奇炎、陈婧译，北京大学出版社2012年版，第102—103页。

② 同上书，第118页。

③ 同上书，第120页。

④ 同上书，第123页。

因此“这种使生活神圣化的过程几乎可以呈现出一种商业企业的特征了。对整个生活进行完全的基督教化就是这种伦理行为的条理性所产生的影响，与信义宗不同的是，这种条理性正是加尔文宗要求人们遵循的。只有时刻记住这种理性对现实生活具有的决定性影响力，我们才能正确理解加尔文宗产生的影响”。总之，“清教道德所指的正是由条理的理性伦理行为”①。这样，“一般人道德行为中那种盲目和非系统化的特征被抹去了，随之这种行为开始受支配于一种作为整体的一贯行为方法”。人的行为就从“自然状态”转化为“蒙恩状态”②，行为变得理性。

关于商业行为。从商业行为的理性特征出发，韦伯探究了加尔文宗的伦理和“资本主义精神”的相关性。宗教改革之后的“加尔文宗显得与资产阶级——资本主义的企业家那种严格的守法主义和积极的事业进取心具有更为密切的联系”。不但企业家如此，就连普通人也因此有了更多的美德，公职人员、企业职员、工人或仆人的忠诚德行。③ 韦伯继续说道，资本主义伦理中最为重要的原则是“诚实为做人之本”，“甚至在17世纪的人们看来，浸礼宗，尤其是贵格会所秉持的入世禁欲主义的具体形式，实际上也接受了这一原则。另一方面，我们应当预见到的是，加尔文主义的影响更多的是解放了人们获取私有财产的活力”④。“现在基督教禁欲主义砰地关上了身后修道院的大门，大步迈入了生活的集市，开始着手将自己的秩序渗透到日常生活中去，并使之成为现世的一种生活，然而这种生活既不属于现世，也不为现世而存在。”⑤ 为了谁呢？为了履行上帝的“感召”而在俗世间所完成的“天职”。在加尔文看来，财富不仅不会妨碍神职人员发挥自身的作用，而且还能大大提高他们的威望，劳作创造的财富“增添上帝的荣耀”⑥，“要像上帝命令的那样，更进一步地把劳动本身当做是人生的目的”，因为“上帝毫无例外地为每个人都设定好一个天职，人人都应该以此为业并辛勤耕耘”⑦；“当获取财富是天职中一项需要履行的责任时，那么它不仅在道德上是被允许的，

---

① 马克斯·韦伯：《新教伦理与资本主义精神》，马奇炎、陈婧译，北京大学出版社2012年版，第124页。

② 同上书，第116—117页。

③ 同上书，第138页。

④ 同上书，第150页。

⑤ 同上书，第153页。

⑥ 同上书，第159页。

⑦ 同上书，第161页。

而且事实上是必须践行的”；“强调固定天职在禁欲主义中的重要意义，为现代专业化的劳动分工提供了伦理依据。同样地，对盈利活动的神意解释也证明了商人活动的正当性”①。“当消费的限制与获利活动的解禁相结合，一种不可避免的实际效应就会显现出来：凭借禁欲主义的强制节俭来实现资本的积累。附加在财富消费上的种种限制，使资本流向生产性投资成为可能，而这自然会有助于增加资本。”② 在韦伯那里，人类几乎所有的美德都源自新教伦理。可是，诚实、节俭、勤劳、进取等美德以及劳动分工、再生产性投资等经济行为，难道在其他文明中不系统性地存在吗？

关于自我救赎。“资本主义精神”的指向何在？韦伯论述道：“蒙恩状态”中的理性主义使得圣徒的生命履行了一个先验的结局，即为完成天职而获得救赎。“恰恰是为了这一原因，他在现实中的生活被彻底地理性化了，并且完全被这种增添上帝在现世中的荣耀的目标所支配。再没什么人能比他们更为严格地奉行‘一切为了上帝的荣耀’这一箴言。笛卡尔的‘我思故我在’被同时代的清教徒借用来进行伦理的重新解释，即人的生命只有在持之以恒的思想的指引下，才能克服自身的‘自然状态’。”③ 财富越多，“如果这种财富的获得是在履行天职的劳动中结出的果实，那么它就成为上帝赐福的象征”，就越能为上帝增添荣耀，这显然是对资本主义的发展具有重要意义的伦理基础。④

这种浮想联翩式的逻辑其实是在说，新教伦理培养了资本主义精神，进而使得“西方的兴起”，这一切都是上帝的预旨。作为历经了长期的教会政体的欧洲，无论是先前的基督教，还是宗教改革之后的天主教政体与新教政体，无疑会给世人的思想、行为带上一定的烙印，加尔文教之于商业解放的价值更不容忽视。问题是，没有加尔文教就没有商业活动甚至就没有资本主义精神吗？暂时性的权力转移（即“西方的兴起”）被论证为上帝的永久性安排、一种天启式的预定论，实在不应该是标榜学术研究“价值无涉”的韦伯之所为。韦伯的行为犹如中世纪的奥古斯丁、阿奎那等神学家，只不过此时的世界不再是蒙昧时代。也正是在这

① 马克斯·韦伯：《新教伦理与资本主义精神》，马奇炎、陈婧译，北京大学出版社2012年版，第165页。

② 同上书，第174页。

③ 同上书，第117页。

④ 同上书，第172—173页。

个意义上，认识不到韦伯神学家身份而视《新教伦理》为“经典”者，事实上依然存活在蒙昧时代。

其实，韦伯自己也知道这项研究的价值性。如前引所述，从头到尾，韦伯都对自己的这项研究没有信心。毕竟，“改写（篡改）历史”注定是一项不可能完成的“天职”，哪怕是韦伯这样的天才式的人物，也没有资格、没有能力“改写（篡改）历史”。在真实的历史面前，抒写虚假历史的人物都显得如此微不足道。

二　“回到事情本身”：欧洲史—全球史—宗教史下的资本主义精神

学者的精神支柱应该是自己，但中国社会科学的滞后性决定了学者需要以“他者”为精神支柱，“文革”之后需要寻找一个新偶像，这就是马克斯·韦伯，“韦伯命题”必然引发学者的竞相研究，坊间似乎一时间以谈韦伯为荣。众多的研究已经告诉我们，具有政治身份的韦伯为了政治目的，无视世人智商，因而《新教伦理》基本上早已被西方学术界所祛魅。韦伯无视自己熟知的欧洲史，在资本主义起源、天主教与新教的性质上，都展开了违反历史常识的假设性论证，更别说全球史观下的“西方的兴起”逻辑的荒谬性。让我们从现象学常识出发，“回到事情本身”而把“韦伯命题”悬置起来，看看韦伯是如何“改写历史”的。这里，只把西方韦伯以后的历史社会学成果呈现出来就足够了。

欧洲史视角下的资本主义起源。即使在欧洲，经济中心在不停地转移，韦伯把暂时性的权力中心当成了事实性的“历史的终结”，即资本主义终结了历史。资本主义组织起源于南欧而不是新教地区的北欧国家。布罗代尔指出：

> 经济中心的这种转移在历史上是经常发生的：拜占庭在伊斯兰面前相形见绌，伊斯兰让位给信奉基督教的欧洲；地中海地区在征服世界七大海的斗争中旗开得胜，但整个欧洲的重心于十六世纪九十年代偏向当时正顺利发展的北欧新教国家。直到那时候为止，也许直到十七世纪的一二十年代，资本主义一词主要适用于南欧，尽管罗马和教廷都在那里。阿姆斯特丹只是崭露头角。我们还注意到，无论美洲、好望角的海路或世界的其他大路，都不是

> 北欧所发现的，葡萄牙人最早到达南洋群岛、中国和日本：这些空前成果都应归功于据说懒惰成性的南部欧洲。资本主义的工具也丝毫不是北欧的发明，它们全部来自南欧；甚至阿姆斯特丹银行也是威尼斯里亚托银行的翻版。北欧大商业公司正是为了对付南欧——葡萄牙和西班牙——而成立的国家垄断组织。①

韦伯的同时代作家桑巴特教授（Werner Sombart，1863—1941）写了两本关于资本主义的著作，一本是早于《新教伦理》的《现代资本主义》（1902 年），另一本是批判韦伯的《资本主义》（1930 年），其关于资本主义起源的研究比韦伯的《新教伦理》更可信，事实上在西方思想界影响也更大。在桑巴特那里，把新教伦理归因于犹太教精神，这是种族主义者的韦伯所要坚决剔除的（后面论及韦伯政治身份时将提及）。桑巴特有力地论证到，从 13 世纪起，特别是在 15 世纪，佛罗伦萨是个资本主义城市，不管人们赋予资本主义一词什么含义。桑巴特发现，佛罗伦萨人巴蒂斯塔的四卷本《家庭篇》（成书于 1441 年）记载了一种全新的生活气氛：赞扬金钱和时间的价值，必须节俭地生活，所有这些都是早期资产阶级原则。《家庭篇》指出，金钱是“万物的根本”；“有钱就能有城市住宅或乡村别墅，各行各业的工匠都为有钱人辛劳服务。没有钱就会缺少一切，办任何事都少不了钱”。这和当时基督教流行的金钱代表着堕落的价值观完全不同。在对待时间问题上，《家庭篇》说过去时间属于上帝一人，出卖时间（借贷时收取利息）也就是出卖不属于自己的东西；而现在，时间是生活的量纲和人的财富，对于人来说，最好不要让时间白白过去。关于奢侈，佛罗伦萨人说“你们应该记住，决不要让你们的支出超过收入”。对此桑巴特总结道：“这里不是要把节俭的思想贯穿到勉强能吃饱肚皮的平民百姓的日常生活中去，而是要让富家大户同样接受这种思想。”韦伯认为《家庭篇》只不过在重复一些古训，对此布罗代尔认为：“马克斯·韦伯的意见是错误的。”“如果资本主义能从‘精神’认出和词的分量称出，马克斯·韦伯便肯定是错了。”②

资本主义不但产生于韦伯所说的新教国家，更产生于桑巴特所说的天主教南

① 费尔南·布罗代尔：《15 至 18 世纪的物质文明、经济和资本主义》第一卷，顾良等译，生活·读书·新知三联书店 2002 年版，第 631—632 页。

② 同上书，第 642—644 页。

欧国家。不仅如此，欧洲以外的资本主义也很多。“如同欧洲一样，世界其他地区几百年来也从事生产、发展交换和加速货币流通。到这类活动中去寻找某种资本主义的征兆或先兆，难道说是荒唐的吗？……在一定程度上，资本主义曾经光顾过社会的所有形态，至少我心目中的资本主义是这样的。”而资本主义的成败“有两大理由可做解释：一方面是经济的或地域的理由，另一方面是政治的或社会的理由”①。诚如马克思所说，在专制权力盛行的地方，资本主义难以发展起来。在中国明朝，市场经济即资本主义市场很牢固，商业网络很发达，诸如地方集市星罗棋布，小工匠和小商贩走街串巷，城市中店铺鳞次栉比，四方商旅来往繁荣，但国家机器高高在上地监视一切，它对富人持明显的敌对态度，因此那时的中国只有市民阶级而无资本主义阶级。②

再看世界史视野下的“西方的兴起”。韦伯错误地将“欧洲的兴起”当成历史的必然和“历史的终结”，因此才有了如此粗暴的文明优越感。远的不说，公元1000年到1700年之间的世界是什么样子呢？

经济和技术上的中心在何处就不用说了。“在1750年或1800年之前，无论人口、工业还是农业生产方面，中心都在亚洲。”③ 至多，“西方的兴起”只是1700年之后的事，而且西方的崛起有赖于世界其他地方的各自发展，几乎所有被欧洲人认为是16—17世纪欧洲的科学和数学成果，其实都是以800—1400年伊斯兰文明对数学、物理、化学和医药的发展为基础的。几乎所有欧洲早期的技术进步都是受到追赶亚洲先进技术激励的结果；④ 而且西方的崛起是一种带有耦合性、独特性的偶然事件。⑤ 这个偶然事件被书写成历史的必然，“当欧洲一度主宰全世界（虽然只是暂时的）的时候，19世纪末到20世纪初的欧洲历史是由欧洲人写下的。为证明这种主宰地位的合法性，欧洲人试图从他们的历史和国家中寻找出一

① 费尔南·布罗代尔：《15至18世纪的物质文明、经济和资本主义》第一卷，顾良等译，生活·读书·新知三联书店2002年版，第646页。

② 同上书，第654—655页。

③ 马立博：《现代世界的起源：全球的、环境的述说（15—21世纪）》，夏继果译，商务印书馆2017年版，第11页。

④ 同上书，第14页；杰克·戈德斯通：《为什么是欧洲：世界史视角下的西方崛起（1500—1800）》，关永强译，浙江大学出版社2010年版，第199页。

⑤ 杰克·戈德斯通：《为什么是欧洲：世界史视角下的西方崛起（1500—1800）》，关永强译，浙江大学出版社2010年版，第198—199页。

些能够解释这种主宰地位的证据，并将证据最终指向了欧洲与众不同的宗教，欧洲人（尤其是英格兰的新教徒们）告诉自己，西方的崛起并占据世界主导地位的事实不仅仅是必然的，而且在道德层面也是当之无愧的”①。

在政治文明层面，1000 年（5—16 世纪）的中世纪的大多数时期被称为“黑暗时代”，其蒙昧、其野蛮、其血腥，在此就不用多说了，而公元1000 年左右的大宋政治又是什么样的呢？堪称柏拉图心目中的“理想国”——一种君王和士大夫共治的太平盛世。即使西方开始摆脱黑暗政治的时期，即到了 16 世纪，意大利人利玛窦惊讶地发现，大宋全国都是由知识阶层，也就是一般叫作哲学家的人来治理的。他还告诉欧洲人，在中国最终实现这一原则的制度叫作科举制。“科举制”就是其心目中的民主选拔制，科举选拔上的大臣辅助皇帝。利玛窦在《中国札记》中说：虽然我们已经说过中国的政府形式是君主制，但它在一定程度上是贵族政体……如果没有与大臣磋商或考虑他们的意见，皇帝本人对国家大事就不能做出最后的决定。……所有的文件都必须由大臣审阅呈交皇帝。哲学家治理的国度就是柏拉图梦想的“理想国”。

1500—1700 年，是多中心主义时代，其中有以中国为主的东亚秩序、阿拉伯人和印度人交往的印度洋秩序以及开始兴起的地中海贸易秩序。世界史是怎么转向的呢？如何从多中心转向世界秩序中的西方中心？世界的中心为什么从东方转移到西方（“西方的兴起”）？转折点当然不是韦伯说的加尔文教的出现，而是更早的哥伦布发现新大陆（1492 年）和伽马的印度之行（1497 年），这两件事都被亚当·斯密和卡尔·马克思认为是改写世界历史的最重要的大事件。这两次贸易风险之旅也是对异族的血腥征服，将血腥的欧洲内部的“文明的冲突”（中世纪宗教战争）拓展到全球。北美和南美的印第安人的种族灭绝式屠杀众所周知，在伽马穿越大西洋的印度之行中，第一次登陆失败，随后回去组织了 20 个船只组成的“无敌舰队”，对当地人大肆屠杀而强行登陆，开始了最早的对东方的殖民征服，也堪称是天主教对伊斯兰教徒的征服，因此有研究称之为“最后一次十字军东征”。

“西方的兴起”的历史逻辑是，城邦国家（封建制）到民族国家的形成，民

① 杰克·戈德斯通：《为什么是欧洲：世界史视角下的西方崛起（1500—1800）》，关永强译，浙江大学出版社 2010 年版，第 57—58 页。

族国家推动了资本主义组织和所谓的资本主义精神，即封建制——民族国家——资本主义组织系统。仅就民族国家形成而言，两个支柱就是远征贸易和战争征服：西欧各国的“东印度公司”既是贸易的先锋队，也是君主的远征军，其中的历史细节就不在此细说了。民族国家的后生德国，在形成过程中更多的是靠战争，要知道威斯特伐利亚条约签订时德意志地区还有上千个城邦国家，最后的普鲁士坐大，其过程就是国家主义——军国主义——制定法，战争进程中的征粮和税收两大系统，将国家组织起来，催生了资本主义组织系统和以民族国家为组织化平台的资本主义精神。[①] 可以说，是贸易和战争的双轮驱动产生了民族国家，民族国家的舞台使得资本主义组织制度发展起来，这是蕴含“资本主义精神”的基本历史结构。下面提及的托尼在《宗教与资本主义的兴起》中的结论是：贸易催生了新教伦理的资本主义精神，而不是新教伦理催生了资本主义，亲资本主义的加尔文教只是对资本主义的接受。

显然，博学的韦伯以高贵的文化、文明等概念重写“西方的兴起”，尤其是后来者“德国的兴起”，以抹去那些血腥的贸易史、残酷的战争史。不从世界史的角度，而单纯地停留在文本上，就无从认识《新教伦理》之历史虚无主义性质。

再谈天主教的理性与新教的非理性问题。如果说世界历史的转折点是两次大航海，欧洲的兴起则归因于意大利文艺复兴，这两个“关键时刻”都发生在天主教地区的南欧国家。按照韦伯的定义，如果没有资本主义精神，天主教地区的国家如何能有如此的重大创举？在欧洲，第二次世界大战后有大量的研究，把天主教看作一种理性且推动资本主义发展的宗教。[②] 其实第二次世界大战之前就有这样的研究，托尼在《宗教与资本主义的兴起》中这样说：“如果资本主义指的是资本所有者为其自身谋求金钱利益的实业趋向，以及他们自己建立的在他们和为他们所控制下的领取工资的无产阶级之间的社会关系，那么资本主义在中世纪的意大利和中世纪的佛兰德已经大规模存在了……到了‘无敌舰队’时期，正是信奉天主教的葡萄牙和西班牙的经济帝国主义——确切地说不是新教国家的成就——给当代人留下了深刻印象。总而言之，正是主要的天主教城市成了欧洲商业之都，

① 参见杨光斌《政治变革中的国家与制度》，中央编译出版社 2011 年版，第 187—218 页。

② 参见理查德·拉克曼《不由自主的资产阶级：近代早期欧洲的精英斗争与经济转型》，郦菁等译，复旦大学出版社 2013 年版，第 336—341 页。

而天主教银行家成了主要的金融家。"[①] 托尼的结论是："'资本主义精神'跟历史一样古老，却不像有时候所说的，为清教所孕育。"[②] 托尼还指出，关于16世纪欧洲社会史的研究成果是，路德宗教改革是世俗的商业精神对传统的基督教伦理胜利的结果。[③] 后来的加尔文也只是"极为严肃地接受了商业文明的主要制度，并且为将要主宰未来的阶级提供了一种信条"[④]。换句话说，是商业精神催生了宗教改革，而不是宗教改革催生了商业精神。

更重要的是，科学革命的起点还发生在中南欧的天主教地区，哥白尼、伽利略和笛卡尔都是天主教徒。笛卡尔认为，除了上帝的恩泽之外，理性行为和良好的品行同样能够帮助人们获得灵魂的救赎。这种"异端信仰"使笛卡尔遭受了迫害，不得不流亡他乡，而加害者正是北欧国家荷兰的加尔文归正会，当时的加尔文归正会强力反对自由思潮，不遗余力地维护加尔文主义教条。[⑤] "在1500年到1700年间，天主教会实际上是非常开放的，对于科学的发展也采取支持的态度。两位天主教徒——意大利的托里拆利和法国的帕斯卡在大气压研究领域取得了突破性进展；16世纪和17世纪发生的科学革命也并不是在新教的主导下完成的，而是整个欧洲的事件，天主教在其中发挥了重要作用。"[⑥] 19世纪早期英国后来居上，19世纪末德国赶上了强国的末班车，"不能把欧洲的进步在整体上简单地归因于西方宗教，更不能片面地归因于新教或者加尔文教"[⑦]。

其实，像迫害笛卡尔之类的非理性行为正是被贴上"理性主义"标签的新教所为。除此之外，中世纪迫害"异教徒"的非理性行为，加尔文教难逃其咎。托尼指出，正如路德把公正置于信仰之首，加尔文把教规置于首位，为此而开展所谓的"生活圣洁化"，把酒鬼、舞女开除教籍，在60年内把150名异教徒处以火刑。[⑧]

---

① 理查德·托尼：《宗教与资本主义的兴起》，沈汉译，商务印书馆2017年版，第85—86页。

② 同上书，第211页。

③ 同上书，第84页。

④ 同上书，第94—95页。

⑤ 杰克·戈德斯通：《为什么是欧洲：世界史视角下的西方崛起（1500—1800）》，关永强译，浙江大学出版社2010年版，第56页。

⑥ 同上。

⑦ 同上书，第56—57页。

⑧ 理查德·托尼：《宗教与资本主义的兴起》，沈汉译，商务印书馆2017年版，第114—116页。

客观地说，作为一种文化乃至长期实行过的政治制度的宗教，无疑会有其应有的影响力，新教如此，天主教亦然。但是，非要把最先进的东西如资本主义精神与某种特定的教派联系起来，就是人为地制造“文明的冲突”。凯恩斯的看法是：“现代资本主义完全是非宗教的，没有内在的统一性，没有很多公益精神。”托尼的结论是：“在对基督教会和作为资本主义社会实际宗教的对财富的偶像崇拜之间达成妥协是不可能的，就像罗马帝国在对教会和对国家的偶像崇拜之间无法妥协一样。”①

至此，借用《现代世界的起源》作者的话说，20 世纪初所编造的对西方兴起的解释“似乎是愚蠢的（并且是危险的），但世界上最富裕、最强大地区的许多人却把它作为‘真理’而接受。毋庸置疑，我们现在可以断定，这些思想与其说是历史的真实还不如说是一种意识形态”②。韦伯为什么一定要从新教中的一些因素推导出所谓的资本主义精神这种意识形态呢？不能以所谓的“理想类型”这个概念为韦伯开脱。理想类型可以解释韦伯建构新教的理性主义伦理，但不能解释为什么一定要“改写历史”而完全无视信奉天主教的南欧地区对世界历史转折点性质的贡献。显然，不是博学的韦伯不了解这些历史，这对他而言太小儿科了，而是他的政治身份驱使着他变成一个西方中心论者，甚至是一个偏狭的种族主义者。当政治身份、政治动机盖过学者身份，“价值无涉”就不值得相信了，因为他本人已经把“价值无涉”抛在脑后了。

三　韦伯为什么要“改写历史”：作为文化帝国主义者的韦伯

笔者曾多次告诫学生，不要轻易研究西方某个人物，因为中国人所占有的原文文献太有限，不能根据一个人的一两本书而给一个人盖棺定论。比如，如果只读约翰·密尔的《论自由》和《代议制政府》，结论必然是密尔是自由主义宗师。但是，这只是密尔的一个面向。如果读他的长达千页的《英属印度史》，密尔就是一个典型的种族主义者和帝国主义者；如果看看密尔晚年的论社会主义与民主的

① 理查德·托尼：《宗教与资本主义的兴起》，沈汉译，商务印书馆 2017 年版，第 262 页。

② 马立博：《现代世界的起源：全球的、环境的述说（15—21 世纪）》，夏继果译，商务印书馆 2017 年版，第 159 页。

书籍，密尔又有社会主义情愫。很多人都是多面向的，密尔所崇拜的托克维尔也是如此，他是自由民主主义者，但也是一个帝国主义精神导师。也就是说，我们对一个外人的理解严重地依赖于我们所能获取的文献。近年来，关于韦伯的文献也更丰富起来，尤其是德国著名历史学家亲自捉刀的《马克斯·韦伯与德国政治(1890—1920)》和韦伯的《政治著作选》的中文版问世，有助于我们不再停留在那几个文本（《经济与社会》《新教伦理》《儒教与道教》《马克斯·韦伯思想肖像》）上认识韦伯。历史社会学的新文献告诉我们，马克斯·韦伯的思想也是其时代的产物，甚至已经严重滞后于其所处的时代，这样一个人物的“伟大性”本身就值得质疑。还原韦伯的政治身份有助于我们真正理解韦伯，虽然这样的“还原”会导致习惯性情感上的不快。让我们回到韦伯的政治作品中去还原韦伯的政治身份。

第一，学术服从政治的韦伯。1892 年，已近不惑之年的韦伯在给发小的信中说到，“我根本就不是个……真正的知识分子”，即便有大学教职以后，精力充沛的韦伯还一心仰望政治。[①] 一般认为，1895 年的弗莱堡大学政治经济学教授的就职演讲，是韦伯关于德国的政治的宣言书。在就职演说中，他这样界定政治与学术的关系：“政治经济学是一门政治的科学。它是政治的仆人，而这里所说的政治并不是某些人、某些阶级碰巧在某一个时期进行统治的日常政治，而是整个民族的永久性权力政治的利益。”[②] 这应该清楚地说明了韦伯所界定的学术研究的“价值无涉”是有前提的，而且其很多研究就是为了政治，为了他的终极价值追求——民族权力。

第二，作为种族主义者的韦伯。在同一个就职演说中，韦伯指出，“民族的永久性权力政治”就是民族国家，一种民族权力的世俗性组织。“在这种民族国家中，经济政策的终极价值标准就是我们眼中的‘国家的理由’”，“国家的理由”意味着，“我们民族的经济权力与政治权力的利益及其支撑者，应当在德国经济政策的一切问题上拥有最终的决定性发言权”[③]。由于毫不妥协地支持强国目标，韦伯被称为向德意志民族灌输“钢铁时代的新马基雅维利主义”[④]。

① 沃尔夫冈·蒙森：《马克斯·韦伯与德国政治（1890—1920）》，阎克文译，中信出版社 2016 年版，第 36 页。

② 马克斯·韦伯：《政治著作选》，阎克文译，东方出版社 2009 年版，第 14 页。

③ 同上。

④ 转引自沃尔夫冈·蒙森《马克斯·韦伯与德国政治（1890—1920）》，阎克文译，中信出版社 2016 年版，第 47 页。

韦伯不是一个温和的民族主义者，而是狭隘的种族主义者。19 世纪中叶至 19 世纪末流行的赤裸裸的白人优越论（其实是盎格鲁—萨克森民族优越论）依然有其遗迹，这一点完整地体现在韦伯身上。在 1895 年的就职演说中，他说："在西普鲁士，高水准的经济文明和较高的生活水平，与德国的民族和特性（德国民族性）是完全一致的。"[①] 而德国东部为什么经济落后？韦伯归咎于下等民族波兰人，"迁出具有高度文明水准地区的主要是德国零工，而在文明标准低下的低劣的地区不断增多的是波兰农民"。"德国人和波兰人此消彼长的过程，最终都是基于同一个原因：那个斯拉夫民族或许是天性使然、或许是历史进程的作用，在物质和精神两个方面对生活标准的期望值较低"[②]，因此，德国农民和零工的境遇是在"一个下等民族竞争以求日常经济生活生存这一无声而冷酷的斗争中变得每况愈下的"，呼吁"德国东部的德国人应当得到保护"，因为"我们的国家是一个民族国家"[③]。韦伯自己也知道，波兰人称他为"沙文主义者"，对此韦伯还有些得意。

一个种族主义者（狭隘的民族主义者）必然表现为一个狭隘的文明优越论者。什么是文明？无外乎特定民族所信仰的文明和价值，偏狭的种族主义者必然不是一个文明包容者，这一点在《新教伦理》中表现得淋漓尽致。《新教伦理》不但排斥天主教，针对当时很多人将英国式清教与希伯来精神联系起来，韦伯这样污名化犹太教："犹太人秉持的是一种政治和投机导向的风险资本主义；简言之，他们所具有的是一种贱民资本主义（pariah - capitalism）的精神气质。但与之相对，清教所具有的精神气质是对资本和劳动进行理性的组织。"因此，只有"清教徒们普遍相信他们是上帝的选民"，因为他们使"一种精神信念得到了伟大的复兴"[④]。如果韦伯连与德国休戚相关的犹太教和波兰人都如此践踏，那么他对落后国家的民族和文化还有多少尊重呢？必然以帝国主义政策来看待世界。

第三，作为帝国主义者的韦伯。国家民族主义者其实就是帝国主义者了，但是这个定位需要从韦伯自己的口中说出来。在就职演说中，他说政治经济学这门科学的任务就是寻找"政治成熟性"的领导阶级以完成"伟大的权力政治任务"；

---

① 马克斯·韦伯：《政治著作选》，阎克文译，东方出版社 2009 年版，第 4 页。

② 同上书，第 6 页。

③ 同上书，第 11 页。

④ 马克斯·韦伯：《新教伦理与资本主义精神》，马奇炎、陈婧译，北京大学出版社 2012 年版，第 167 页。

“民族统一的战争结束时，德意志民族首先面临一个明确的政治任务，即海外扩张，但是这些市侩们甚至缺乏最粗浅的经济头脑，居然不明白德国国旗飘扬在周边海岸对于德国的远洋贸易意味着什么”①。

在世界上取得支配性地位，扩大德国人的生存空间，一直是韦伯的梦想。他说：“我们的后来人冀望我们承担的历史责任，主要不是我们留给了他们什么样的经济组织，而是我们在世界上为他们征服了多大的行动自由空间。”② 韦伯信仰社会达尔文主义，即民族之间的“物竞天择过程”，认为长期以来德国人和波兰人都处于生存政治之中，“是一个群体压倒了另外一个群体，获胜的民族是那个具备更大的能力去适应既定的经济和社会生活条件的民族”③。在物竞天择的过程中，德国“社会政治活动的目的并不是要使人人都幸福，而是要达成已被现代经济发展撕裂了的民族的社会统一，准备应付未来的紧张斗争”④，那就是支配世界的政治斗争。

在韦伯看来，为权力而斗争，不仅是人类政治组织的基本要素，也是全部文化活动的基本要素，他说：“你可以改变手段、改变环境，甚至改变基本的行动方向以及对那个方向负责的人，但你不可能把斗争本身撇在一边。……用‘和平’手段代替斗争形式、代替敌对作战、代替作战环境，最终代替选择机会，那将一无所有。”⑤

在第一次世界大战正酣之际，1916 年的韦伯写道：德国必须成为一个“权力国家”，为的是“对未来世界拥有发言权”⑥；一个伟大的民族必定会是“首先追求权力”，“这个现世法则……在可以预见的未来就包括了为权力而战的可能性和必然性，而要保存民族文化，就必然离不开权力政治”⑦。

如何将这些帝国主义逻辑变为现实？帝国主义的形式有军事帝国主义、经济帝国主义和文化帝国主义，诚如现实主义大师汉斯·摩根索所言，文化帝国主义是一种无形的改变对手的霸权活动，是一种最高形式的帝国主义。作为有着强烈

---

① 马克斯·韦伯：《政治著作选》，阎克文译，东方出版社 2009 年版，第 19—21 页。

② 同上书，第 13—14 页。

③ 同上书，第 8 页。

④ 同上书，第 22 页。

⑤ 转引自沃尔夫冈·蒙森《马克斯·韦伯与德国政治（1890—1920）》，阎克文译，中信出版社 2016 年版，第 42 页。

⑥ 马克斯·韦伯：《政治著作选》，阎克文译，东方出版社 2009 年版，第 176 页。

⑦ 同上书，第 145 页。

政治使命感的学者，文化帝国主义就是韦伯的“天职”和“预定论”式的追求。

第四，把“民族权力”“民族文化”作为终极价值追求的韦伯。伟大的思想家都会有一种美好社会的终结性价值追求，比如康德的“永久和平”、马克思的“自由王国”等，但韦伯的终极追求是狭隘的“民族权力”和“民族文化”。韦伯说：“我只能在民族框架内看待政治——不单是外交政策，而是全部政治。”[①] 这样讲并非因为处于第一次世界大战时期，而是韦伯一以贯之的思想。韦伯在1916年回忆时说，即使在1895年的就职演讲中，“我也谨慎地强调了政治不是也从来不可能是一门以道德为基础的职业”[②]。因此，韦伯声明，自己所从事的政治经济学不是研究“普遍幸福”和“社会正义”等庸俗的分配问题，而是关注“特定社会经济条件下培养出来的人的质量”，也就是民族精神。[③] “作为一门说明性和分析性的科学，政治经济学是跨国界的，然而，一旦它要做出价值判断，就会受到特定人类血脉的约束”，“因此，一个德意志国家的经济政策，只能是德国的政策；同样，一个德国经济学家使用的价值标准，也只能是德国的标准”。讲到此处，韦伯直言自己是一个“民族利己主义者”[④]。

对于当时已经形成的全球经济共同体雏形，韦伯说到，并不会因此而改变“民族政治”的本质，“只不过斗争现在采取了其他形式，而且这些新形式究竟是使斗争更为缓和还是更为隐蔽、更为尖锐，现在言之过早。同样，这种扩大了的经济共同体不过是各民族之间相互斗争的另一种形式，这种形式并没有使各民族捍卫自己文化的斗争变得更容易，而是变得更困难”[⑤]。

1895年弗莱堡大学就职演说其实就是一部直白的《帝国主义宣言》。确实，“弗莱堡就职演说刺激了威廉德国自由派帝国主义的兴起，正如那时人所说，自由派帝国主义头一次为德国社会所接受。由于他们的推波助澜，出现了一场广泛的帝国主义运动”[⑥]。在接下来的帝国主义运动中，以更隐蔽的形式完成民族政治的

---

① 马克斯·韦伯：《政治著作选》，阎克文译，东方出版社2009年版，第157页。

② 转引自沃尔夫冈·蒙森《马克斯·韦伯与德国政治（1890—1920）》，阎克文译，中信出版社2016年版，第39—40页。

③ 马克斯·韦伯：《政治著作选》，阎克文译，东方出版社2009年版，第12页。

④ 同上书，第13页。

⑤ 同上。

⑥ 沃尔夫冈·蒙森：《马克斯·韦伯与德国政治（1890—1920）》，阎克文译，中信出版社2016年版，第73页。

使命即弘扬本民族文化，或许正是怀抱政治目的、而非学术目的的韦伯去研究各主要国家宗教问题的动机。在蒙森看来，“韦伯采取了基于文化立场的帝国主义态度，强调的是民族的国际权力地位与民族文化的品质密切相关”①。这个定位完全可以用来理解《新教伦理》，回答了《新教伦理》为什么如此明目张胆地“改写历史”。

四　结语：重新认识韦伯，重新定位《新教伦理》

至此，我们肯定需要重新认识韦伯了。作为学者的韦伯，其贡献在某些领域是无与伦比的，比如理想类型、官僚制、合法性、统治类型等概念，乃至其倡导的但自己很少尊崇的学术研究的“价值无涉”。韦伯和马克思、涂尔干一起，奠定了现代西方社会科学。作为政治家的韦伯，其人生是失败的，而且是从失败走向失败。其狭隘的民族主义立场所推动的帝国主义运动把德国推向深渊——第一次世界大战；第一次世界大战失败后，韦伯又成为一个幼稚的自由立宪派，不顾条件地推动魏玛共和国，其对代议制民主的认识能力远远不及卡尔·施密特，结果他和幼稚自由派一起再次把德国推向万劫不复之深渊。可以说，韦伯是政治的弃儿！

在对人类历史命运的把握上，韦伯远不及其前辈卡尔·马克思，马克思是基于“现在”而看待未来，相信社会主义民主的未来；韦伯则是基于“过去”而看现在，比如韦伯处于大众民主运动高潮的时代，但韦伯基本上对民主持拒绝态度而相信官僚制的作用。在对“现时代”的判断上，其实“民族自决权”起源于德国（如费希特）的思想，世纪之交已经非常流行，无论是列宁还是美国总统威尔逊无不主张民族平等和民族解放，但韦伯追求的是对其他民族的支配权和“行动自由空间”——把这种思想与后来的法西斯主义联系起来一点儿也不牵强。千万别用时代的局限性为之开脱，因为他同时代的很多思想家都比他爱好和平与平等。政治上屡次失败的韦伯，其实也是时代的弃儿。

进入20世纪后，只要想想即将到来的世界大战和第一次世界大战之后国家失败，以及为拯救国家而搞出人类政治史上最大胆的政治实验即魏玛共和国，就能

① 马克斯·韦伯：《政治著作选》，阎克文译，东方出版社2009年版，第86页。

理解不甘于做学者的韦伯，政治身份的比重越来越大。在此背景下，发表于1906年的《新教伦理》就不能简单地被视为一部学术作品，而是政治著作，是以学术形式包装的政治作品，是一个以他自己所说的“更隐蔽的形式”主张民族权力、民族文化的文化帝国主义作品。在其后来的《儒教与道教》中，这一立场同样十分明显，其中最多的句式是“儒教没有新教的什么什么”，其实这就是以一种文明为标准衡量其他文明的好坏。对于这样一个具有明显的“文化立场的帝国主义”、意图矮化其他文明的基督教文明优越论作品，被矮化者还要继续将之膜拜为“经典”吗？不但韦伯的这一命题及其关于中国文化的阐述需要重新认识，另外两个德国人即黑格尔所谓“中国没有历史”和马克思的“亚细亚生产方式”的命题，也需要重述。

仅仅从1000年以来的全球史就能知道，欧洲在300年前并不是处于支配地位，也并非命定式（所谓新教伦理）地居支配地位，以韦伯为代表的意识形态家所炮制的欧洲中心论也就没有多少历史价值了。目前，西方主导的世界秩序正处于危机中，非西方国家经济体正在挑战既有的世界秩序，韦伯式西方中心论需要的是超越，而不再是推崇。

帝国、政治与哲学
——柏拉图与修昔底德

任军锋*

[内容提要] 在西方精神大传统中，始终存在两种小传统的对峙和张力：理想与现实、理论与历史、哲人与城邦、哲学与政治……哲学以探索本源性“真理”为职志，政治则以城邦公共事务为取向。在古希腊早期，两种传统尚能相互容摄，而随着伯里克利的去世和伯罗奔尼撒战争中雅典帝国的覆灭，以苏格拉底被雅典法庭判死刑为标志，哲人与城邦、哲学与政治从此渐行渐远，进而分道扬镳，终成势不两立之势。本文以柏拉图和修昔底德相关著述视野和理论关怀为轴心，缕述政治与哲学内在张力的历史基源，从而为汉语知识界认识西方进而反思自身的处境和使命提供某种可能的进路。柏拉图妙笔生花，曲尽其美，为哲学辩护，为哲人的生活方式辩护；修昔底德深沉委婉，以如椽之笔，为政治辩护，为帝国说项。作为西方精神大传统的两位思想巨擘，柏拉图与修昔底德，分别承载着哲学与政治两种不同的精神取向，两种取向构成的张力塑造了西方传统向现代变迁中的诸多最为紧迫的关键议题。如何面对学术志业与帝国事业的结构性张力，不仅关涉对西方大传统本身的重新认识，更牵涉身处“大政治时代”中国智识人自身的精神品格和政治识见。

[关键词] 柏拉图　修昔底德　哲学　政治

在西方精神传统格局中，理想与现实、应然与实然、理论与历史、理论生活与政治生活、哲人与城邦、哲学与政治构成了持久的矛盾甚至冲突：前者表现为

* 任军锋，政治学博士，复旦大学国际关系与公共事务学院政治学系教授。

以苏格拉底—柏拉图—斯多葛—圣奥古斯丁一系为代表的“哲学”思想传统，而后者则表现为以智术师—伯里克利—修昔底德—色诺芬—伽图—普鲁塔克—马基雅维利—霍布斯为代表的“政治”理论传统，前者以探索本源性“真理”为职志，强调知识的逻辑圆融和自足，后者则以城邦公共事务为取向，智识服务实践，思想指向行动，真理服从政治。如果说古希腊早期两种传统尚能相互容摄，你来我往，彼此激荡，而随着伯里克利的去世和伯罗奔尼撒战争中雅典帝国的覆灭，哲人与城邦、哲学与政治从此便渐行渐远，进而分道扬镳，甚至形同水火，终成势不两立之势。而在之后的西方思想传统中，哲学相对于城邦、沉思的生活相对于政治的生活获得了绝对的优越地位，虽然晚至马克思和尼采力图颠覆这一等级秩序，但上述状况并未得到根本扭转。[①] 有鉴于此，本文试图以柏拉图和修昔底德的相关著述和理论视野为轴心，缕述政治与哲学内在张力的精神根源，从而为汉语知识界认识西方进而反思自身的处境和使命提供某种可能的进路。

柏拉图与修昔底德，西方精神传统中的两位思想巨擘，虽生平隔代，从著述对象到理论视野，却相向而立、辉映成趣，且格外耐人寻味：柏拉图妙笔生花，以35篇对话编织出的巨幅画卷为乃师苏格拉底树碑立传；而修昔底德则以其如椽之笔，为雅典帝国谱写了一曲悲壮的“天鹅之歌”。柏拉图曲尽其美，为哲学辩护，为哲人的生活方式辩护，他深信“哲人世界”代表着真善美，与城邦社会的“意见世界”充斥的假恶丑适成对照，灵魂超越城邦，哲学高于政治；[②] 修昔底德深沉委婉，为政治辩护，为帝国说项，作为曾经的帝国海军将领，修昔底德对“政治世界”的种种迫不得已洞若观火，在政治角斗场上，要么统治要么被统治，几无折中余地，身处其中的“政治人”辛苦遭逢，力征经营，干戈寥落，备尝命运之歌的悲凉，“政治人”时刻需要与“魔鬼”打交道：既要警惕国家内、外敌人的虎视眈眈，又须以过人意志扼制不时抬头的“心魔”，诸如自以为是、自负任性……柏拉图以乃师苏格拉底的“爱智”之旅为载体，展现哲人的率性自足，哲学爱欲的独立不羁，不假外求；修昔底德则借助雅典帝国的盛衰，呈现“政治人”的委曲求全，虚与委蛇，以及以权力的攫取和使用为核心的政治爱欲在实践中导致的手段与目的之间的悖谬。

---

① 阿伦特：《人的境况》，王寅丽译，上海人民出版社2017年版，第1—13页。

② 参见柏拉图《裴洞篇》，王太庆译，商务印书馆2013年版，第80a—84c、107a—110b页。

在《理想国》开篇，柏拉图便通过哲人苏格拉底与智术师忒拉绪马霍斯之间的对驳，展现哲学与政治之间的紧张，只可惜，由于双方根本无法进入同一“频道”，致使这场辩论最终不欢而散，草草收场，无果而终。[①] 而在之后西方精神传统两千余年的迁变过程中，柏拉图和修昔底德、哲学与政治这一张力格局却不断被消解，具体表现为柏拉图一系哲学传统衍生出的关于政治的观念和主张日趋占据主导：《理想国》中那则关于洞穴的著名比喻，城邦（政治）被贬抑为虚幻且阴暗的存在，而哲学被标举为真切的阳光地带，热爱智慧（哲学）代表着不断上行的努力，而从事政治则被视为出于无奈的“退而求其次”，那些有幸沐浴苏格拉底式哲学之光的人们即便被迫再次回到“洞穴”（城邦），他们对那些先前的“囚徒”伙伴表面悲悯为怀，心里却暗自庆幸，甚至自鸣得意；苏格拉底饮鸩自尽，既捍卫自己哲学的尊严，也谨守城邦律法，但在柏拉图及之后的精神传统中，城邦（政治）成为压制哲学（思想言论自由）、迫害哲人的罪魁。西元前399年雅典审判苏格拉底，这一曾经的历史事件，通过苏格拉底的学生们的“哲学”妙笔，被逆转为一起意义深远的思想事件，以雅典为原型的“政治”及其所代表的帝国，成为苏格拉底式哲学公开审判和声讨的对象。雅典审判哲人苏格拉底前后持续不到半年，而苏格拉底的学生们审判雅典却演化为一场持续2500年的精神接力，至今似乎依然没有任何止息的迹象。

青年柏拉图曾一度满腔政治激情，梦想在政治舞台上宏图大展，却被苏格拉底哲学言辞的“塞壬式魔力”深深吸引，献身哲学爱欲，包括他的两位兄弟格劳孔和阿德曼托斯、叔父卡尔米德、舅父克里蒂阿，可谓彼此烘托、怡然自得。然而，刚刚步入成年的柏拉图却遭逢个人精神史上最为沉重且意义深远的打击，他深爱着的亦师亦友、智识德性超越群伦的苏格拉底却被雅典人送上法庭，遭遇审判直至饮鸩自尽。无论是对柏拉图本人还是此后的西方思想史，这一精神痛楚带来的影响实在是既深且远：对民主雅典的极度反感，对政治深深的绝望和厌恶，对雅典帝国“僭主式”统治的口诛笔伐，可以说渗透在柏拉图几乎所有著作的字里行间。[②]《理想国》第八卷关于四种政体的次第脱胎演化，真可谓一部喜剧漫画式的雅典衰落史，柏拉图笔下的苏格拉底将雅典的死敌斯巴达政体立为典范，将

① 参见柏拉图《理想国》，顾寿观译，吴天岳校注，岳麓书社2010年版，第336b—354c页。

② 仅举两例：《理想国》，顾寿观译，吴天岳校注，岳麓书社2010年版，第351b页；《泰阿泰德》，詹文杰译注，商务印书馆2015年版，第173c—174c页。

雅典民主制贬为另一种形式的僭主制，只不过是别有用心的政客操纵不明真相群众的手段，后者正是一切恶政的渊薮。对民主雅典，柏拉图笔调冷漠，措辞刻薄，语气极尽讽刺挖苦之能事，《克里蒂亚》《高尔吉亚篇》《法律篇》《梅尼克齐努士》《裴多篇》，雅典民主、雅典帝国以及包括米太亚德、地米斯托克利、喀蒙、伯里克利在内的曾经在雅典帝国史上举足轻重的政治人物，都被柏拉图用来作为建构其哲学理想国的“反面教材”甚或直接的嘲讽对象。[①]

耐人寻味的却是，即便年近古稀，柏拉图似乎初心未泯，如有可能，他还是力图不失时机地将自己毕生构想的理想蓝图付诸实践，既然在自己的祖国雅典看不到任何兑现的希望，雅典帝国远征军曾经的葬身之地叙拉古，却成为柏拉图理想的“试验田”。然而，造化弄人，柏拉图的种种努力却四处碰壁，甚至几度命悬一线。政治上受挫，自然心有郁结，只能通过私人书信以浇心中块垒。后人读之，莫不忍俊不禁，甚至于被别有用心之人引为笑谈。[②]

满腔热情通过哲学真理改造政治，改造不成愤而离去，转而以哲学的标准批判、藐视甚至贬低政治，甚至将哲学转化为一种意识形态，公开与政治为敌，这一精神结构绝非现代启蒙运动才发其端，可以说早在柏拉图时代便种下根苗。以哲学改造甚至取代政治，以哲学或道德的标准评判政治，以哲学家的“高姿态”俯瞰政治，甚至于诱导年轻人疏远政治，[③] 理智贬抑实践，哲学压倒政治，沉思的生活自高于政治的生活，文人（道德）思维取代政治思维，苏格拉底优越于智术师，柏拉图遮蔽修昔底德。自此，在西方智识传统中，柏拉图及其主义独步天下，睥睨群伦。对此，尼采百年前即有洞见，他写道：

> 我始终不去附和学者中具有传统的、对杂耍演员柏拉图的惊叹。……就我看来，柏拉图把风格的所有形式弄得一团糟，由此他是风格的第一个颓废者……让我从一切柏拉图主义那里获得恢复，嗜好和疗养的，在任何时候是修昔底德。修昔底德，也许还有马基雅维利的《君主论》，由于他们的绝对意

---

① 柏拉图：《高尔吉亚篇》，见《柏拉图全集》（增订版），第三册，王晓朝译，人民出版社 2015 年版，第 515d—519b 页；《法律篇》（第二版），张智仁、何勤华译，孙增霖校，商务印书馆 2016 年版，第八卷；《梅尼克齐努士》，参见柏拉图《柏拉图对话集》，戴子钦译，上海译文出版社 2016 年版；《普罗塔戈拉》，参见《柏拉图四书》，刘小枫编译，生活·读书·新知三联书店 2015 年版，第 329a、342a—343b 页。

② 参见柏拉图《柏拉图书简》，彭磊译注，华夏出版社 2018 年版。

③ 色诺芬：《回忆苏格拉底》，吴永泉译，商务印书馆 2001 年版，第 110—112 页。

> 志，即毫不自欺，在现实中而非“理性”中，更非在“道德”中看待理性，它们与我自身最为相近……为了进入生活而受到文理中学的训练，而作为报酬，这个“受到经典教育的”青年人赢得的是希腊人那可怜的对于理性的粉饰。可没人能比修昔底德更彻底地治疗这种粉饰……希腊哲学是希腊人本能的颓废；修昔底德是古代希腊人本能中那强大、严格和硬朗的事实性的伟大总结和最后呈现。面对现实的勇气最后区分了修昔底德和柏拉图这样的天性：柏拉图是现实面前的懦夫——所以他遁入理想；修昔底德能掌握自己，所以他能掌握事物……①

职是之故，对西方精神大传统中分别以柏拉图和修昔底德为代表的两种小传统之间张力及此消彼长的脉络的缕述和阐发，不仅关涉对西方大传统本身的再认识，更关涉身处“大政治时代”的中国智识人自身的精神视野和政治识见。

一　阿里斯托芬“第三只眼睛”

如果说索福克勒斯的《俄狄浦斯王》将古希腊悲剧推至巅峰，那么阿里斯托芬的《云》无疑称得上是古希腊喜剧的翘楚。无论从形式结构还是思想内涵，《俄狄浦斯王》将英雄与命运之间的紧张可谓发挥到极致，而《云》剧则把哲人与城邦之间的对立呈现得淋漓尽致。从主题来看，《云》剧与柏拉图那篇著名对话《会饮篇》可谓异曲同工，《会饮篇》在某种程度上可以说是对《云》剧的戏仿：《云》从城邦社会观察哲人社会（“思想所”），而《会饮篇》则反其道而行之，从哲人社会的立场反观政治社会（“亚西比德”）。关于《会饮篇》所揭示的哲学与政治之间的紧张及其意义，笔者将留待下一节另行申论。

据考证，《云》剧在雅典公演是在西元前423年，其时雅典与斯巴达战争正酣，该剧的大致情节线索如下：阿提卡乡下农人斯特瑞普西阿得斯（剧中父亲）娶了雅典名门之女，膝下一子费狄庇得斯（剧中儿子）酷爱赛马，生活排场，致使家业几乎荡尽，债台高筑。父亲情急之下，风闻哲人苏格拉底的“思想所”收

① 尼采：《偶像的黄昏》，卫茂平译，华东师范大学出版社2007年版，第182—185页。有关尼采这一论断，John Zumbrunnen结合修昔底德文本做了细致分析和发挥，参见John Zumbrunnen，“Courage in the Face of Reality：Nietzche's Admiration for Thucydides”，*Polity*，Vol. 35，No. 2，2002，pp. 237－263。

费教人论辩术，既能歪理正说，也能正理歪说，一切视对掌握这门技艺之人是否有利而定。父亲心中盘算，要是掌握这样一门技艺，能在法庭上赖债也不失绝好的利得。父亲本想自己去学，可惜天资有亏，记性差，反应迟钝因而中途遭“思想所”劝退。无奈之下，父亲只好将儿子送到苏格拉底门下，希冀尽快掌握他渴望掌握的诡辩术。儿子最终学有所成，成长为应付债务官司的行家里手，可谓学以致用，这位父亲也因此得偿所愿。然而，让这位心存侥幸的父亲始料未及的是，自己却遭到儿子的追打，而且儿子用自己掌握的“新语言技巧”证明儿子可以打老子，甚至扬言会进一步证明儿子还可以打母亲。如果说父亲斯特瑞普西阿得斯还真被“儿子可以打老子”那套说辞部分说服，那么“儿子可以打母亲”却是这位父亲的人伦底线，是绝对无法接受的。一怒之下，这位父亲一把火烧了“思想所”，以示报复，因为在他看来，正是苏格拉底的“思想所”败坏了自己的儿子，致使其不再敬畏神明，藐视人伦。耐人寻味的是，喜剧《云》最终以悲剧收场。

《云》剧上演时间比苏格拉底受审并判处死刑早23年，遂有研究者借助柏拉图《申辩》中的暗示，[①] 认定该剧的创作主旨恰恰在于批评甚至攻击苏格拉底及其哲学，不过另有研究者考虑到苏格拉底与阿里斯托芬一直过从甚密，不可能堂而皇之地将矛头直指自己的好友，便认为该剧旨在“善意地警告”苏格拉底。[②] 但问题来了，既然是警告，而且出于善意，为何不在私下提醒，却要在大庭广众的戏剧节上警告？而且借助的是滑稽嘲弄的喜剧手法，阿里斯托芬此举难道不是明摆着要置朋友于不义之地吗?！况且，难道才智过人的苏格拉底还需要这样的提醒或警告吗?！不过，《云》剧在23年后苏格拉底遭遇控告并审判这起案件中究竟发挥了怎样的影响，这倒是个历史问题，却与本文的核心关切并无多大关联。

据阿里斯托芬自己说，《云》是他“最聪明的剧本”，如何“聪明”？自然要从剧本本身出发。细心的读者不难发现，阿里斯托芬无疑为我们提供了某种超越性的视角，借以洞察西元前5世纪“理性主义时代”雅典社会伦理和精神的全面危机，以剧中的“父亲”为主轴，这一危机具体表现为：“现代”式物欲功利主义诱惑与传统人伦秩序本能之间的折冲樽俎。父亲斯特瑞普西阿得斯的纵火行为看似极端，其内在动机却甚为保守，即他的极端行为毋宁是情急之下无奈之中的

---

① 柏拉图：《苏格拉底的申辩》（修订版），吴飞译、疏，华夏出版社2017年版，第18e页。

② 参见奥里根《雅典谐剧与逻各斯：〈云〉中的修辞、谐剧性与语言暴力》，黄薇薇译，华夏出版社2010年版，“中译者前言”。

迫不得已，其旨在预防更为极端的破坏人伦行为（儿子打母亲）的可能发生。这样看来，剧中父亲斯特瑞普西阿得斯固然有可恶之处，但也不乏可爱之端。而作为剧情冲突的另一造的苏格拉底的“思想所”，除了喜剧必须的诸多滑稽化手法外，平心而论，阿里斯托芬并未如后来柏拉图暗示的心怀恶意将苏格拉底污名化。作为哲人的苏格拉底坐在吊篮里，意味着他不受城邦习俗礼法的约制，即便神祇也需要经过理性科学的检验，苏格拉底“在空中行走，思考太阳”，这一意象与柏拉图笔下哲人的精神状态并无出入。[①]“思想所”里提供的两种“逻各斯”即正理和歪理，这对父子最终选择了有助于自己赖债的歪理，可见，至少这对父子要为最终的结局承担一大半责任，因为在他们进入“思想所”之前，他们已然“变坏”，尽管尚未坏彻底，因此，“思想所”不应当为“儿子打老子”这一“意外后果”承担直接责任，这似乎是在为“思想所”辩护。不过值得注意的是，剧中父亲最终采取极端行动的直接动因，即父子之间围绕“儿子是否可以打老子”的争论，却俨然一场苏格拉底式的对驳，其中儿子的辩论风格与柏拉图笔下苏格拉底的风格有着高度的一致性，可谓形神毕肖，这里不妨摘录其中的数节：[②]

（费狄庇得斯）：……我首先问问你：小时候你打过我没有？

（斯特瑞普西阿得斯）：打过你，我那是疼你，为你好呀！

费：告诉我，你既然是为我好而打我，我如今也照样为你好而打你又有什么不对？怎么啦？我的身体应该受罚挨打，你的身体就不应该吗？我不也是生来自由的人吗？“你以为儿子应该叫疼，父亲就不应该叫疼吗？”也许你会说，照法律讲，只有儿子挨打；可是我告诉你，人一老便“返老还童”，老年人比年轻人更应该挨打，因为他经验多了，更不应该做错事情。

斯：可是法律上没有父亲应该挨打的条文。

费：当初制定法律的人不和你我一样同是凡人吗？他的话能够使古时的人敬信，我为什么不能够为我们的后代儿孙制定一条新的法律，让儿子可以回敬他们的父亲？在这条法律还没有成立以前我们所受的鞭打，我们不记仇，愿意白受了。试看那些小鸡和别的牲畜，它们尚且和父亲打架，鸡和人有什

---

① 参见柏拉图《泰阿泰德》，詹文杰译注，商务印书馆 2015 年版，第 173d—174b 页。

② 阿里斯托芬：《云》，见《古希腊悲剧喜剧全集》（上），张竹明、王焕生译，译林出版社 2007 年版，第 1409—1439 行。

么分别呢？只不过它们不能够制定法律罢了。

……

斯：我既然有权利惩罚你，你也就有权利惩罚你儿子，只要你养得有。

费：万一我没有儿子，岂不是白叫你打了？那你笑话我，就要笑死了。

斯：你们这些年老的观众啊，我想他的话说得很对，我得同意儿子有这种公平的权利。如果我们做错了事，倒是应该挨打呢。

究竟苏格拉底是否应当为“儿子打老子”的结果负责，从上述父子辩论来看，答案又似乎是肯定的，冤有头，债有主，“父亲”报复“思想所”还真不能说是无理取闹！若将《云》剧剧情综而观之，我们不难发现阿里斯托芬的超越性立场，即他为我们观察哲学与政治、哲人社会与城邦社会提供了“第三只眼睛”。喜剧诗人深邃且睿智，先知先觉，早已洞察到哲学与政治在本性上彼此龃龉，而引发哲人与城邦之间正面冲突的正是剧中的儿子，后者作为“教育”的载体，正是哲人与城邦发生正面冲突的导火索。阿里斯托芬借此向我们提出的问题是：对年轻人应该施行怎样的教育？哲学拷问的边界在哪里？哲人或者哲人式言论自由应该具备怎样的限度？哲人如何避免破坏政治社会“正确意见”的权威以及习俗律法的尊严？接受过哲学教育的年轻人应该以怎样的态度对待政治，参与政治？哲学教育与公民教育究竟有着怎样的外在边界和内在关联？

二 “被哲学咬伤”的亚西比德

如果说阿里斯托芬《云》剧是哲学与城邦之间的紧张戏剧版本，那么亚西比德的生平行迹却为我们提供了哲学与政治之间张力的现实版本。生逢非常之世，亚西比德在处于“战略机遇期”的雅典帝国政治舞台上崭露头角，迅速成长为权倾一时的政治领导人，无论是政治爱欲还是哲学爱欲，在亚西比德身上均表现得同样强烈，因此，哲学与政治之间的冲突、纠结和彷徨在亚西比德精神结构中也表现得尤为突出。可以说，亚西比德兼具哲人和“政治人”两种品性，两种品性在亚西比德身上非但未转化为如伯里克利那样作为成熟政治家的品性，反而彼此掣肘、相互消解，其灾难性后果不仅表现为亚西比德本人壮志未酬身先死，个人政治生涯在关键时刻遭遇重挫，更在于因此而导致的他本人的政治作为，后者直接使几代雅典人的雅典帝国事业急转直下，直至万劫不复。

前文指出，柏拉图《会饮篇》在某种程度上是从哲人视角对阿里斯托芬《云》核心主题的改编。据研究者考证，《会饮篇》的历史场景是在西元前416年，其时正值雅典准备远征西西里，在本土战事陷入僵局的情况下，雅典人力图开辟第二战场，一举扭转于雅典不利的本土战局，而亚西比德此时被任命为远征军统帅之一，这无疑是亚西比德个人政治生涯的新起点，也是雅典帝国事业的转折点。然而，就在出征前夕，雅典城内一夜之间发生赫尔密石像被毁事件，于是坊间谣言四起，亚西比德遭到嫌疑，传言指称亚西比德正是这起渎神恶行的幕后黑手。关于这起事关亚西比德个人和帝国事业大局的事件，修昔底德在《伯罗奔尼撒战争史》中做了详细缕述，究竟原委，揭示亚西比德如何被政敌栽赃陷害，对手居心之险恶、手段之卑劣，读之令人痛心扼腕。[①] 而从《会饮篇》的核心旨趣来看，柏拉图似乎并没有兴趣替这位声名煊赫却可能因政敌指控而万劫不复的大师兄辩护，依据《会饮篇》提供的相关细节，柏拉图反倒在客观上进一步为当时坊间谣言提供了对号入座的“内部资料”。柏拉图这样描绘亚西比德出场的情景：苏格拉底借“第俄提玛”之口刚刚结束关于“爱若斯”的长篇讲辞，阿里斯托芬正准备说点什么，“突然，有人拍打前院大门，带着一片嘈杂，好像是些纵酒狂欢者，还能听见吹箫女的（吹箫）声音”。不一会儿，喝得烂醉的亚西比德大声嚷嚷着从前院闯入，落座后，酒过三巡，亚西比德一改先前哲人群内歌颂“爱若斯”的既定惯例，转而用“真话”赞美苏格拉底。亚西比德这篇赞辞无疑是亚西比德在自己政治人生即将登顶的那一刻的内心独白，在其中，亚西比德缕述自己与苏格拉底交往即追求哲学爱欲的心路历程，以及哲学爱欲与政治爱欲在他内心制造的高度精神紧张甚至人格分裂：

> 我一听到他（苏格拉底）的讲话就心跳不已，眼泪夺眶而出，胜过为哥汝拔（小亚细亚的酒神祭司）舞所激动。我们也看到许多别的人也是这样。我听贝里格勒（伯里克利）等等大演说家讲话时虽然觉得精彩，却从来没有听他讲话时的那种经验，没有神魂颠倒，不能把握自己，有如处在奴隶状态

① 具体情节可参见修昔底德《伯罗奔尼撒战争史》，何元国译，中国社会科学出版社2017年版，卷六。

> 之中。听了这位玛尔叙阿（林中仙子），我觉得心情激动，认为现在这样活着还不如不活。……他逼我承认自己还有许多缺点，由于关心雅典的事务，却放松了自己的修养。因此我强迫自己躲开他，就像掩耳不闻塞壬的歌声一样，以免一直在他身旁坐到老。我在别人面前从来没有感到自己有愧，羞愧是我身上找不到的，只有在这个人面前除外。因为我完全明白，当着他的面我不能违反他，必须照着他教导的做，可是一离开他，听到人家花言巧语我就打熬不住，被名缰利锁拖跑了。因此我躲开他跑得远远的，一见到他就想起自己的诺言羞愧得无地自容，甚至常常希望他不复存在于人间，可是如果他真的死了，肯定我会务必痛苦，所以我不知道应该拿这个人怎么办。①

亚西比德坦承，自己的灵魂被苏格拉底爱智言论重重地"咬伤"，痛彻心扉且无法自拔："这种言论一抓住年轻的、天真无邪的灵魂，就比蝮蛇更猛烈地吸住了他，使他无论做什么、说什么都随它摆布。"② 因为苏格拉底，亚西比德初尝爱智的疯癫以及因之而来的"酒神信徒式的沉醉"。但亚西比德分明真切地听到"政治"的召唤，雅典正值危急存亡之秋，扶大厦于将倾，力挽狂澜，扭转颓势，进而将帝国事业带上新的高度，这为以政治为志业的亚西比德提供了施展才华、扬名立万的千载难逢的机遇。有着强烈政治爱欲的亚西比德没有小师弟柏拉图那样的"学术定力"和"勇气"，后者听取苏格拉底规劝早早疏离城邦，鄙弃政治，退守灵魂，毕生与"苏格拉底"形影不离，生前聆听苏格拉底哲学言辞，备受其精神"洗礼"，而在乃师死后，柏拉图不遗余力，尽情挥洒文辞才具，追忆苏格拉底的哲学爱欲，赞美哲人世界的自由和高贵，揭露政治世界的粗鄙、阴暗和不堪。

三　苏格拉底的哲学课：柏拉图与亚西比德

柏拉图毫无疑问是苏格拉底真正意义上的学生，两人在精神上可谓一脉相承。柏拉图妙笔生花，浑然天成，苏格拉底生前未著一字，学生柏拉图却使他跃然于纸上，栩栩如生，行迹思想活灵活现，后人读之，不由惊叹这对师徒配合得如此

① 柏拉图：《会饮篇》，王太庆译，商务印书馆2013年版，第215e—216c页。

② 同上书，第218a页。

天衣无缝，浑然一体。柏拉图既为哲人苏格拉底辩护，也为自己毕其一生的学术志业辩护；青年亚西比德也一度为哲学爱欲深深吸引，曾追随苏格拉底，但他爱哲学，更热衷政治，渴望树立不世功业，完成义父伯里克利的政治遗愿，兑现波斯战后几代雅典先贤的帝国雄心，于希腊世界最终确立“雅典人治下的和平”。他机关算尽，不屈不挠，游走列国，力图东山再起，回国效命，力挽狂澜，可惜造化弄人，加之处处树敌，最终殒命他乡，非但壮志未酬，却落得身败名裂，背千古骂名。

苏格拉底有柏拉图这样的爱徒，而亚西比德幸得前辈修昔底德如椽之笔的青睐，正视听，纠偏见，为“政治人”亚西比德辩护，树立“政治世界”的伟大和尊严。在柏拉图整个著述背后，读者总能发现某种潜在“敌对势力”，这就是修昔底德及其代表的智术传统，后者不遗余力地标举政治世界的迫切性，政治事务的主导地位，统治与被统治、权威与服从、帝国与秩序需要时刻悉心关照。[①] 柏拉图的毕生职志在于：树立苏格拉底式哲学相对于城邦事务的至高权威，他终偿所愿，而从柏拉图哲学智识在后世精神传统中的主导地位、柏拉图相对于修昔底德和智术师传统的压倒性影响，其凌云剑笔之魔力完全配得上乃师辩证法之魅力。

尼采曾指出，苏格拉底摧毁了柏拉图政治上的高贵本能，使他毕生致力于谈论精神和善、回避现实，不愿直面生命世界的残酷真相。为此，尼采进一步写道：“柏拉图，这个古代所生的最好的材质，是怎样患上这种病的？他确是被邪恶的苏格拉底败坏的吗？莫非苏格拉底确是败坏青年的人？莫非他该吞那杯毒酒？”[②] 在时人眼里，正是苏格拉底的教育败坏了亚西比德，后者个人作风随性自为，在政治场上公开贬低同侪，鄙视民众，自视甚高，口无遮拦，缺乏节制，这与乃师在哲学上的不节制倒是符节合拍。

---

① 柏拉图作品中涉及智术师的对话主要包括：《智者》（詹文杰译，商务印书馆 2012 年版）、《普罗塔戈拉》（刘小枫译，生活·读书·新知三联书店 2015 年版）、《高尔吉亚篇》（王晓朝译，人民出版社 2015 年版）、《大西庇阿篇》（王晓朝译，人民出版社 2015 年版）、《小西庇阿篇》（王晓朝译，人民出版社 2015 年版）。关于智术师的综合研究，可参见柯费尔德《智者运动》，刘开会等译，兰州大学出版社 1996 年版；Kathleen Freeman, *The Pre – Socratic Philosophers*, The Aldern Press, 1946, pp. 341 – 423; Jacqueline De Romilly, *The Great Sophists in Periclean Athens*, Oxford: Oxford University Press, 1992。智术师关于“哲学”和“政治”关系的主张，可参见柏拉图《高尔吉亚篇》中智术师卡利克勒与苏格拉底的对话部分，第 482d—485e、491b—494a 页。

② 尼采：《善恶的彼岸·论道德的谱系》，张千帆译，孙周兴校，商务印书馆 2015 年版，第 7 页。

与柏拉图对哲人苏格拉底的辩护不同，苏格拉底的另一位学生色诺芬则为我们呈现了一个踏实沉稳的公民苏格拉底形貌，力图借以撇清雅典法庭关于苏格拉底败坏青年的指控。但色诺芬却有意无意间暴露了苏格拉底对亚西比德的深刻影响，在《回忆苏格拉底》中，色诺芬记述了不满20岁的亚西比德（阿尔克比阿底斯）与大政治家伯里克利之间一则围绕法律问题的对话，在这则对话中，亚西比德俨然苏格拉底式的辩论口吻，而且自信满满，其自命不凡跃然于纸上，读之回味无穷，不禁让人浮想联翩，这则对话与前文所引阿里斯托芬《云》剧末尾父子之间围绕“儿子是否有权打老子”的辩论形成颇为有趣的呼应，兹引述如下：①

亚（亚西比德）：请问，白里克里斯（伯里克利），你能指教我什么叫做律法吗？

伯（伯里克利）：当然。

亚：那么，奉众神之名，请你指教我吧！我听有人因遵循律法而受到赞扬，但我以为若是一个人不知道什么是律法，他就不可能公正地受到这样的赞扬。

伯：你要知道律法是什么，并不是一件艰难的事。凡是人民集会通过而制定的章程就是律法，它们指导我们什么是应该做的和什么是不应该做的。

亚：它们指导我们应当做好事呢，还是应当做坏事呢？

伯：我对宙斯起誓，当然是好事，我的孩子，决不是坏事。

亚：如果聚集在一起制定我们应该做什么的并不是全体人民，而是少数人，例如一个寡头政治，这样的条例是什么呢？

伯：国家的最高权力为决定人民应当做的事而制定的一切条例都是律法。

亚：如果一个掌握国家政权的僭主，规定了人民所应该做的事，这样的规定是不是律法呢？

伯：无论一个掌权的僭主所规定的是什么，他所规定的也叫做律法。

亚：那么，伯里克利，什么是暴力和不法呢？当强者不是用说服的方法而是用强迫的方法威胁弱者去做他所喜欢的事的时候，这岂不就是暴力和不法吗？

---

① 色诺芬：《回忆苏格拉底》，吴永泉译，商务印书馆2001年版，第15—17页。

伯：我看是这样。

亚：那么，一个僭主未经得人民的同意就制定条例强迫人民去做，这是不是就是不法的行为呢？

伯：是的，我看是这样，现在我把我所说的僭主未经过说服给人民制定的条例就是法律那句话收回。

亚：但是，少数人未经取得多数人的同意，而凭借他们的优越权力所制定的条例，这是暴力呢，还是不是暴力？

伯：照我看来，一个人未经另一个人的同意而强制他去做的任何事情，不管他是否用明文制定出来，都是暴力而不是律法。

亚：那么，当全体人民比富有阶级强大的时候，他们未经富有阶级的同意而制定的条例，也都是暴力而不是律法？

伯：的确是这样，阿尔克比阿底斯（亚西比德），当我像你这样大年纪的时候，对于这一类的讨论也很擅长，因为我们像你现在一样，也研究并讨论这一类问题。

亚：伯里克利，要是我能够在你擅长这些问题的时候和你讨论该是多么好啊！

不难想见，诸如此类的辩论对于法律，这一城邦秩序赖以维持的“正确的意见”，无疑具有消解甚至摧毁的作用。伯里克利步入政坛之后，他拎得清哲人社会与政治社会的界限，知道在哪里应当做到适可而止。而亚西比德却相反，他至死未能意识到哲学爱欲与政治爱欲之间在本质上的差别。在公开场合，心直口快，信口开河，语不惊人死不休，公民大会上公开藐视甚至贬低民众，将个人时刻凌驾于城邦之上，恃才放旷，言谈举止经常剑走偏锋，不留余地，这难免使民众对其心生僭主嫌疑。政敌对他恨之入骨，皆欲趁机除之而后快，民众对他既爱且忧，爱的是他性格活泼，表情丰富，与高冷刻板却胆小懦弱的老政客尼西阿斯、粗俗不堪的克里昂适成对照，忧的是他野心勃勃、爱慕虚荣且妄图一手遮天，这在当时民主政治被奉为唯一“政治正确”的雅典，必然授人以柄。修昔底德缕述远征前夕亚西比德如何被政敌栽赃陷害，如何叛逃敌国，游走列国，不惜以出卖雅典帝国核心利益为代价以图再次回国施展抱负……悲愤之情可谓溢于言表。然而，对今天的读者来说，若结合亚西比德个人修为，以及他在雅典政坛之前的种种作为，实乃其来有自，作茧自缚。冤有头、债有主，即便亚西比德有天纵之才，怀揣万般雄心，种瓜得瓜，自毁长城，咎由自取，而雅典帝国最终沦为亚西比德政治上自戕的“陪葬”。

西元前404年，即雅典和斯巴达之间长达27年的拉锯战行将以雅典的彻底失败而告终的那一年，亚西比德被雅典“三十僭主”政权和斯巴达合谋杀害。而随着战争的结束，曾经风光无限、跃跃欲试力图一统希腊世界的雅典帝国也元气大伤，国势自此一蹶不振。战争结束之后的第五年即西元前399年，苏格拉底被控“败坏青年、另立新神”两项罪名，并被判处死刑。苏格拉底是否要为亚西比德出卖并危害帝国事业的行为负责，包括柏拉图、色诺芬在内的苏格拉底的学生们当然要极力撇清乃师与亚西比德“劣迹”之间的连带责任。但细心的读者会发现，苏格拉底与亚西比德实在脱不了干系。纵观亚西比德政治生涯的浮沉起落，可以说他实际上是以苏格拉底哲学的进路从事政治，这位被雅典人一手养大且满腹经纶的“狮子”,① 本可以将雅典帝国事业带上几代雅典人渴慕已久的巅峰，却反过来借助敌国之手，一手将雅典帝国推向万劫不复的深渊。与其说这是由于苏格拉底对亚西比德教育的失败，倒不如说是哲学对政治的“毒害”甚至败坏。尽管历史不容假定，但如下反历史性判断依然发人深省：设若亚西比德未曾接触苏格拉底哲学，他在政治上成功的可能性应该会更大。在这一点上，哲学家阿兰·布鲁姆提出的如下问题颇为耐人寻味——究竟谁被苏格拉底毒害更深：是从政治中抽身而退的柏拉图，还是其政治行为或许从苏格拉底所学而来的亚西比德?② 如果说柏拉图哲学在某种程度上消解了雅典帝国的精神根基，那么亚西比德则凭借自己过人的政治才华辅之以敌国之力，一举摧毁了雅典帝国的物质基础。

四　余论

苏格拉底是哲人，哲人的生命依据并不寄托于现世，更不在城邦。哲人关注真理的自足，灵魂的净化，身体倒成为“沉重包袱”，俗世万物犹如过眼烟云，只有灵魂才是不朽的丰碑。在哲人眼里，众生熙来攘往，醉生梦死，利欲熏心，乏

① 阿里斯托芬：《蛙》，见《古希腊悲剧喜剧全集》（下），张竹明、王焕生译，译林出版社2007年版，第1432行。

② 布鲁姆：《爱的阶梯：柏拉图的〈会饮〉》，秦露译，华夏出版社2017年版，第155页。

善可陈。雅典表面富丽堂皇，五彩斑斓，实则苟且萎靡，色厉内荏，民主政客摇唇鼓舌，群氓鼓噪起哄，真可谓“铜铁当道，国破家亡”。这样的城邦，这样的民众，这样的帝国，其兴衰浮沉，实在不值得哲人苏格拉底有丝毫留恋，更不值得苏格拉底式的哲人对之牵肠挂肚。然而修昔底德不同，他出身政治世家，曾任海军将领，尽管横遭流放，历经颠沛流离，却始终初心不改，心心念念。战争的成败，帝国的盛衰，作为“政治人”的修昔底德念兹在兹，眼见帝国事业在西西里兵败如山倒，他肝肠寸断，伤心欲绝。地米斯托克利、伯里克利等被柏拉图作为辛辣嘲讽的对象，而在修昔底德眼里，他们正是帝国事业的缔造者、“政治人”的典范，他们深爱着雅典，尽管她并不完美，他们为雅典人的帝国事业忍辱负重，呕心沥血，兢兢业业，即便遭遇政敌阴谋暗算，民众无端嫉恨抱怨，也矢志不渝，委曲求全，顾全大局。

普鲁塔克曾这样问道：“雅典人的名声是赢自战争还是源于智慧?”这正是普氏通过其巨著《平行列传》所要回答的基本问题。可以想见，若没有伟大政治家军事家创造的丰功伟绩，著述家纵有凌云剑笔、不世才思，也只能嗟叹无用武之地：没有克罗伊索斯、居鲁士、冈比西斯、大流士、薛西斯、列奥尼达、米太亚德、阿里斯提德、地米斯托克利们的伟业，希罗多德将不会有动力将他们的英雄传奇形诸笔端，供后来人反复追念凭吊；没有雅典与斯巴达之间那场波澜壮阔的战争，没有伯里克利、伯拉西达、尼西阿斯、克里昂、德摩斯提尼、亚西比德们那一桩桩牵动帝国命运的行动，今天的我们也就无缘修昔底德与天地同久、与日月同辉的伟大作品。立言者因立功者而使其文字获得了持久的魅力：“人们由于那些成功的英雄而铭记这些作家，阅读他们的作品，于是这些作家才会受人赞美；因为语言不能创造奇迹；相反，因为有了事迹，描述它们的语言便被认为值得一读。”[①] 雅典的伟大得益于米太亚德的坚毅果敢、地米斯托克利的高瞻远瞩、伯里克利的兢兢业业，而不是戏院里的群众趣味、文人圈的自视甚高；雅典的不朽是战士的英勇无畏视死如归、政治家的深谋远虑苦心经营，而不是精巧的演说、优美的诗歌以及那些耽于冥想的所谓智慧。

韦伯说，以政治为业，意味着与魔鬼的势力为伍，因为政治的守护神正是魔

① 普鲁塔克：《古典共和精神的捍卫：普鲁塔克文选》，包利民、俞建青、曹瑞涛译，中国社会科学出版社 2017 年版，第 66 页。

鬼，它时刻面临必须通过暴力来解决的任务。政治行动的手段是暴力，它要依据责任伦理行事，需要时刻顾及行动的后果，这就使得灵魂的得救不得不经常被暂时悬置。然而，对于那些能够接受召唤从事政治，“现实地、真诚地感到对后果的责任、按照责任伦理行事的成熟的人”来说，拯救祖国往往比拯救灵魂更为紧迫，即便在此世遭遇恶报，死后被打入地狱。对“政治人”来说，政治世界尽管愚不可及、俗不可耐，但他们并不万念俱灰，而是正视现实，勇于面对。①

在雅典人的帝国事业面临空前挑战的关键时刻，大政治家伯里克利号召他的人民勇敢抗敌，忠于国家，顾全大局，不仅关心私人事务，更要关心并参与国家公共事务，提请他们注意私人利益与国家利益之间的有机联系以及国家相对于个人的优先地位。在伯里克利看来，雅典人绝不可图一时苟安，以至于辜负先辈们为帝国事业付出的巨大流血牺牲。尽管帝国统治会招致嫉妒怨恨，雅典人也应受之愉快，因为历史赋予雅典人更高的政治使命。即便过去取得这个帝国可能是错误的，但是现在放弃这个帝国一定是危险的，而要缔造伟大的帝国、维持帝国的庄严，需要不畏牺牲的勇敢的人民，需要为帝国事业呕心沥血、勇于担当的“政治人”，他们深知人世的起落祸福、命运的反复无常，却依然勇往直前、砥砺前行。②

对于一个亟待养成政治头脑并在政治上迅速成熟起来的民族来说，“政治人”的这种不畏险途、赴汤蹈火的英雄气概，难道不值得我们由衷地宝爱和崇敬吗？

---

① 马克斯·韦伯：《以政治为业》，见《伦理之业》，王容芬译，中央编译出版社2012年版，第72—75页。

② 修昔底德：《伯罗奔尼撒战争史》，何元国译，中国社会科学出版社2017年版，第111—118页。

体制变迁

人民公社时期村社内部控制与国家计划生育政策的执行

——金山村案例（1970—1982 年）*

仝志辉　杨晓婷　彭福林**

[内容提要]　本文依据甘肃省靖远县北湾镇金山村人民公社时期的档案（1967—1981 年）丰富的区域社会史文献资料，揭示人民公社制度和计划生育政策执行间的内在逻辑。为了解释计划生育政策在人民公社成熟和溃败期间的效果差异，重点研究生产大队—生产队控制在人民公社制度和计划生育在政策执行中上传下达的特殊地位和力量博弈。研究显示，生产大队—生产队机制连接起了国家治理任务与村庄治理过程。

[关键词]　计划生育政策　人民公社制度　国家治理　乡村治理

人民公社时期作为中华人民共和国成立以来乡村治理体系建设的重要时期一直备受关注。对人民公社制度的研究，由于缺乏对其内部控制机制的细致研究，因此也无法深入考察其内部治理流程。人们也普遍将那一时期的乡村治理与国家

---

* 本文是 2017 年北京社科基金重大项目“集体村社制的制度优势研究”（项目号：17ZDA20）的阶段性成果。本文利用的是“集体村社制的制度优势研究”课题组在课题前期准备中搜集的金山村集体化时代档案。这一档案中内容完整和具有连续性的档案有三部分：大队和生产队一级的生产组织和分配档案［甘肃省靖远县北湾镇金山村亦保留了中华人民共和国成立以来人民公社时期和改革开放时期的档案（1967—1981 年；1982—2006 年），以及计划生育工作和人口统计档案（1973—1981 年）］。

** 仝志辉，中国人民大学农业与农村发展学院教授、中国人民大学乡村治理研究中心主任；杨晓婷，中国人民大学农业与农村发展学院在读硕博连读生；彭福林，中国人民大学农业与农村发展学院毕业生。

治理简单认为两者是一体的，对于两者何以能够实现融合的机制理解不足。

计划生育是中华人民共和国成立后乡村治理的核心内容之一，是国家治理在乡村的典型表现。计划生育在其实行的多数时间都是农村工作中的难点问题，计划生育在人民公社时期逐步成为农村工作难点。对农户而言，家庭劳动力数量是人民公社体制下的农户家庭获得较好生计的关键因素，因此，实行计划生育不仅与农户传统生育观相悖，也不利于农户生计。而计划生育就是在与农民生计和农户传统生育观的矛盾中推行的。农村计划生育工作如何贯彻国家计划生育政策，是一个可以开掘很多研究主题的内容。基于上述对人民公社时期乡村治理与国家治理机制融合机制的探究兴趣，本文尝试从计划生育执行机制入手，研究人民公社时期乡村治理的内部机制。

本文根据甘东地区保留下来的有关人民公社后期（20 世纪 70 年代至 80 年代初）的相关档案材料，来探讨在 20 世纪 70 年代人民公社成熟期和 80 年代初人民公社溃败期中计划生育政策执行结果的差异，涉及其演变过程、执行机制及政策绩效变化原因；重点分析计划生育执行机制的关键部分，即生产大队—生产队关系，借此理解人民公社时期国家治理与乡村治理的关系。

一　文献综述

要研究人民公社内部的治理机制，可以先从整体上理解人民公社体制。对于这一时期的劳动组织和生活，焦金波将其归纳为“行动战斗化、生活集体化、组织军事化”，即战斗统一的行动模式、以生产队为基础的集体单位、按军事建制的组织结构。[①] 因此，在这种高强度集体模式下，有两点优势：一是人民公社作为一种强有力的基层组织体系维系了农村社会的基础秩序，有效地保证了国家从农村提取资源的能力，保障了中国工业化的完成和农村社会的相对稳定；二是人民公社要逐一完成上级指派的多种具体任务，包括提高农业生产、征收农业税费、落实计划生育等中心任务。[②] 人民公社体制为什么具有特殊优势？谢志岿认为，这主要是由于在公社体制里，社员没有“退出权利”，公社由于掌握了社员的生活来

① 参见焦金波《从制度变迁的特征看人民公社的历史分期》，《咸阳师范学院学报》2004 年第 5 期。

② 贺雪峰：《组织起来》，山东人民出版社 2012 年版。

源，因此对个人具有强大的控制能力。[①]陈益元在纵向层面考察了这种力量来源，[②]认为公社体制对乡村社会的改造和重构，是通过公社—生产大队—生产队三个层级进行的：公社主要承担政权职能，生产大队既管行政又管生产，生产队主要承担生产和分配职能；这种以基层政权为中心的组织化过程，是一个生产、动员和管理的组织化过程。并且，重点强调了生产大队在完成国家下达的行政指令和生产计划的任务中，生产队作为对农民控制最严密的村政组织，具有高效性。

而对人民公社的研究中，陈益元认为重点主要体现在三个方面：一是人民公社发展史的研究，二是人民公社体制的研究，三是人民公社时期历史人物、事件的研究。这些研究成果，梳理了人民公社的演进轨迹，分析了公社制度的成效、功能和不足，揭示了全国各地人民公社实践中呈现的多样性、复杂性特点。但总的情况是，宏大叙事式研究、政策解读式研究、总体性研究的成果较多，区域研究、地方基层社会研究、多学科整合研究的成果偏少。[③] 在过去的研究中，丰富的经验材料一直决定着农村经济社会研究的质量。随着研究问题的复杂化，中国农村研究越来越需要具有历史连续性的翔实的材料，尤其是对于贯通历史与现实的研究而言。在横断面和区域资料方面，在农村研究的各个问题层面，都有大量统计资料，在县域、乡域、村域都已有大量积累。但这些资料的历史深度不足，加上理论先行的研究方法，具有历史连续性的翔实的材料并不容易获得，导致研究进展不足。

通过计划生育来反映人民公社的内部治理，学术界还没有特别针对这种问题意识的研究。张乐天的《告别理想：人民公社制度研究》[④] 一书中有“生育制度”一节，专门讨论人民公社时期生育制度的变化。他研究的是 20 世纪 70 年代浙北的农村计划生育，以陈家场为例，提出 1973 年后计划生育才成为公社的一项重要工作，相关制度成为公社制度中的重要制度。他认为，“浙北农村 70 年代较好地贯彻了公社的生育制度”，但对 20 世纪 80 年代初的计划生育政策的变化未曾涉及。公社的生育制度要落实在农村，后续的研究开始更仔细地考察村落中的计划

---

① 参见谢志岿《论人民公社体制的组织意义》，《学术界》1999 年第 6 期。

② 参见陈益元《人民公社制度研究述评》，《中共党史研究》2012 年第 2 期。

③ 同上。

④ 张乐天：《告别理想：人民公社制度研究》，上海人民出版社 2005 年版，第 286—291 页。

生育政策执行的影响。李怀印的《乡村中国纪事——集体化和改革的微观历程》[①]记述了秦村的计划生育工作的开展，推算该村自中华人民共和国成立以来的家庭周期变化，动态分析了计划生育工作开展过程中家庭周期的变动对劳动力的影响。阎云翔的《私人生活的变革：一个中国村庄里的爱情、家庭与亲密关系》[②] 中有“人口政策与新型生育文化”一章，具体讨论了计划生育政策推行 20 年来的政策、生育观念及行为的变化及原因，在时间跨度上相对较长，但他主要研究的是农民个人的生育体验，对于公社和大队的政策机制未作详细研究。

以上这些研究虽然涉及了公社后期的计划生育工作，但 70 年代的计划生育政策在村庄中的推行机制尚未得到详细的研究。今天，我们更多看到的是对于这个时期的计划生育的记述，这种记述主要是一些零星的调查研究，[③] 缺乏学理分析和系统研究。有一些研究计划生育史的博士硕士论文虽然研究了这一时间段，[④] 但是相关讨论也不是太多。由此可知，深入研究 70 年代计划生育在村庄中的推进机制，不仅对理解农村计划生育政策推行的完整历史有所帮助，也可以深化对人民公社体制的理解。

二　1970—1982 年计划生育政策和执行结果的变化

1970—1982 年，计划生育政策愈发得到国家重视，执行力度不断增强，成为我国的基本国策之一。但金山村 1970—1982 年的生育变化数据显示，计划生育的结果却存在趋势相反的情况，主要表现为：70 年代计划生育政策加强，执行力度

① 李怀印：《乡村中国纪事——集体化和改革的微观历程》，法律出版社 2010 年版，第 186—203 页。

② 阎云翔：《私人生活的变革：一个中国村庄里的爱情、家庭与亲密关系》，上海书店出版社 2006 年版，第 213—236 页。

③ 具体可参见余亦之《实行生产责任制后甘肃农村计划生育形势》，《西北人口》1982 年第 3 期；嘉昌《包产到户后农村计划生育工作的任务和措施——甘肃镇原县计划生育问题调查》，《社会科学》1982 年第 2 期；双阳县计生办《避孕为主结硕果——泉眼公社计划生育基本达到“三无”》，《人口学刊》1983 年第 1 期；于振波、王国山、付有和《狠抓一年实现了“三无”—— 双辽县那木斯、蒙古族人民公社计划生育工作调查》，《人口学刊》1983 年第 1 期；四平市委宣传部等《实行两种生产“双包”制，计划生育工作见成效——辽源市金州公社计划生育工作调查》，《人口学刊》1983 年第 4 期；浑江市城墙公社《我热爱计划生育工作，我愿为它干一辈子！——城墙公社计划生育助理谭玉玲同志的先进事迹》，《人口学刊》1983 年第 5 期；四平市计划生育委员会梨树县计划生育委员会联合调查组《适应农业生产包干到户的新形势实行计划生育工作“三到户”——关于十家堡公社计划生育工作的调查》，《人口学刊》1984 年第 3 期。

④ 如杨发祥《当代中国计划生育史研究》，博士学位论文，浙江大学，2003 年。

随之加强，当地生育率降低；80 年代计划生育政策进一步加强，但当地生育率却不降反升。80 年代初和 70 年代相比当地生育率的增加，和计划生育政策的受重视程度及其在农村执行力度的增强形成反差。也就是说，国家层面计划生育政策的强化和地方层面计划生育政策执行力度的增大，并没有实际影响金山村 80 年代初的生育率，这也使我们进一步怀疑 70 年代生育率下降的真实原因是否是地方计划生育执行政策的强化。

针对以上差异，本文将联系当时社会环境和生产组织进一步分析执行差异的原因。

表 1　　1970—1982 年计划生育政策一览

时间	主要内容
1971 年	国务院批转了卫生部、商业部、燃化部《关于做好计划生育工作的报告》，提出除人口稀少的少数民族地区和其他地区外，都要加强对这项工作的领导
1973 年	国务院成立了计划生育领导小组。在计划生育宣传教育上，提出了“晚、稀、少”的口号
1978 年	中国共产党十一届三中全会把计划生育提到国策的高度
1979 年	第五届全国人民代表大会第二次会议提出“鼓励一对夫妇只生育一个孩子”
1980 年	中共中央提出计划生育要采取立法的、行政的、经济的措施，鼓励只生育一个孩子
1980 年 9 月	第五届全国人民代表大会第三次会议通过了新的《婚姻法》，第十二条规定“夫妻双方都有实行计划生育的义务”
1982 年 9 月	党的十二大报告明确提出，实行计划生育，是我国的一项基本国策
1982 年 12 月	第五届全国人民代表大会第五次会议通过的《中华人民共和国宪法》中规定“国家推行计划生育，使人口的增长同经济和社会发展计划相适应”

资料来源：根据有关法律和中央文件整理。

（一）金山村 1970—1982 年计划生育政策变化

在 20 世纪 70 年代的多数时间，计划生育的推行主要是靠鼓励晚婚和计划生育，出台各种奖励“少生”的政策，到70年代后期，强制节育和绝育开始推行。其中，奖励的主要方法有奖粮、给钱，如1978年某次会议上指出，“对于结扎男女的报酬——女的结扎（内包照护人员工分）共50个工，男的10个工，补给50斤粮食（主粮）”①。

1981年分地时，超计划生育的不分。1981年生产队分地，超计划生育（资料中有很多材料）的不分，其他人分。用的是抓阄的方式，1982年4月18日提出签订了计划生育合同后，规定生二胎的罚款100元，生三胎的罚款200元，三胎以上，50%累进。

1982年8月17日，规定多子女费三胎以上的每胎100元，押金100元，一次性征收多子女费。1982年年底，公社规定符合条件者限期结扎，不结扎者每天罚2元钱，直到结扎为止。

关于自留地的奖惩及承包合同问题。1979年县委发布的《关于调整社员自留地问题的安排意见》中，以自留地的安排与否来促进计划生育工作的开展，规定如下：一九七八年十月二十六日中央六十九号文件下达后，不够晚婚年龄私婚的，所增加的人口不划自留地。一九七六年元月起到一九七八年十月二十五日中央六十九号文件下达以前，生了四胎或四胎以上的子女，已做了绝育手术的，所生子女应划自留地；没有绝育的，不划自留地。一九七八年十月二十六日中央六十九号文件下达后所生的第三胎和三胎以上的子女，一概不划给自留地。带头搞计划生育，只生了一个孩子并已做了绝育手术的，一个孩子划两个人的自留地。②

总而言之，从国家和地方政策下达的政府文件来看，均显示计划生育政策的力度在1970—1982年是不断加强的。

（二）金山村1970—1982年人口出生率的前降后升

案例村金山村位于甘肃省白银市靖远县北湾公社，当时称永联生产大队。全大队有三千多人，共有十个生产队，基本沿东西向排列，村子最东头是一队，最西头是九队，十队在1979年从二队中分出，在地理位置上与二队紧邻。

① 《革委会议记录》（一九七八年度），“金山大队召开卫生人员各队大嫂队长会议”，1978年9月3日下午。

② 《金山大队管委会中央、省、地 、县文件》，1979年。

金山村档案中有常联大队（当时金山村的建制名称）1970 年至 1981 年出生人口、死亡数字和总人口变动情况，以及 1982 年具体到各个生产队的一胎、二胎和三胎数据。节育措施情况，还有该村所在县在 1970—1981 年人口出生率、死亡率和人口自然增长率情况。由于村级数据是一个生产大队的数字，较之张乐天的一个生产队数据应该能更清晰地反映人民公社制度下的生育政策贯彻情况，也有利于更加全面地反映集体村社制度对于农村计划生育工作的影响。

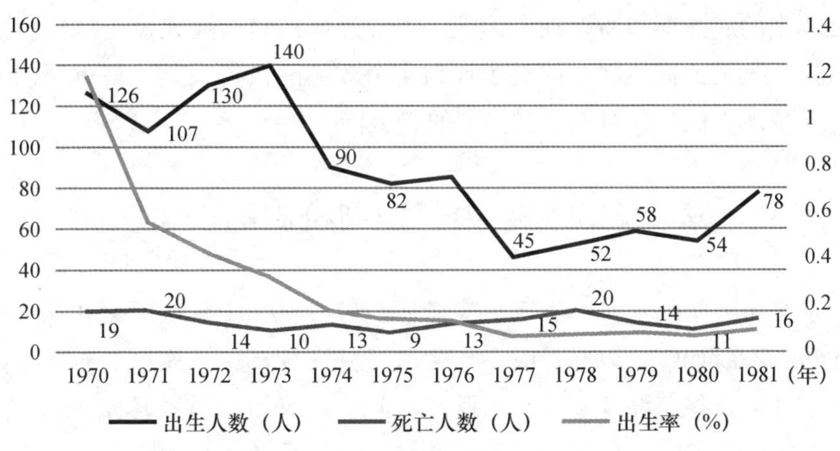

图 1　1970—1981 年金山大队出生人数与死亡人数

由图 1 可见，前面 8 年人口开始下降，后面 4 年略有回升。家庭户数增加了约 160 户，在 1970 年每户平均人口为 6. 33 人，至 1981 年每户平均人口为 5. 91 人，家庭平均人口规模下降了 6. 6%，幅度并不大。但出生人口数在计划生育政策推行后有所下降，在 1977 年达到最低，后期虽然出生人数有所上升，但到 1981 年出生人口数量仍然没有超过 1970 年，甚至也低于 1976 年。可见，从 1970 年到 1981 年，出生人数整体上呈下降趋势。可知计划生育政策在 20 世纪 70 年代推行以来逐渐为大队村民所接受。至于 1978 年以来出生人数上升，多与经济体制改革有关。从出生率①曲线来看，前期下降很快，后期下降得慢。

通过金山大队的计划生育政策的变迁，可知人口出生率总体呈下降趋势，表

① 出生率应为年内出生人数/年内平均人口数。但由于在金山大队的一手数据资料中，尚未找到 1970—1982 年人口总数，故本文用出生人数/（出生人数 - 死亡人数）的累加和来表示出生率。

现了计划生育政策取得了一定的效果。但是，从1970年至1977年基本上是在逐年下降，从1978年到1981年，逐年有轻微上升。但是，如上所述，计划生育政策是在不断加紧的，但就是在这个时期，金山村的人口出生率却出现了回升。宏观政策的状况不能解释这一段的变化，我们转向农村计划生育政策执行的微观机制，从人民公社体制内部的计划生育执行机制寻求解释。

本文试图做的是，回到村庄，细究20世纪70年代农村计划生育政策显效和80年代初期政策效果反复的原因。而70年代和80年代初这两个时期，又恰好是人民公社制度的成熟期和溃败期。因此，需要探究的是，在人民公社制度的成熟期和溃败期，人民公社体制内部对于计划生育政策的执行来说，最重要的变化是什么，从而反映人民公社时期乡村治理的突出特征。

三　人民公社内部控制机制的变化

本文从金山大队的史实中发现现实矛盾：1970—1982年从国家和地方层面计划生育政策均不断加强，但同一时期出生率下降速度却由急变缓。对此，本文结合当时宏观环境，将解释该矛盾的原因聚焦于人民公社内部控制机制的变化。

（一）计划生育政策加强，人民公社成熟期生产大队作用的强化，计划生育率下降

1958年人民公社成立后，农业生产的管理权力在1961年到1962年下放，正式形成了“三级所有、队为基础”的制度。生产队成为一级生产经营单位。生产大队和生产队的组织和管理更加规范化和制度化。到了70年代，随着人民公社体制的正规化，生产大队的权力得到了加强。生产大队长是全脱产的，直接协调和领导十个生产队的生产和行政工作。其主要职责是核定各生产队的生产计划和产量指标，协调各生产队的灌溉、科学种田等生产服务，布置各种行政任务。①

20世纪70年代初期，计划生育工作逐步纳入生产大队的日常工作。比张乐天

① 来自笔者2010年对王振乾的访谈。

谈及的浙北村庄的1973年稍早，金山村档案中最早出现计划生育工作，① 是在1972年4月县革委会的电话会议记录中："开展爱国卫生运动。计划生育，农村降到千分之十五，城市千分之十。"② 1972年7月23日，金山大队召开支委常委会，决定在大队成立计划生育领导小组，由大队干部兼任，其中包括赤脚医生聂桂芳。1973年3月8日，北湾公社革委会发布了《关于进一步搞好计划生育工作和晚婚工作的通知》。③ 从大队一级的工作记录来看，计划生育工作的重点越来越明确。公社书记提出"各大队要狠抓一下计划生育工作，当前抓好绝育手术，采取引产、刮宫、带环"④。

生产大队的重视源于人民公社对其的控制。在整个70年代，在人民公社内部，人民公社对于生产大队的控制比较严格。公社一方面可通过各生产大队传达会议精神和文件通知，另一方面可通过广播和宣传栏直接向群众进行传达，⑤ 并且对政策内容进行宣传和解读，⑥ 使得生产大队必须完整执行有关政策。如1971年金山大队有记载的会议共有45次，公社向大队传达的电话会议约有11次，占去了1/4，这还不包括去公社或外地召开会议。从召开的会议频率可见公社和大队之间的密切关系，大多数情况下大队充当了会议精神的传达者。生产大队经常召开各类会议，反映了生产大队在公社和生产队之间的纽带作用。在70年代这段时期

---

① 有研究指出，1964年开始，一部分省开始农村计划生育工作。虽然1963年的计划生育运动的绝对重心在于城市，但在城市的计划生育已经得到显著成效之后，计划生育开始逐步向部分农村延展。1965年11月2—4日，卫生部召开会议着重学习了中央关于把卫生工作放到农村的指示。关于计划生育，会议认为过去几年计划生育工作虽取得明显成绩，但广大农村，除了河北、山东、浙江、福建等省大部分地区开展工作外，其他各省均在试点阶段。今后卫生部门应在各地党政领导下，对人口稠密的农村，积极组织力量，结合医疗队下乡，推广试点工作的经验。

② 《金山大队革委会会议记录（自71年）》，"县革委召开电话会议"，1972年4月19日下午5点，第52页。

③ 北湾公社革委会：《关于进一步搞好计划生育工作和晚婚工作的通知》，1973年3月8日。

④ 《广播会议及革委会议记录》（一九七八年度），"公社召开农副产品收购广播动员大会"，1977年5月26日，第11页。

⑤ 如1971年7月16日的会议记录中有"公社陈国华通知"的具体内容："县上通知，今天十点有重要广播。要求组织群众听，领导要亲自听……在下午三点和第二天上午十点分别向公社汇报。"参见《金山大队革委会会议记录（自71年）》，"公社陈国华通知"，1971年7月16日早，第1页。

⑥ 当时的广播内容，不仅仅是硬性的工作布置，还包括思想教育和动员。王振乾曾讲述："那时候学习抓得紧，都有广播，现在是通知，以前都是有宣传内容。家家都有喇叭，有二极管。北湾乡人民广播站，当天什么事情，表扬先进，劳动落后，提起信心，生产队，早中晚时间，农民爱听，天气预报啊什么都有。思想教育那时候抓得很紧。"（来自笔者2000年对王振乾的访谈）

内，大队以服从公社命令为主，强制性地推行各种政策。[①]

（二）计划生育政策加强，人民公社溃败期生产大队作用弱化，计划生育率提高

1978年，党的十一届三中全会把计划生育提到国策的高度。1978—1982年人民公社的计划生育工作体制需要进一步强化。这一时期，计划生育工作重点更加明确，指标更加具体化。严格限制出生人数，对计划外怀孕的村民施以惩罚，怀孕妇女或者引产、刮宫，或者给予经济制裁。同时对于已生育的育龄妇女来说，带环结扎不仅是自愿行为，而是带有强制意味的行为。

计划生育政策也相对制度化。1978年10月，规定“以后不合理生育者不采取节育措施，凭出生证领布证，报户口。有的队三胎，不办计划私卖，就打给口粮。例如：五队、六队”[②]。通过准生证的办理限制人口出生，1982年，因靖远县人口计划生育工作未落实，决定“发准生证一胎，二胎带环，三胎以上结扎”[③]。同时，也采取“双包”政策，在1979—1982年金山大队搞生产责任制改革过程中，通过在签订承包合同过程中，必须签订计划生育、农副产留牧合同，以此种方式来限制生育。1978—1982年计划生育在此过程中最大的转变就是工作重心由晚婚转向了节（绝）育。后期的计划生育工作规定出生指标，节育指标，在执行过程中措施也相对激烈。

然而，随着生产责任制的推行和土地下放，1978—1982年人民公社控制得相对松弛。据《靖远县志》记载，靖远县的农业生产责任制由不联产到联产，由联产到组到联产到劳、包干到户，从1979年开始，历经五年，反复实践、对比，到

---

① 参见谢淑娟《论人民公社体制下的村庄经济———以解读〈通知〉为中心》，《中国经济史研究》2006年第2期。可以看到，广东省佛山市顺德区杏坛镇北水村现保存的第一手资料《北水大队接收公社下达的通知记录》（内部资料，未出版），其中记载的情况和金山村档案中显示的相似。自1969年10月至1983年8月，北水大队接收到上级单位——杏坛公社通过电话下达的《通知》共2169个，内容包罗万象，涉及政治、经济（包括农业生产、农田水利等基础设施建设，财经、企业、水电等公用事业）、军政（包括民兵、战备、征兵工作等）、治保、司法、民政、妇女工作、共青团工作、知青工作、计划生育、人口、医疗卫生、教育、预防自然灾害、侨务、组织人事、文体等。其中妇女、计划生育、人口占了9.2%。

② 《革委会议记录》（一九七八年度），“大队召开卫生人员各队大嫂队长会议”，1978年9月3日下午。

③ 《金山大队党支部（会议记录本）》（1982年11月），“大队召开支委会议”，1982年12月27日晚。

1983 年得到稳定。[①] 可知，靖远县区域内的生产责任制改革在 1979 年就已经开始了。在金山村可以分为两个阶段：第一个阶段，应该是分地，确定生产责任制形式；第二个阶段，实行大包干到户。

1982 年之前，金山大队采取的是“小段包工、定额管理、一包到底的生产责任制”形式，这种生产责任制仍由生产队统一经营和管理，分配也由生产队主持，[②] 但在 1981 年冬季推行大包产到户和包干到户以后，一家一户成为一个生产单位，分配除了上交公购粮和扣除公共积累外，全部归社员所有。生产责任制推行到户使得生产大队对生产队的控制进一步减弱了。这可以从当时清理打桩盖房工作的难度、生产队长选举的放任中看出。

四　生产大队对生产队控制的变化

通过对比人民公社的成熟期和溃败期，分析计划生育政策要求提高但效果不佳的原因。本文猜测主要由于家庭联产承包责任制施行以来，人民公社管制权减弱，即生产大队对生产队（或个体成员）的管控减弱。这种内部控制的变化在那一时期具有普遍性，除计划生育政策外，如住房、选举等关乎农民生计大事的问题，也处于混沌期。通过这些基层治理问题也可侧面展示人民公社溃败期的现状，进而解释本文第二部分提出的问题：1970—1982 年计划生育政策在国家和地方层面均加强，为何金山大队出生人数却存在前降后升、人口出生率降速减缓的拐点。

（一）住房数量与批准情况

1982 年 12 月 1 日，县委工作组进驻金山大队帮助工作。12 月 3 日，县委工作组全体成员共三人参加了大队支委会议，县委工作组组长提出工作组的主要任务是：协助完善农业生产责任制，加强大队、生产队领导班子，加强计划生育工作，监督完成财务整顿扫尾工作。这次工作组进村，一直到 1983 年 1 月 20 日结束。这些都是当时在农村工作中较突出需要的问题。

大队支部书记在这次会议上首先向工作组汇报的就是计划生育工作。然后依

① 甘肃省靖远县地方志编纂委员会：《靖远县志》，甘肃文化出版社 2005 年版，第 179 页。

② 余亦之：《实行生产责任制后甘肃农村计划生育形势》，《西北人口》1982 年第 3 期。

次讲各项工作。最后重点汇报了打桩（即建设宅基）盖房问题。在随后工作组驻村过程中，占据工作组工作时间最多的就是清理打桩盖房问题。

经过12月3日县委工作组的布置，随后，在同时开展其他工作之余，工作组和村干部重点清查了各生产队打桩盖房问题。自1980年以来，社员打桩房数迅速增加（见表2），可见其热潮。而这一问题也只能由县委工作组来帮助大队进行解决，大队对此问题多半是束手无策。当时的治理手段是限期拆迁、罚款、多修宅院的强制拆旧院。

表2　　金山大队1980年以来的房屋数　　单位：栋

队名	公社批准	大队同意	生产队同意	擅自打	合计
1	10	4			14
2	13	8			21
3	10	2			12
4	7		4		11
5	7	3	3	1	14
6	9	1		1	11
7	4	2	3		9
8	2	5	1		8
9	11	3	4		18
10	17	7			24
合计	90	35	15	2	142

资料来源：《金山大队党支部（会议记录本）》（1982年11月），“大队召开支委会议”，1982年12月10日，第5—6页。

住房问题关乎农民生计，在人民公社体制内的规定是，住房应统一规划，社员通过生产队向人民公社或生产大队进行汇报，经批示同意后方可建房。虽然经过人民公社同意盖的房数仍然占多数，但是，经过大队和生产队同意盖的房数也相当可观。仅仅生产队同意盖的住房就有17栋。还有未经任何一级同意擅自建起的住房2栋。根据当日会议记录，会上还提出获得批准只盖一处房子但擅自盖了两处的有四户村民，分布在三队、四队、五队和六队。

这142户的住宅，共占地64.45亩，但经过公社批准的90户占地为35.8亩，有52处住宅未经公社批准，占地将近30亩。未经公社批准的宅基地平均面积大于经过公社批准的。全村总共86户的住宅超过全村宅基地平均面积。

对于上述违规现象，根据公社对1980—1982年村庄盖房处理意见的文件精神，会议提出了拆旧、拆新和补办手续三种解决办法。限期对超占宅基地户进行搬迁，对超占面积罚款。共决定拆旧院35处，涉及13.35亩土地；拆新院1处，涉及0.2亩土地；补手续17处，涉及7.35亩土地。需要补办手续的就是仅仅经过生产队同意建房的17栋。

（二）生产队选举问题

同期，生产大队对于生产队队长人选的控制力也有所减弱。对于1981年各生产队领导班子的建设，公社书记提出了一些意见："1. 从我们各大队民主选举来看，民主有余，集中不足。2. 不能让少数人串户、钻空子，像这样的情况公社不能承认担任队里领导班子。3. 关于选票问题。有选票可以选，未（没）选票也可以选。(可以）举手表决。4. 以（宜）粗不以（宜）细。原任班子继续干者，也可以不再选。"① 确定各生产队队委会设置包括正副队长、会计、保管共四人。在这次会议上，确认了几个队的生产队队长，包括二队、三队、四队、六队、八队、九队、十队、五队、七队。② 至此，除一队队长外，其余9个队已整顿结束。可见，对于当时选举生产队长的工作，生产大队和公社的控制力减弱。

对于村民建房、生产队队长人选等问题上的控制能力的减弱，直接预示了公社规定的对于违背计划生育者的惩罚政策在生产队一级不能得到不折不扣地贯彻。

（三）农业生产问题

通过金山村计划生育政策变化来看，计划生育政策常通过土地和口粮制度进行限制，生育几胎和绝育与否同自留地的划分多少息息相关，且对独生子女的家庭政策倾斜力度加大，反映了当时的计划生育的理念——一胎化。例如，"一九七

① 《北湾公社金山大队会议记录》(1981年元月至1981年11月17日)，"召开两委扩大会议"，1981年1月29日，第8页。

② 《北湾公社金山大队会议记录》(1981年元月至1981年11月17日)，"两委会议"，1981年3月6日晚，第14—15页。

三年超生的第三个孩子开始，实行按人分等定量的办法分配口粮。共分三等：1—4 周岁按四成，5—7 周岁按六成，8—10 周岁按八成分配口粮”。在农业产量增产不快、人口增长快于粮食增长的情境下，口粮的规定在一定程度上限制了生育。除此，“计划生育合同”经常被作为附带条件要签署在承包合同上，若出现了计划外生育，一方面需要进行人工流产、刮宫或引产等，另一方面承包地被收回或者承包地上的粮食需上交一部分，或者接受经济罚款。奖励政策一开始更多的是国家对计划生育手术的免费政策，由国家财政负担，但随着奖励力度的加大，生产队变为奖励资源承担的主体。后期惩罚制度则直接由生产队加以消化。然而，在家庭承包制的生产体制下，过去的奖惩手段就没有作用了。奖工的手段没有了依托的生产队积累制度，而奖钱也因为生产队没有积累而无法施行，惩罚手段中采用限制出工的方式也不现实了，而只能采用直接对社员征收费用和罚款的方式。表面上看征收费用和罚款更加直接、力度也更大，但是，实质上反映出，生产队对于社员的直接控制手段日渐流失，而没有了这些直接控制手段，生产队之上的生产大队、公社对于社员的控制就更加减弱了。公社和大队对于社员的控制大多是通过生产队对于社员用工和口粮的控制而得以实现的。这些都直接或间接地通过人民公社控制力度变化，影响了计划生育政策的执行。

五　结论和讨论

本文通过案例研究，揭示出人民公社时代乡村治理的主要机制。人民公社的乡村治理，依赖于集体经济组织对农民生活资源的控制以及内部管理制度，集体村社内部的组织建制是国家治理与乡村治理良性互动的基础。这是人民公社体制下乡村治理体系的基本特征。

生产大队与生产队的控制是人民公社体制内的重要机制。农村改革初期，生产大队对生产队控制的弱化，某种程度上预示着集体涣散的趋势。集体涣散给计划生育带来了挑战，使整个乡村治理体制产生了危机。联想到 1981—1982 年，基层的村民选举开始诞生，其实正是对以生产大队对生产队控制为主要特征的集体体制危机的一种内在反映。

相比既有研究，本文的突出之处在于：一是依据甘肃省靖远县北湾镇金山村人民公社时期的档案（1967—1981 年）丰富的区域社会史文献资料来进行研究。

二是揭示人民公社制度和计划生育政策执行间的内在逻辑，用计划生育政策在人民公社成熟和溃败期间的效果差异，反推这两个时期人民公社对生产大队—生产队的内部控制差异。三是重点研究生产大队—生产队控制在人民公社制度和计划生育在政策执行中上传下达的特殊地位和力量博弈。

中国干部交流机制的历史演进与运行逻辑

——以1101位省部级领导干部任职经历为案例

李 振 刘 治*

［内容提要］ 长期以来，中国的干部管理体制，特别是领导干部的晋升问题，是学术研究的热点。但是，党管干部除了强调控制或者竞争外，也有历练培养的制度意涵，所以，干部本身的“成长”历程同样值得关注。中国共产党在治理的制度化与保持体制灵活性之间的探索，衍生出了当下的干部交流机制，它包括调任、转任和挂职锻炼三种类型。干部交流是领导干部职业发展过程中的必经之路，利于其拓宽执政视野、丰富执政经验。从考察梳理历史文献，辅以对应的1101位省部级领导干部任职经历的案例数据，我们发现，一方面，干部交流机制在历史沿革与发展过程中呈现出在制度化与运作灵活性之间的平衡；另一方面，交流实践在不同干部群体的职业履历中呈现出不同的特点。作为一种有别于西方选举制及科层官僚制的政治精英治理模式，中国的党管干部是影响中国政治体制和经济社会发展的重要因素，还需要进一步研究。

［关键词］ 党管干部 干部交流 职业发展 制度化

一 问题的由来：干部管理体制的培养视角

长期以来，干部管理体制是中国政治研究领域的一个热门话题。这一体制的

---

* 李振，山东大学政治学与公共管理学院副研究员，主要研究方向为国家理论、公共政策，e-mail：lizhen@ sdu. edu. cn；刘治，武汉经济技术开发区管理委员会科员。本研究获得山东大学青年学者未来计划资助。作者感谢写作过程中来自汪卫华、欧树军、刘鹏、祁玲玲、孙龙等学友的意见，文责自负。

核心是党管干部原则,[①] 改革开放以来，诸多领域出现了“去政治化”，党管干部原则却通过法律法规等形式得到延续与巩固。[②] 围绕干部管理体制，学者们进行了丰富的研究。在干部晋升维度，相关研究主要包括以下两方面：一是对影响干部晋升的各类因素的总结，譬如官员的年龄、受教育水平、专业和工作经历等个人特征性因素和涵盖政绩指标和社会网络“关系”等竞争性因素;[③] 二是对干部晋升激励的外部效应的探讨，许多学者将改革开放以来的经济奇迹归结为地方政府及其官员在以经济发展与财政汲取为主的激励结构中展开的晋升竞赛，譬如锦标赛体制等。[④] 上述研究的对象多局限于某一层级地方政府的少数主官；更为重要的是，中国的干部管理体制不仅是一个控制系统或竞争系统，也是一个培养系统。[⑤] 在干部培养这一维度，有学者对党校系统进行了较有创见的研究，他们认为党校的培训不仅是保障政治忠诚的重要方式，也是执政党实现治理能力现代化和政策创新的重要源泉；对官员个人而言，党校培训经历也有助于其社会资源网络的构建。[⑥] 还有研究进一步考察了由各级党校、行政学院和高校等构成的更大范围的干部教育培

---

① 本文将“党管干部”视为中国干部管理体制的核心原则。基于此原则，干部管理体制不仅涵盖不同层级的组织和制度体系，譬如中共中央各级组织部门、《公务员法》《党政领导干部选拔任用工作条例》等；同时也包括相关不同方面的运行机制，干部交流即是其中的一种。本文借用埃尔斯特的定义，将“机制”界定为：“那些经常出现并且可容易识别的因果模式，这些模式通常在一些未知的条件下被触发，或者可能会产生一些不确定的结果”，参见 JonElster, *Explaining Social Behavior*: *More Nuts and Bolts for the Social Sciences*, Cambridge: Cambridge University Press, 2007, p. 36。进而，具体的组织和制度在不同的历史时期常有变迁，但其政治运行机制往往得以相对持久地保持。

② Hon S. Chan and Suizhou Edward Li, “Civil Service Law in the People's Republic of China: A Return to Cadre Personnel Management”, *Public Administration Review*, Vol. 67, No. 3, 2007, pp. 383 – 398.

③ 相关的研究积累较为丰富，已有学者综述了有关影响晋升的因素，参见吴建南、马亮《政府绩效与官员晋升研究综述》，《公共行政评论》2009 年第 2 期。一些更晚近的相关研究还在持续开展。

④ Jean C. Oi, “The Role of the Local State in China's Transitional Economy”, *China Quarterly*, No. 144, 1995, pp. 1132 – 1149; ZhiyueBo, “Chinese Provincial Leaders: Economic Performance and Political Mobility since 1949”, *Studies on Contemporary China*, Vol. 5, No. 12, pp. 154 – 156；周黎安：《中国地方官员的晋升锦标赛模式研究》，《经济研究》2007 年第 7 期；周飞舟：《锦标赛体制》，《社会学研究》2009 年第 3 期。

⑤ Kjeld Erik Brødsgaard, “Cadre and Personnel Management in the CPC”, *China*: *An International Journal*, Vol. 10, No. 2, 2012, p. 82.

⑥ David Shambaugh, “Training China's Political Elite: The Party School System”, *China Quarterly*, No. 196, 2008, pp. 827 – 844; Frank Pieke, “The Production of Rulers: Communist Party Schools and the Transition to Neo – socialism in Contemporary China”, *Social Anthropology*, Vol. 17, No. 1, 2009, pp. 25 – 39; Charlotte P. Lee, *Training the Party*: *Party Adaptation and Elite Training in Reform – Era China*, Cambridge: Cambridge University Press, 2015.

训体系，及其在中国共产党执政能力和国家治理能力现代化中的角色定位。①

相比于短暂的培训经历，干部交流机制的运作是一个更为普遍的、周期更长的体系过程。已有学者从中央对地方监督制约的角度对干部交流议题进行了初步的讨论，② 也有学者从抑制地方主义和腐败问题的角度探讨了干部交流的作用。③此外，已有研究还涉及干部交流可能导致的社会经济效应，诸如推动经济发展④、影响公共物品提供⑤、带动政策扩散⑥等，但其结论尚存在一定争议。本文立足于政治学的角度和干部管理体制如何培养历练干部的问题意识，分析中国干部交流机制的演进历程，同时描摹当下各类干部交流的制度安排及运作情况，并借助现任省部级领导干部的任职履历，具体呈现干部交流机制的特点、干部培养路径的多元化，以及不同干部群体交流经历的差异性。这不仅会增进我们对中国广大领导干部群体“成长”过程的细致体察，也能丰富“中国共产党何以能够继续执政”这一宏大命题的理解视角。

二　干部交流机制的历史演进

在中国历史上，注重官员（尤其是高层官员）在基层或不同地方的工作经验是政治运作的一大传统。《韩非子·显学》有言：“宰相必起于州部，猛将必发于卒伍。”当代中国的干部交流作为一项独具特色的干部培养机制，既是改革开放后一系列干部人事制度改革的成果，也承继并发展了中国共产党自民主革命时期以

① 俞可平：《中共的干部教育与国家治理》，《中共浙江省委党校学报》2014 年第 3 期。

② ZhiyueBo, “The Institutionalization of Elite Management in China”, in Barry Naughton and Dali L. Yang (eds.), *Holding China Together: Diversity and National Integration in the Post – Deng Era*, Cambridge: Cambridge University Press, 2004, pp. 70 – 100.

③ 陈刚、李树：《官员交流、任期与反腐败》，《世界经济》2012 年第 2 期；范子英、田彬彬：《政企合谋与企业逃税：来自国税局长异地交流的证据》，《经济学（季刊）》2016 年第 4 期。

④ 徐现祥、王贤彬、舒元：《地方官员与经济增长——来自中国省长、省委书记交流的证据》，《经济研究》2007 年第 9 期；姚洋、张牧扬：《官员绩效与晋升锦标赛——来自城市数据的证据》，《经济研究》2013 年第 1 期；踪家峰、岳耀民：《官员交流、任期与经济一体化——来自省级经验的证据》，《公共管理学报》2013 年第 4 期。

⑤ 王芳：《中国地市官员籍贯与当地公共物品提供》，博士学位论文，香港中文大学政治与行政学系，2012 年。

⑥ 张克：《地方主官异地交流与政策扩散：以“多规合一”改革为例》，《公共行政评论》2015 年第 3 期。

来的实践经验。[①] 从现有文献来看，它最早可追溯至土地革命时期相关的干部部署及管理政策，并经历了不同时期革命或建设背景下的持续演变。

（一）革命战争时期：探索与运用

1927 年大革命失败后，中国共产党意识到干部工作的重要意义，开始在建立自身军队和根据地的过程中探索苏区内部及与白区之间的干部交流。1931 年的《中央关于干部问题的决议》中明确提出："现在白区各党部，应积极的征调工人，军事人材，及各种技术专门人材，输送到苏区去，苏区必须能派遣一些干部到苏区附近的白区党部中去，以及各级党部，群众组织，对于上级机关，必须有人材的供给。"[②] 在土地革命的低潮时期，中共中央通过干部交流实现了中央机关的安全转移，重建了大城市的工作并维持了其与中央的联系。[③]

抗日战争时期，干部队伍内部的复杂与多样性在根据地的发展壮大过程中逐渐凸显。确立党管干部原则后，干部交流在探索中形成了一些相对成熟的做法。1938 年，毛泽东首次提出了"任人唯贤"的干部路线，并要求在此基础上处理好军队干部与地方干部、外来干部与本地干部、老干部与新干部、工农干部和知识分子干部间的团结协作关系。[④] 1942 年的《关于有计划地培养和调剂各种干部的办法》明确要求对党政军各方面干部施行必要的调剂，"要使过去在白区工作的干部学习根据地工作，增强经验"。1943 年颁发的《军委关于部队干部实行交流的指示》则系统规定了上级和下级、前方和后方、军队和地方三种干部交流的类型。[⑤] 同期，中共中央及中组部连续多次发文对干部交流的对象、范围和时间予以了具体规定，并在边区政府先后推行了干部学习、精兵简政等配套措施。[⑥]

---

① 本文就干部交流同时使用了"机制"和"制度"两种称谓。如前注所述，前者是在贯通革命时代、建政时代与改革时代的视野下，将干部交流视作党管干部这一政治运作传统的具体"机制"；后者主要指代不同历史时期围绕干部交流工作所构建的规范性制度（体系）。另外，干部交流在不同历史时期存在不同的称呼，除"交流"外，党的官方文件还使用过诸如"调动""调剂""征调"等名称。

② 中央档案馆编：《中共中央文件选集：第 7 册》，中共中央党校出版社 1991 年版，第 344—345 页。

③ 张东保：《民主革命时期党的干部交流制度研究》，《上海党史与党建》2012 年第 11 期。

④ 《毛泽东选集》（第二卷），人民出版社 1991 年版，第 527 页。

⑤ 中央档案馆编：《中共中央文件选集：第 14 册》，中共中央党校出版社 1991 年版，第 21—23 页。

⑥ 中央档案馆编：《中共中央文件选集：第 13 册》，中共中央党校出版社 1991 年版，第 95—444 页。

解放战争时期，中国革命的形势发生了重大而广泛的变化，以调派为主的大批次干部交流有力地推进了新解放区的革命进程与全国的政权建设，“南下干部”便是最为典型的例子。自1947年解放军进驻中原始，到三大战役结束前后，中共中央几度发文敦促各地方局筹备干部南下，毛泽东还提出了“把二百一十万野战军全部地化为工作队”的指示。南下干部的派遣缓解了新解放区的干部缺乏问题，并在诸如发动群众、劫匪锄霸、土地改革、筹粮支前等一系列工作中发挥了重要作用，保证了民主革命的顺利完结。[①] 当然，这是创建新政权背景下的特殊实践，其间也出现了党员干部发展及调配过于粗放等问题。[②] 在共和国实现平稳过渡之后，大批干部如何“落地生根”便成为亟须解决的问题。

（二）中华人民共和国初期：“徘徊”与延续

新政权初步建立后，如何系统地提高干部的政治领导和业务管理水平，以适应社会主义国家建设的需求，成为当时干部管理的题中之义；其间，由于苏联模式的“示范效应”，干部交流工作一度中断，并在后期政治路线的重大调整中历经起伏。

1953年11月，中共中央仿照苏联的职务名单制正式确立了分部分级管理干部的制度，9类干部依职务由不同部门和层级的党委分工管理。“一五”期间，邓小平等中央领导人多次明确强调吸收技术干部、提升干部业务能力。[③] 基于此，中共中央于1956年确立了“稳定和提高干部”的组织工作方针。次年发出的《关于今后干部工作方法的通知》更是明确要求，干部应在一定的行业和岗位中稳定下来，避免不必要的调动，要通过回到生产、联系基层等方式在专门工作中积累经验并加紧实现专业化。[④] 然而，在大规模的经济建设中，干部队伍也在一定程度上出现了“红”与“专”的分化。知识分子出身的干部虽然通晓具体的科学技术，但容易成为“迷失方向的经济家和技术家”[⑤]。在反思苏联体制的背景下，“又红又专”

---

① 唐传喜：《南下战略与南下干部的历史贡献——兼论弘扬南下精神的时代意义》，《理论导刊》2012年第8期。

② 杨奎松：《中华人民共和国建国史研究1》，江西人民出版社2009年版，第385—394页。

③ 《邓小平文选》（第一卷），人民出版社1994年版，第251页。

④ 中共中央文献研究室编：《建国以来重要文献选编》（第10册），中央文献出版社1994年版，第43—47页。

⑤ 《毛泽东文集》（第七卷），人民出版社1999年版，第351页。

转而成为当时对后备领导干部选拔培养的明确要求。1957 年起，中共中央又多次发文布置各级党委领导干部进行下放锻炼，尤其要求机关干部或年轻干部参加体力劳动与基层工作。1958—1962 年，全国共计下放 200 万名干部。①

1962 年的全国组织工作会议明确提出，在干部工作方面逐步形成一套比较完整的“能上能下，能官能民”的制度。同年，党的八届十中全会出台了中华人民共和国成立后第一部干部交流的规范性文件——《中共中央关于有计划有步骤地交流各级党政主要领导干部的决定》，提出了对县级以上国家机关党政领导为主的党员干部定期进行跨层级、地区和部门交流的设想。② 不过，此类设想并未能太多付诸实践；在随后的“文化大革命”中，组织人事部门的工作多陷入瘫痪状态，党管干部运行紊乱，干部交流工作陷入停滞。

（三）改革开放后：重启与完善

改革开放后，在组织路线“四化”的新方针下，干部交流机制作为党管干部的运作传统和干部培养的重要举措被恢复，并展开了多维度的制度建设。1982 年，在邓小平、陈云等中央领导人的批示下，部分省市开始恢复县级以上干部的定期交流。1986 年，中共十二届六中全会提出“要把干部交流作为选拔、培养干部的重要途径”③，标志着改革开放后干部交流工作的全面启动。1990 年的《中共中央关于实行党和国家机关领导干部交流制度的决定》更是明确要求从“各部委，各省、自治区、直辖市做起，实行各级党和国家机关领导干部的交流制度”，并提出了干部交流与领导班子换届调整、后备干部培养选拔及地区间帮扶等工作协同进行的指导意见。④ 同期，中共中央也开启了部委干部面向西藏、新疆等地对口支援等特定形式的干部交流。

随着中顾委等机构的撤销和国家公务员制度的建立，一系列有关干部交流的规范性文件相继出台。1993 年的《国家公务员暂行条例》专章明确了“调任、转

① 陈凤楼：《中国共产党干部工作史纲（1921—2011）》，党建读物出版社 2012 年版，第 152 页。

② 中共中央文献研究室编：《建国以来重要文献选编》（第 15 册），中央文献出版社 1997 年版，第 575—577 页。

③ 参见《中共中央关于严格按照党的原则选拔任用干部的通知》（1986 年 1 月 28 日），中国共产党新闻网，网址：http：//cpc. people. com. cn/GB/64162/71380/71387/71591/4855033. html。

④ 参见《中共中央关于实行党和国家机关领导干部交流制度的决定》（1990 年 7 月 7 日），中国共产党新闻网，网址：http：//cpc. people. com. cn/GB/64162/71380/71387/71591/4855056. html。

任、轮换和挂职锻炼”四种干部交流类型，并提出“国家行政机关每年应当有一定比例的国家公务员进行交流”，“晋升上一级领导职务的，一般应当具有在下一级两个以上职位任职的经历”[①]。其间，诸如干部任职回避、任期制等配套制度建设也进入议程。[②] 1999 年的《党政领导干部交流工作暂行规定》成为首部干部交流的专门性规章文件，干部交流制度的框架初步形成。

21 世纪以来，干部交流制度相关环节被进一步调整和细化。2006 年实施的《公务员法》标志着干部交流首次得到国家法律层面的正式确立；交流的类型调整为“调任、转任、挂职锻炼”三种；同年出台的《党政领导干部交流工作规定》(下文简称《规定》)、《党政领导干部职务任期暂行规定》和《党政领导干部任职回避暂行规定》等文件就干部交流的相关程序作了更为明确的规定。在配套制度层面，公务员考核制、领导干部问责制和干部激励及后勤保障机制日臻完备，2014 年修订的《党政领导干部选拔任用工作条例》（下文简称《条例》）进一步凸显了交流工作经历对干部选拔培养的重要性。

（四）小结：历史传统、制度规范与体制灵活性的平衡

显然，干部交流机制并非改革开放后干部人事制度改革的“发明创造”，也承继并发展了中国共产党自民主革命时期以来的实践经验，其演进历程呈现出层次丰富的连续性。改革开放以来干部交流的制度建设，不仅着眼于解决“文化大革命”结束后“接班人”“青黄不接”的即时性问题，也试图将以往一些行之有效的做法制度化；[③] 不过不容忽视的是，这一“制度化”历程并不意味着对政治运作传统的简单模仿与延续，更涉及在回溯政治运作的传统资源时，把握制度规范的稳定性与政治机制具体运行的灵活之间的平衡。

干部交流从革命及建政时期以即时性调动为主的政策性安排，转化为当下以系统性、常规性交流为主的制度性安排，并作为后备干部培养的重要途径而不断

① 参见《中国共产党机关参照试行〈国家公务员暂行条例〉实施方案》（1993 年 12 月 8 日），中国共产党新闻网，网址：http：//cpc. people. com. cn/GB/64162/71380/71387/71591/4855083. html。

② 参见《中共中央关于印发〈党政领导干部选拔任用工作暂行条例〉的通知》（1995 年 2 月 9 日），中国共产党新闻网，网址：http：//www. people. com. cn/GB/40531/40746/2994969. html。

③ 譬如，当下干部交流中有关跨层级、区域和部门交流的制度安排，这在一定程度上恰好对应了 1943 年颁发的《军委关于部队干部实行交流的指示》这一代表性文件中所确立的上级和下级、前方和后方、军队和地方三种交流方式。

完善。总体而言，干部交流的对象、方式和规模在改革开放前各时期的变动较大，其本身作为党管干部的一种具体机制也曾遭“停用”。改革开放后，干部交流的重启则体现为由试验到推广并不断完善的建构过程，逐渐形成了一个以干部交流培养为核心的包括国家法律法规和党内规章在内的规范性制度体系。

三　干部交流机制的运行：以时任省部级领导干部交流经历为例

（一）当下干部交流的主要类型：调任、转任和挂职锻炼

2006 年实施的《公务员法》根据交流对象和程序的差别，将公务员交流明确划分为三种主要类型：调任、转任和挂职锻炼。[①] 在同年颁布的《规定》及 2014 年修订的《条例》等党内规范性文件对党政领导干部交流的规定中，这一划分方式均得到了继承。

调任，是指国有企事业单位、人民团体和群众团体中从事公务的人员调入党政机关任职，以及相应干部调出党政机关任职，故可进一步划分为“党政机关与企事业单位之间”和“党政机关与群团组织之间”两种形式。《条例》特别强调：“地方党政班子成员应当注意从担任过县（市、区、旗）、乡（镇、街道）党政领导职务的干部和国有企事业单位领导人员中选拔。”调任的功能是推动各类党政系统与担负有一定“政治任务”或社会经济功能的人民团体及企事业单位之间的人才流动，拓宽人才汲取渠道，优化干部队伍结构。

转任，有别于调任的“跨系统”交流，主要是指“党政系统”内的干部在不同区域或部门之间的调动，故可划分为“部门之间”“地方之间”“地方与部门之间”三种形式。《公务员法》第十一章第六十五条规定：“对省部级正职以下的领导成员应当有计划、有重点地实行跨地区、跨部门转任。对担任机关内设机构领导职务的公务员，应当有计划地在本机关内转任。”2006 年实施的《规定》和 2014 年修订的《条例》将省部级以上的领导干部也纳入了转任交流的对象。转任

① 需要说明的是，“轮岗”曾被列为四种干部交流方式之一，主要指党政机关内设机构的领导成员在机关内部的职位轮换，2006 年施行的《公务员法》将其并入“转任”类型。

是“党政系统”干部主要的交流类型，其功能在于进一步拓展相应干部的执政经历，交流的地区或部门范围一般视干部管理权限而定。

挂职锻炼，不同于调任、转任两种主要基于任期制的交流，它指的是党政机关、人民团体以及国有企事业单位选派人员到其他单位任职的“暂时性”交流。挂职锻炼人员不改变与原单位的人事关系，接收单位主要在具体业务上领导挂职人员；时间一般为半年到两年，因而是一种更具灵活性的制度安排。作为干部交流方面的重要规范性文件，《规定》和《条例》并未针对其挂职锻炼的程序要求做出明确规定。①

（二）时任省部级领导干部的“修炼”历程：基于1101个样本的交流经历分析

1. 对象选取、数据来源及编码方法

以下，本文选取了668位时任省、直辖市、自治区及新疆生产建设兵团（下文简称“省市区”）党政领导干部和433名时任中央部委党政领导干部的职业发展历程作为统计分析的对象。这1101名领导干部并非仅限于某地区或部门的一两名主官，而是基本涵盖了所有中央部委和省市区的党政领导班子成员。本文将对这1101名省部级领导干部的各类交流经历予以编码统计，同时统计省部级正职干部群体跨省（部委）交流的具体次数，以期能够分类比较，细致地呈现干部交流的制度安排和运行情况。这一群体虽然现任职级较高，但每个人都是从更低层级的干部晋升上来的。因此，关注他们的履历，也就意味着关注了同一数量的领导干部在一个较长时间段内更为完整的职业发展过程中的交流经历。

本文各表所统计的干部履历职位信息，均整理自“中国领导干部资料库”（http://cpc.people.com.cn/gbzl/index.html，截至访问日期2016年4月2日）。依其时任职务，这1101名时任省部级领导干部共可细分为六类群体。具体而言，668名时任“块块”干部涵盖32个省级地方行政单位，包括32名省市区党委书记、32名省市区政府正职和604名上述单位的其他省级主要领导干部；433名时任“条条”干部则涵盖党中央的16个部门机构和国务院的25个组成部门、1个

① 《规定》第三条提到：“挂职锻炼工作另行规定”。但是，目前尚无公开的中央级专门规范性文件可以查证。

直属特设机构、15 个直属机构及 4 个办事机构（不包括相关直属事业单位和部委管理局），包括 15 名党中央部门机构正职[①]、45 名国务院部门机构正职[②]和 373 名上述单位其他部级主要领导干部。合署办公的部门或机构的领导干部履历职位信息依其编制序列的归属划类，具体编制信息参见“中国机构编制网”（http：//www. scopsr. gov. cn/zybw/，截至访问日期 2016 年 4 月 2 日）。

针对上述六类领导干部的履历职位信息，本部分将主要基于干部交流的多重形式，挖掘其全部交流任用经历，并编码计数。表 1—3 的具体编码方法为：根据统计对象的履历职位信息判断其是否拥有某类交流经历。若有，无论其具体次数，均在该类交流经历的“人数”栏中增加“1”。总体而言，并非所有的职务调整都构成交流任用，编码类别主要依据干部某次主要职务调整前后所辖部门职能/属性和任职地区的变化来确定。如上文所述，调任类型可细分为“党政机关与企事业单位之间”和“党政机关与群团组织之间”两种形式，转任类型可细分为“部门之间”“地方之间”“地方与部门之间”三种形式，挂职锻炼因其交流程序较为特殊，一般会在履历中专门注明。另外，针对干部在中央部委与其地方分支机构或地方党政机关之间这类颇具“成长意义”的纵贯交流，我们还列出了“中央与地方之间”交流作为特别观察项进行考察，而此类交流会同时以某种调任或转任的具体交流形式予以编码。[③]

对于少数情况相对模糊的案例中，则会具体推断该次调整是否会导致工作内容、工作环境的明显变动，并溯因编码。具体而言，在调任类型中，主要依据具体岗位职责和性质编码，若某次交流任用前/后的职务为企事业单位内的群团工作岗（譬如内设于高校或国有企业的团委书记），则以“党政机关与群团组织之间”编码；[④] 在转任类型中，只要发生了主要职务所辖部门或地区的变动，即便部门或

① 截至 2016 年 4 月 2 日，中央办公厅和中央直属机关工委这两个部门的正职领导同为一人，在“党中央部门机构正职”中按 1 人编码。

② 截至 2016 年 4 月 2 日，国务院国有资产监督管理委员会含 2 名正职领导干部，国务院研究室正职领导暂时空缺，故国务院部门机构正职群体仍为 45 名。

③ 若某次调任/转任前后的单位所在地分别为北京与京外某地，则同时以“中央与地方之间”和该类调任/转任形式归类计数，此类情况常见于曾长期任职于实行双重管理机构的领导干部；当然，“中央与地方之间”不可能与“部门之间”产生同时编码。本文未将中央与地方之间的挂职锻炼纳入特别观察项的考察。

④ 一般而言，此类干部在群团组织的任职经历会表现出一定程度的“惯性”，往往曾在多个不同层级的群团工作岗位上接受历练。

地区的变动为内设部门或具有隶属关系的不同行政区域间的调整，也均以“部门之间”或“地方之间”编码；若同时满足，则以“地方与部门之间”编码。值得注意的是，在中国党管干部的职级序列中，某些调任或转任案例中实际存在的职务升迁并不影响上述原则的适用。进而言之，职务升迁势必引起干部岗位职责的“扩容”提升，通常至少可以在“部门之间”一栏中予以编码。

2. 时任省市区党政领导干部交流经历分析

表1展示了时任省市区党政领导干部各群体拥有各类交流经历的人数及所占比例。① 一个最为明显的结论是，所有的省市区党政领导干部都至少有过部门之间的交流经历，而不同群体的省市区党政领导干部的具体交流经历存在明显差异。

表1　　时任省市区党政领导干部各类交流经历统计

交流类型 \ 职务		党委书记		政府正职		其他主要领导	
		人数	比例（%）	人数	比例（%）	人数	比例（%）
调任	党政与企事业	11	34	16	50	198	33
	党政与群团	16	50	6	19	129	21
转任	部门之间	32	100	32	100	604	100
	地方之间	28	88	23	72	444	74
	地方与部门之间	31	97	25	78	444	74
中央与地方之间		19	59	12	38	107	18
挂职锻炼		1	3	6	19	59	10

资料来源：作者自制。

从调任经历来看，拥有最多企事业调任经历的群体为省市区政府正职，达到了其群体的50%，具体业务领域的丰富经验无疑有利于其领导政府部门务实有效的决策。相应地，省市区党委书记拥有最高比例的群团组织调任经历，其他两个群体大抵持平，这应主要与省市区党委书记大多都有在共青团的某省省委或团中央任职的经历有关。一般而言，这一经历将为其进入更高层级的培养历练提供年

① 具体的计数方法（以下各表同）为：根据统计对象的履历判断其是否拥有某类交流经历判定。若有，无论其具体次数，均在该类交流经历的“人数”栏中增加“1”。一位领导干部可能同时经历几种类型的交流，并且某一次的交流经历也可能会同时导致特别观察项与调任或转任交流类型统计结果的增加。

龄等方面的优势。从转任经历来看，省市区党委书记的地方之间和地方与部门之间的交流经历相对最为丰富，分别占到其总体的88%和97%。相比之下，省市区政府正职与省市区其他主要领导干部则要“稍逊一筹”，并表现出了较高的同质性。可以说，上述四种的调任及转任交流形式的数据在省市区党政领导干部的三个群体中均呈现出“一多两少”的分布规律，即由其中一群体占据某一具体交流形式的“峰值”，而其他两群体的数据则较为接近。

与之不同的是，特别观察项的数据在省市区党委书记、政府正职和其他主要领导干部三个群体间呈现明显的梯次分布规律，分别为59%、38%、18%。中央与地方之间的交流作为大跨度、高规格的干部交流形式，交流易职后所面临的不同地区和（或）不同部门间的差异都意味着巨大的工作挑战与历练，此类交流经历的丰富程度与领导干部现有的职务层级呈现出一定的相关性。

最后，从挂职锻炼这一特殊的交流类型来看，所有干部群体中拥有挂职锻炼交流经历的比例明显低于调任、转任两种交流类型，且其数据与“地方之间”交流形式的数据表现出了一定的互补性。与前文对应，这应与省市区党政领导干部大多成长于基层、较少需要以挂职锻炼的方式“弥补”基层实践经验之“短板”相关。以省市区党委书记和政府正职中有过挂职锻炼经历的7人为例，他们均成长于中高层政府机关、企事业单位或共青团组织，在步入“厅局级”干部序列后以挂职锻炼的方式开启其基层历练过程并不断“成长”。

3. 时任中央部委党政领导干部交流经历分析

表2呈现了时任中央部委党政领导干部各群体拥有各类交流经历的人数及所占比例。显而易见，所有中央部委的党政领导干部也都至少有过部门之间的交流经历，且其他各种交流经历的“规律性”与省市区党政领导干部有同有异。其中，中国共产党的中央部门机构正职作为职务层级相对最高的群体，其数据表现出了较大的特殊性。[①]

① 在中国的政治体制中，党中央对全国人大、国务院、全国政协、最高人民法院、最高人民检察院、中央和国家机关各部门、各省区市、人民军队、各人民团体、各企事业单位、各社会组织实行集中统一领导。截至2016年4月2日，时任党中央各部门机构的15名正职领导中包含6名政治局委员、2名国务委员，即有过半数的成员担任通常所说的“副国级”职务。

表 2　　时任中央部委党政领导干部各类交流经历统计

交流类型 \ 群体		党中央部门机构正职		国务院部门机构正职		其他主要领导	
		人数	比例（%）	人数	比例（%）	人数	比例（%）
调任	党政与企事业	8	53	20	44	151	40
	党政与群团	4	27	7	16	21	6
转任	部门之间	15	100	45	100	373	100
	地方之间	11	73	15	33	117	31
	地方与部门之间	7	47	23	51	97	26
中央与地方之间		11	73	26	58	157	42
挂职锻炼		1	7	4	9	81	22

资料来源：作者自制。

从调任经历来看，中央部委党政领导干部的数据呈现梯次分布的态势，峰值均为党中央部门机构正职占据，国务院部门机构正职次之，中央部委其他主要领导的相应数据最低。从转任经历来看，“地方之间”交流依然呈现“一多两少”的态势，领衔者仍是党中央部门机构正职这一群体。不过，“地方与部门之间”交流经历则呈现为“两多一少”的态势，党中央部门机构正职领导的数据甚至略低于国务院部门机构正职，但两者的数据均明显高于中央其他部委主要领导。这可能与中央部委正职领导干部多由地方主官与部委主官“交错”甚至“来回”任职的经历有关。

与省市区领导干部类似，特别观察项“中央与地方之间”交流的数据在三个群体间的分布依然呈现梯次分布规律，从高到低分别是党中央部门机构正职、国务院部门机构正职、中央部委其他主要领导干部。由于中央部委领导干部通常要有地方任职经历，而“地方之间”交流与挂职锻炼皆可补足这一要求，且其数据也同样明显低于调任、转任两类。

4. 对比分析及小结

表 3　　时任省市区及中央部委党政领导干部总体交流经历对比

交流类型 \ 群体		省市区党政领导干部		中央部委党政领导干部	
		人数	比例（%）	人数	比例（%）
调任	党政与企事业	225	34	179	41
	党政与群团	151	23	32	7

续表

群体 交流类型		省市区党政领导干部		中央部委党政领导干部	
		人数	比例（%）	人数	比例（%）
转任	部门之间	668	100	433	100
	地方之间	495	74	143	33
	地方与部门之间	500	75	127	29
中央与地方之间		138	21	194	45
挂职锻炼		66	10	86	20

资料来源：作者自制。

通过对表1和表2的分别解读，我们可以看到，不同群体的领导干部交流形式的侧重不尽相同。如表3所示，若进一步将中央部委党政领导干部和省市区党政领导干部分别视作一个整体，不难发现，一方面，主政“条条”与“块块”往往也意味着在人才汲取渠道和干部培养路径方面的微妙区别；另一方面，两个群体因干部交流机制实则也存在相当的“流通”。中央部委党政领导干部具有从企事业单位调任经历的稍高于省市区党政领导干部，而省市区党政领导干部则更多地拥有从群团组织调任的经历。在转任经历方面，省市区党政领导干部则表现出“压倒性优势”，拥有丰富的地方成长经历，这应该与主政一方的领导岗位要求具备多层级的地方治理经验有关。相较而言，中央部委党政领导干部中成长于中高层机关的人员较多，其中拥有挂职锻炼经历的比例为20%，这一数据是省市区党政领导干部的2倍。进一步追踪发现，拥有挂职经历的86名时任中央部委党政领导干部中，有54名没有任何转任经历，达到了有挂职经历的干部群体的63%。而地方挂职锻炼的经历，或许能在一定程度上丰富他们的基层工作阅历，以便通过实地了解某一系统或领域内的基层实情，为更好地制定全国性的政策提供切实经验。

总结上述分析，我们可以看出以下两点规律：第一，所有的时任省部级领导干部都有交流任职经历，干部交流成为高级领导干部成长的必经之途。第二，不同群体的领导干部在交流经历的类型侧重和丰富程度上不尽相同。这主要因为不同的干部群体在人才汲取渠道和培养路径上的差异，“块块”的干部群体中拥有转任经历的比例往往高于“条条”的干部群体；相应而言，“条条”的干部群体中拥有央地“纵贯”交流和挂职锻炼经历的比例往往高于“块块”群体。进一步而言，干部交流的实际运行在其作为干部培养的“必经之途”和“多样路径”间的丰富图景，无论是职务层级、任职群体等因素的相关影响，抑或是调任带来的工作背景多元化、挂职锻炼的“补课”效用，实则也是这一历史机制在制度规范的稳定性与保持体制运行的灵活性之间平衡的又一例证。

四　结论与讨论：大国治理与干部交流培养

“组织路线是保证政治路线贯彻落实的。”[①] 政治人才的培养问题并不局限于人力资源视角下对个人素质能力的提升，还事关如何回应大国治理实践的多重（甚至是矛盾的）需求，包括如何应对“官”“吏”之间、央地之间以及国家与社会之间的复杂关系。[②] 干部交流作为党管干部体制下独特的干部培养机制，在一定程度上体现了中国共产党为应对大国复杂治理的需求而做出的努力，对其进行考察也为我们呈现了各类干部接受培养历练的丰富图景。

通过相当长时间的探索和制度建设，当下的各级干部通过一系列正式的制度框架被统一纳入了交流任职体系之中，依据干部管理权限在相应层级内进行不同岗位间的交流任用。在此过程中，干部们将获得更全面的政治阅历，弥补经验和能力的“短板”；待他们晋升至更高层级的工作岗位时，便更有可能较好地履行职责，尊重乃至指导地方的创新实践，以及可以有意识地进行换位思考以克服来自机关的官僚主义。[③] 同时，干部交流存在多样的制度安排和灵活的运行空间，并在当下的实践中仍然呈现不断调整和多样化的动态趋势。上文已从多方面证实，三种不同类型的干部交流各有其特殊的“培养效用”，并存在多重的实践形式。转任是党政干部主要的交流类型，调任和挂职锻炼类型的干部交流可突破常规的任职系统和区域的限制，大幅度扩展干部交流的范围。进一步而言，不同干部群体差异化的交流成长路径、中央与地方各级多样化的交流实践形式在拓展人才录用渠道、促成区域间协同发展过程中也承担着重要角色。也即，干部交流既可与纵向

---

① 《邓小平文选》（第二卷），人民出版社1994年版，第193页。

② 周雪光：《从“官吏分途”到“层级分流”：帝国逻辑下的中国官僚人事制度》，《社会》2016年第1期。

③ 胡鞍钢：《中国集体领导体制》，中国人民大学出版社2013年版，第81页。

视野下基层导向的人才吸纳相联系,① 也可同横向视野下扶贫、援藏援疆等区域间的协同发展工作相联系。② 而这种联系对中国这样一个民族文化多元、政治经济发展不平衡的大国来说具有特别重要的意义。

相比之下，欧美等发达国家的官僚人事体制一般基于政务官与事务官的区分，对官员的培养任用呈现“政治—行政”的二元结构。政务官一般包括政府首脑、立法机构议员以及各级政府首脑任命的高级文官。他们的背景一般也较为多元，不少曾是各个行业的精英，通过竞争性选举或政治任命的方式进入政治决策的高层舞台。基于竞争性选举的立法机构代表也需在一定任期内的各项事务中“忠诚”于所在选区，经由政治任命的政务官多受制于政府首脑的任期而与之共进退。事务官则指更为广泛的中低层常任文官群体，该群体的制度性确立旨在规避早期官僚制中“政治恩赐”的行政效率问题和政府更迭的动荡影响。他们一般在原则上被要求“政治中立”，并主要基于考试录用和功绩晋升。③ 横向上，事务官所在部门的管理体制相对分化，部门间流动性不大；垂直方向上，他们也往往难以突破政治任命的“天花板”。

总体而言，当代中国的干部在交流任用这所“治理学校”（区别于集中进行理论学习的党校培训）中历经一系列的“实战性”培养，并在不同的工作岗位上履行其治理职责。他们的成长路径明显区别于代议民主制下的选任官员，也不同于科层制下功绩式晋升的官僚。因此，简单地将中国的干部管理体制与科层制或选任官员中的一种进行比较④只能部分地反映其特征。当然，自 20 世纪 80 年代起，美、英、澳等国均改革设置了一批融合上述两类官员的职业序列。这类作为政务官和事务官中介的高级公务员，在一定程度上实现了跨部门流动，从而改进

---

① 《规定》中明确要求地区之间的干部交流“重点围绕国家经济社会发展战略和人才战略、地方经济社会发展布局和支柱产业及重大项目建设进行”；中央和省级党政机关则应注意选调基层党政领导班子的优秀年轻干部交流任职，同时有计划地选派机关干部到地方任职。2010 年发布的《2010—2020 年深化干部人事制度改革规划纲要》也有类似表述。

② 譬如，挂职锻炼在支持国家“老少边穷”地区发展的工作中具有丰富的实践样态，包括中组部、统战部和国家民委组织的中央机关与西部地区和其他民族地区的专项挂职，高等院校与地方政府间的“博士挂职团”和地方政府与发达地区民营企业间“取经 + 招商”式挂职等多重形式。

③ 参见朱立言、卢丹、龙宁丽《美国文官制度的变革与思考》，《公共管理学报》2010 年第 1 期。

④ Bo. Rothstein, “The Chinese Paradox of High Growth and Low Quality of Government: The Cadre Organization Meets Max Weber”, *Governance*, Vol. 28, No. 4, 2015, pp. 533 – 548.

了人力资源结构，增强了政治人才任用培养的灵活性。[①] 这一趋势在一定程度上可以视为与中国的干部交流机制的殊途同归；毕竟，治国理政人才的培养往往难以一蹴而就，它需要精巧的制度安排和深厚的实践智慧。

最后，需要特别指出的是，本文并未致力于构建单一的因果关系。因为，必须承认，对于一部分领导干部而言，我们也无法完全确定，到底是因为他们被选拔为培养对象之后才获得交流机会，还是因为他们有过交流任职经历后才成为被培养和晋升的对象。实际上，已有学者对干部晋升中“互为因果”的机制展开了讨论。[②] 不过，两者这种可能互为因果的关系状态并不妨碍我们讨论干部交流机制的现实意义，毕竟，至少对于一部分领导干部而言，交流培养应是其职务晋升过程中的必备条件，如若不然，我们也就无法理解中国共产党为什么会在如此长的历史时期内坚持和发展这一实践。此外，如何认识干部交流机制的运行逻辑同特定的社会经济后果之间的关联，需要我们在下一步的研究中继续考察。

① 参见朱立言、卢丹、龙宁丽《美国文官制度的变革与思考》，《公共管理学报》2010 年第 1 期。

② 林挺进：《中国地级市市长职位升迁的经济逻辑分析》，《公共管理研究：第 5 辑》，格致出版社 2007 年版，第 45—68 页。

民主与治理

论香港政治发展的范式转换

王　衡*

[**内容提要**]　香港回归祖国以来在政治发展方面取得了举世瞩目的成就，同时也面临“泛政治化”“民粹主义”“本土分离主义”“否决政治”“街头政治”等现实问题和突出矛盾，这深刻地折射出选举民主范式的理论缺陷与实践困境。作为英国“殖民撤退”战略的产物，选举民主在香港的引进与推行本质上属于“普选迷思”，它遮蔽了有效治理对于政治发展的重要性。竞争性选举的推行需要在经济发展、社会结构、国家认同、政治文化、政治制度等方面具备充分条件，否则极易带来不确定性后果，这从根本上决定了香港的普选进程必须根据实际情况循序渐进地推行。当前香港政治发展亟须理论转型与政策转向，在确立与国家治理相一致的价值目标、实现不同治理主体之间的良性互动、追求治理制度体系的全方位完善和治理能力的全方位提升等原则的基础上，将焦点从静态结构转向动态功能、从体制变迁转向实质效果，以经济增长、民生建设、国民教育和政治互信重塑香港良性政治生态。

[**关键词**]　政治发展　范式　选举民主　民主化　国家治理

* 王衡，中国人民大学马克思主义学院讲师，北京高校思想政治理论课高精尖创新中心研究员。本文为北京高校中国特色社会主义理论研究协同创新中心（中国人民大学21世纪中国马克思主义研究协同创新中心）阶段性研究成果。

一　引言

回归祖国的二十年间，香港政治发展走过了不平凡的发展历程。在中央政府和祖国内地的大力支持下，香港特别行政区政府带领香港各界人士攻坚克难、砥砺奋进，不仅保持了香港经济平稳发展和各项社会事业迈上新台阶，而且坚定不移地按照香港“基本法”和全国人大常委会有关决定的规定，推动以行政长官产生办法和立法会产生办法为主要内容的民主政制循序渐进向前发展，香港政治发展取得巨大成就和长足进步。①

然而与此同时，香港在政治发展的进程中也遇到了一些亟待解决的现实问题和突出矛盾。围绕“二十三条立法”“国民教育”“双普选”“公民提名”等议题，所谓“泛民主派”和“本土派”不断挑起政治纷争，甚至于2014年煽动发起非法“占中”运动，试图将香港拖入社会撕裂和政治对抗的泥沼。无论是“泛政治化”“民粹主义”等危险倾向的加剧，还是“港独”“本土分离主义”等极端思潮的抬头；无论是以“杯葛”（boycott）和“拉布”（filibuster）为表现形式的“否决政治”的兴起，还是以“街头政治”为表现形式的非制度化政治参与，香港政治发展进程中所暴露的诸多问题不仅给香港的繁荣和稳定带来了负面影响，而且对“一国两制”在香港的成功实践构成了严峻挑战。由此可见，重塑良性政治生态已经成为香港管治团队当前以及未来相当长一段时期内面临的关键任务。

香港良性政治生态的重塑，一方面需要政策层面的针对性调整，另一方面更离不开认识论层面的突破，尤其是研究范式、理论范式和思维范式的转换与更新。长期以来，香港政治发展的焦点被认为是“民主化”，尤其是实现行政长官选举和立法会议员选举“双普选”。换言之，选举民主是香港政治发展的归宿和落脚点。然而，在政治发展与选举民主画等号的同时，有一些更为重要的问题却没有得到充分的讨论。作为外生型政治制度，选举民主在后发国家和地区的引进与推行需要哪些前提条件？这些条件在香港是否已经完全成熟？倘若脱离了实际条件，选举民主究竟会给香港政治带来发展还是制造问题？如果不是选举民主，那么香港

① 参见中华人民共和国国务院新闻办公室《“一国两制”在香港特别行政区的实践》，人民出版社2014年版。

政治发展的出路在哪里？针对上述问题，本文将从历史、理论与实践等维度分析选举民主范式对于解释和指导香港政治发展的无效性与误导性，揭示香港政治发展范式转型的必要性，并尝试从国家治理的角度提出香港政治发展的替代性范式。

二　以选举民主为范式的香港政治发展：由来、实质与症结

（一）“殖民撤退”战略：选举民主在香港的由来

要探究选举民主与香港政治发展的关系，首先必须厘清其在香港的来龙去脉。众所周知，在长达140多年的殖民统治时期英国在香港推行的是典型的专制统治。由英王委派的总督集行政、立法大权于一身，不仅直接行使行政管理权，而且还通过主持立法局会议行使立法权。鉴于港督高度集权、政治决策皆由行政官员做出等特征，即便西方学者也直言不讳地将港英政府归类为“独裁政体”，并提出了“无党行政邦”（administrative no - party state）[①]、“行政集权主义”（administrative absolutism）[②] 等概念用以描述受殖民统治时期的香港政治。

尽管民主程度很低，但由于建立了较为健全的法治体系和高效廉洁的文官队伍，受英国殖民统治的香港基本维持了政治体系的有效运转。尤其是1967年“反英抗暴运动”发生后，英国为了维持其在香港的殖民统治，一方面设立各种各样的咨询委员会将代表多元化社会力量的各路精英网罗麾下，另一方面通过委任制方式对不同利益群体的政治参与诉求进行有序吸纳。[③] 在金耀基等学者看来，这种以行政渠道将社会利益及其表达汇聚起来的政治过程的实质是“行政吸纳政治”（administrative absorption of politics），它既承担了精英整合的功能，同时也实现了政治权威的合法化，这成为香港“政治安定的一个根本性原因”[④]。与此同时，港英政府还通过发展经济、提供公共服务、提高社会福利水平，刻意回避香港的政治属性，不断强化香港的“工商社会”属性，将原本涉及国家主权的政治问题简

① 参见 Harris, *Hong Kong: A Study in Bureaucratic Politics*, Hong Kong: Heinemann Asia, 1978。

② 参见 Rabushka, *Hong Kong: A Study in Economic Freedom*, Chicago: University of Chicago Press, 1979。

③ 刘曼荣：《港英政治制度与香港社会变迁》，广东人民出版社2009年版，第253页。

④ 邢慕寰、金耀基：《香港之发展经验》，香港中文大学出版社1985年版，第14页。

化为社会治理问题，形成了“未开发”的政治领域与“过度开发”的社会领域相结合的“社会容纳政治”（social accommodation of politics）机制。[①] 在上述“去政治化”治理策略的塑造下，香港社会形成了特有的“功利型家庭主义”（*utilitarianistic familism*）政治文化，[②] 与选举、民主等宏大政治议题相比，普通香港民众更关心社会经济发展状况及自身的生活水平，这种政治观念在相当长一段时期内是维系香港政治秩序和社会稳定的心理基础。

然而，随着中英两国关于香港问题谈判的开启，情况开始发生变化。自 20 世纪 80 年代起，港英政府开始有计划地在香港推进包括立法局直选、开放政党政治等举措在内的激进民主化改革。尤其是“末任总督”彭定康于1993 年推出的“政改方案”将功能界别议员的间接选举制度变成直接选举，并变相扩大立法局直选议席，旨在将香港政治制度从“行政主导”转变为“立法主导”，借此实现一箭双雕的政治目的：一方面展现英国的所谓“开明”与“德政”，站在民主的道德制高点向中国政府施加政治压力；另一方面，通过政制“直通车”的方式对政权交接后的香港政治继续施加影响，为与中央相抗衡的政治力量在香港回归后有机会夺取管治权埋下伏笔，企图将香港变成英美与中国进行意识形态和地缘政治较量、对中国进行“和平演变”的前线哨所。[③]

如果熟悉英国历史就不难发现，上述做法是英国的惯用手段。表面上，英国以推动民主化进程的方式逐步放弃了其殖民统治权，实质上却通过政治制度的输出和移植延续其政治影响力，并将自己长期培养的殖民地政治精英推向领导地位，从而最大限度地维护其战略利益。对此，强世功曾一针见血地指出“这种渐进撤退的‘非殖民化’，反而变成以退为进的‘再殖民化’”[④]。从南亚到撒哈拉以南的非洲，英国这套“殖民撤退”（colonial withdrawal）战略屡试不爽，它与美国在冷战后推行的“民主促进”（democracy promotion）战略相配合，给前殖民地国家和地区带来了无尽的政治纷争和社会动荡。从某种程度上说，英国的“殖民撤退”战略在香港达到了其预期目的。香港回归前夕启动的激进民主化改革不仅直接孕

---

① 参见刘兆佳《香港社会的政制改革》，中信出版社 2016 年版。

② 参见 Lau, Siu - kai, “Chinese Familism in an Urban - Industrial Setting: The Case of Hong Kong”, *Journal of Marriage and the Family*, Vol. 43, No. 4, 1981, pp. 181 - 196。

③ 周平：《香港政治发展：1980—2004》，中国社会科学出版社 2006 年版，第 160—172 页。

④ 参见强世功《中国香港：政治与文化的视野》，生活·读书·新知三联书店 2010 年版。

育出今日香港政治纷争的局面，而且重塑了相当一部分香港民众的政治观念。在“竞争性选举是衡量民主的唯一标准”的观念灌输下，不少香港民众开始对普选产生强烈的期许，认为只要实现了普选香港的一切问题就可以迎刃而解；“泛民主派”则顺势将普选抬高到不可替代的位置，并在选举范围、选举程序、候选人提名方式等问题上提出激进要求，普选成为香港反对派收买人心并与中央对抗的筹码；而一向主张循序渐进推动香港民主化进程的中央政府，却因为坚持《基本法》中所规定的“特首候选人必须爱港爱国”“具有广泛代表性的提名委员会”等选举原则，被反对派贴上了“压制民主”（keeping democracy at bay）[①] 的标签。

综上所述，选举民主在香港经历了“从无到有”的发展历程。在精心的战略部署下，英国将竞争性选举制度从外部移植到香港的政治体制之内，并以“民主化”为旗号对香港社会进行了空前广泛和旷日持久的政治动员。通过理论建构和意识形态建构，英国将香港政治发展的焦点引导到“普选”问题上，成为时至今日香港“泛政治化”的历史根源。总之，作为英国“殖民撤退”战略的产物，选举民主给香港带来了严重的负面溢出效应，干扰着香港特别行政区政府管治权的有效行使，并影响着“一国两制”框架下的香港政治发展进程。

（二）“普选迷思”：选举民主范式的实质

以选举民主为范式的政治发展思路究其本质是一种“普选迷思”（the myth of universal suffrage）。所谓迷思就是人们为了特定目的而编造出的神话故事，它往往具有片面性、虚假性和迷惑性。应当承认，作为现代民主制度的重要实现形式之一，普选具有其存在的合理性，最终实行“双普选”也是中央通过《基本法》做出的庄严承诺。然而，对普选的认可和追求不等于对普选的盲从与迷信，如果片面强调“普选一定能够带来政治发展”甚至“普选就是政治发展本身”，那么就陷入了“普选迷思”的误区。具体而言，“普选迷思”有三重表现或者说三个步骤：

一是将民主视为评判政治发展的唯一标尺。在过去的半个多世纪中，学术界围绕“政治发展”这一概念提出了各式各样的定义和衡量标准。以阿尔蒙德和科

---

① 参见 Pepper, *Keeping Democracy at Bay: Hong Kong and the Challenge of Chinese Political Reform*, Lanham: Rowman and Littlefield, 2008。

尔曼为代表的结构功能主义学派认为政治发展的内容包括政治结构的分化、各子系统的自主性以及政治文化的世俗化；[①] 沃德和鲁斯托认为除了政治体系的结构优化与效能提升外，政治权力的高度整合、政治决策的理性化、政策执行的高效化、政府对社会利益的广泛代表、民众对政府的高度认同以及政治运行的法治化也是政治发展的题中之义；[②] 亨廷顿则强调社会各集团高度参与政治以及表现为政治体制适应性、复杂性、自主性和凝聚性的政治制度化对于政治发展的重要意义，认为"现代政体之有别于传统政体就在于它的政治参与水平，而发达政体之有别于不发达政体则在于它的政治制度化水平"[③]；派伊从民族国家的建立、行政和法律的发展、个人平等的实现、政治动员与大众参与等十个方面提出政治发展的标准。[④] 由此可见，政治发展没有绝对的单一尺度，广义的政治发展应当包含政治权力的整合、政治秩序的保障、政治结构的优化、政治规则的确立、政治制度的完善、政治功能的有效发挥、政治参与的扩大、政治文化的理性化等多维度。政治民主化只是上述诸多面向之中的一个要素和环节，将民主作为衡量政治发展的唯一标尺实际上严重缩小了政治发展的内涵。

二是将普选视为评判民主的唯一标尺。民主既涉及价值模式也涉及实践模式，既包含理论形态也包含制度形态。从价值模式来看，民主在当今世界得到了普遍的认同和推崇，几乎成为现代政治合法性的主要论证方式；但从实践模式来看，民主却是具体的，从直接民主到代议制民主、从选举民主到协商民主，民主的制度形式丰富多样，民主价值的实现绝不会拘泥于某一种刻板的模式。因此，对民主的评判应当基于民主的整体内涵，至少应当包括民主选择、民主运转、民主效果三个维度。仔细分析不难发现，普选充其量只是民主选择维度上的标准。诚然，民主选择是民主的重要构成，但它显然不能单独构成评判民主的全部标准。以"有无普选"评判"是否民主"的最大误区在于混淆了民主的形式与实质，"没有认真对待除普选之外其他促进人民向当权者施压和问责的机制"[⑤]。总之，将普选作为衡量民主的唯一标尺实际上严重窄化了民主的定义。

---

① 加布里埃尔·A. 阿尔蒙德等：《发展中地区的政治》，任晓晋等译，上海人民出版社 2012 年版。

② 参见 Robert E. Ward and Dankwart A. Rustow, *Political Modernization in Japan and Turkey*, Princeton: Princeton University Press, 1964。

③ 参见亨廷顿《变化社会中的政治秩序》，王冠华等译，上海人民出版社 2008 年版。

④ 参见鲁恂·W. 派伊《政治发展面面观》，任晓等译，天津人民出版社 2009 年版。

⑤ 刘兆佳：《香港社会的民主与管制》，商务印书馆（香港）2017 年版。

三是将差额选举、公民提名等选举形式和程序视为评判普选的唯一标尺。选举办法和候选人的提名方式是西方选举政治的关键环节，但它们归根结底属于政治制度中技术层次的范畴。从选举程序的角度看，普选的实现显然不仅仅局限于差额选举和公民提名权这两种形式。把选举的技术性标准当作整套选举制度的评价依据，这是典型的舍本逐末思维。更何况，对普选的评价不能只看它采取的方式而必须关注其结果，尤其是普选最终是否真正选出能够推动香港政治社会发展的领导人。此外，香港普选的推进一方面必须受到严格的法律规范和制度约束，另一方面必须考虑到其施行可能带来的后果以及社会的可承受能力，从香港的实际情况出发进行具体的机制设计。由此可见，将差额选举、公民提名权作为衡量普选的唯一标尺实际上严重限制了普选实现形式的多样可能性。

以上分析表明，选举民主范式通过对一系列概念的偷换和歪曲，将竞争性选举奉为政治发展的圭臬，“普选迷思”是对民主价值的“矮化”和对民主内涵的“窄化”。“差额选举＋公民提名＝普选＝民主＝政治发展”这一极度简化的公式遮蔽了政治发展的大量其他内涵。从理论渊源上看，这种片面的政治认知应当追溯至以熊彼特为代表的选举民主理论。在熊彼特看来，“民主方法就是那种为做出政治决定而实行的制度安排，在这种安排中，某些人通过争取人民选票取得作决定的权力”①，这种民主观产生了深远的理论影响。可以说，冷战以来西方的民主化、民主转型和民主巩固理论本质上都属于选举民主范式指导下的政治发展思路。

如果将选举民主范式置于世界政治理论的整体图景中进行考察不难发现，它所追求的政治发展其实是以西式民主为蓝本的体制变迁，属于“求变”的政治学。② 然而从“民主的第三波”“颜色革命”到“阿拉伯之春”，世界政治的现实告诉我们，竞争性选举在许多非西方国家和地区不仅没有带来高质量的民主，反而带来了严重的治理问题。对此，我们有必要思考问题的症结所在。

（三）“南橘北枳”：选举民主范式的症结

事实上，比较政治研究的大量结论都在反复证明着“橘生淮南则为橘，生于淮北则为枳”的道理。作为外生型政治制度，选举民主的推行需要以与之相配套

---

① 约瑟夫·熊彼特：《资本主义、社会主义与民主》，吴良健译，商务印书馆1999年版，第337页。

② 杨光斌：《从求变到求治：中国政治学研究范式转型》，《中国社会科学报》2017年4月19日。

的一系列条件为前提，否则极易酿成苦果。联系香港的实际情况，以下五项原理意味着选举民主范式非但难以带来政治发展，反而可能成为政治衰败的根源。

第一，在经济发展遇到瓶颈的社会中，选举民主容易导致经济问题转化为政治问题，进而加剧“泛政治化”趋势。政治的本质在于公共权力对资源的权威性分配，因此政治活动必然受到经济结构的深层次制约。在经济能够保持持续增长势头的社会人们能够聚焦发展，而一旦经济增长速度相对放缓，人们的关注点则容易转向分配政治。香港是以金融、旅游、贸易等服务业为经济支柱的全球化大都市，在经济上具有高度的对外依赖性。随着20世纪90年代以来全球生产布局的深刻调整，物价昂贵、产业结构相对单调的香港面临其他新兴经济体的强烈冲击，加之1998年亚洲金融危机和2008年全球金融危机的沉重打击，香港的国际经济竞争力相对下降。目前，香港的GDP不仅已落后于上海、北京，而且即将被广州、深圳所超越。在不景气的经济状况面前，选举民主势必刺激香港民众利用手中的选票进行政治参与并谋求利益重新分配，各阶层的注意力全部转移到政治议题，而解决具体社会经济问题的资源则被极大稀释。如此一来，政治争议凌驾于经济议题的“泛政治化”趋势就难以逆转了。

第二，在社会阶层存在严重分化的情况下，选举民主往往激化利益冲突并引发社会失序，进而促进民粹主义兴起。在“一人一票”的政治游戏规则下，谁能拉拢、讨好进而组织和动员人数占优势的阶层或利益集团，谁就会确定性地赢得选举。在贫富差距悬殊的社会，这种“数人头”的选票政治为民粹主义的兴起提供了可能，因为民粹主义的政纲将成为获取草根阶层海量选票的一条捷径。长期以来，香港是一个扁平化的社会，以城市中产阶级为主体的橄榄形社会结构是香港社会稳定的重要机制。然而近年来，香港贫富差距日益拉大，尤其是“80后”“90后”的青年一代，由于就业压力大、置业困难，他们普遍存在社会流动上升通道阻塞的主观感知，相当一部分人由此怀疑整个政治建制，希望通过激进的政治改革、引入更加彻底的“普选”去改变其社会经济地位。殊不知，在基尼系数持续攀升的香港，普选势必导致社会结构中原有的深层次矛盾更加公开而剧烈地呈现在世人面前，阶层之间难以调和的利益冲突最终将会引发社会失序。

第三，在缺乏有效国家认同的条件下，选举民主通常触发基于身份的政治对抗，进而带来分离主义的隐忧。民主是特定疆域内的政治游戏，民主运转过程中的任何意见表达、利益妥协、政策制定、政策执行，归根结底都必须依赖玩家们对政治共同体的认可。尤其是在族群异质性和文化多元性较强的社会，离开了国家认同的有效整合，分裂的政治归属与分裂的社会经济利益结构相结合就会触发基于身份（identity）的政治对抗，而选举民主往往会主动迎合这种对抗，最终成为国家分裂的导火索。受到特殊历史背景的影响，目前香港在政治文化心理上仍然面临“去殖民统治化”的课题，不少人对“中国人”身份缺乏有效认同，甚至有人存在排斥的心理。一旦将选举民主作为香港政治发展的焦点，那么他们所追求的“离岸政治”就会以要求普选的面貌呈现，香港民众对民主的合理诉求就会为狭隘的地方主义甚至“港独”思潮所绑架，到这里普选就已经“异化”了，由人民的正当民主权利变成了少数政客用来颠覆政权和分裂国家的工具。

第四，在缺乏政治信任的政治文化条件下，选举民主往往带来非理性的政治行动，进而导致“否决政治”盛行。选举民主意味着通过公开、平等、理性、和平非暴力的方式产生领导人，对契约、规则、程序的信赖与认可是选举民主不可或缺的前提。只有在强大的政治信任文化下，政治行为者才能基于建设性的立场做出成熟、负责的判断及理性的行动，否则意味着政治行为者的行动策略存在巨大的、不可预期的非理性风险。在缺乏基本政治互信的基础上，要求分属不同政治阵营，却都是由竞争性选举选出的立法会议员精诚合作无异于天方夜谭。

第五，在政治制度化水平较低的社会，选举民主往往冲击现有政治体制，诱发“政治衰败”。政治制度化是组织和程序获得价值与稳定性的过程，它对于政治体系的维系具有重要作用，一旦政治制度化水平跟不上政治参与的速度和规模，就有可能发生表现为政治权力内部失衡、政经关系失序、公共规则失灵、社会冲突加剧的“政治衰败”①。政治制度化关键在于从法律上规范选举活动、政党活动的基本原则、方式和程序，保障政治参与的基本秩序。遗憾的是，在以选举民主为范式的香港政治发展过程中，只看到了提升公民政治参与的迫切性，而严重忽视了政治制度化的重要性，在选举制度、政党制度尚不完善，法律规范缺位的情况下，采取了较为激进的方式引进和推行竞争性选举制度，结果对原有政治体系的结构与功能造成了严重冲击。

由此可见，尽管选举是现代民主政治的基本要素，但选举在现实中是一个具有很强的实践性、可操作性的问题。对于选举民主不能只看到“一人一票”的表

① 参见袁超《政治衰败概念的分析与重构》，《国外理论动态》2015年第2期。

象，更关键的是要看到其背后特定的条件。鉴于特殊的历史文化、社会经济结构、政治制度，香港目前缺乏迅速推行选举民主的诸多前提，以“普选迷思”为实质的选举民主范式不仅无助于解决香港政治发展过程中遇到的问题，反而已经成为香港政治生态恶化的病灶本身。在“普选”“政改”“民主”的重要性被过分放大的同时，一些更基础、更根本、更关键的问题反而被遮蔽了。香港政治发展需要找到一个既能够妥善吸纳民主诉求、同时又能维持基本政治秩序的新焦点。笔者认为，这个新的焦点应该是国家治理。随着党的十八届三中全会将推进“国家治理能力与治理体系现代化”列为全面深化改革的总目标，国家治理已经成为中国政治发展的指导范式，这为香港政治发展提供了根本遵循。

三　以国家治理为范式的香港政治发展：理论框架与政策主张

（一）“结构—过程—绩效”：香港政治发展的理论框架

与选举民主范式相比，国家治理范式追求的是更加广义的政治发展。从国家治理的角度看，政治发展具有丰富层次和多维面向，以选举民主为焦点的政治发展非常狭隘。首先，就民主本身而言，选举只是民主的一个维度，除了选举，有效的利益表达、有序的政治参与等都是民主的题中之义。其次，就政治发展而言，民主只是政治发展的一个价值目标，民主之外的其他价值目标，如自由、平等、公正、秩序、法治、政府质量同样重要。更为关键的是，不同的政治发展目标之间需要遵循“词典式序次关系”，一般来说首先需要建立有效的权威然后才谈得上民主化，前者构成了民主政治不可或缺的前提条件。换言之，政治发展往往必然经历“有效集权—合理分权”的过程。最后，就整个国家而言，政治只是国家治理的局部领域，国家治理必须统筹政治之外的其他领域，如经济繁荣、社会稳定、高水平的公共服务等。由此可见，无论是普选、民主还是政治，都属于治理的“下位概念”与“附属范畴”，优良的治理才是最为根本的价值目标。

从政治发展的广义定义出发，笔者尝试构建以国家治理为范式的香港政治发展的理论框架。一般认为，国家治理牵涉“治理体系”和“治理能力”两方面的问题，其中国家治理体系包括经济、政治、文化、社会等各领域体制机制、法律法规安排，是一整套紧密相连、相互协调的国家制度；国家治理能力则是运用国家制度管理社会各方面事务的能力。除此之外，国家治理的分析框架还应当包括治理的价值目标、治理主体、治理领域、治理绩效等内容（见图1）。

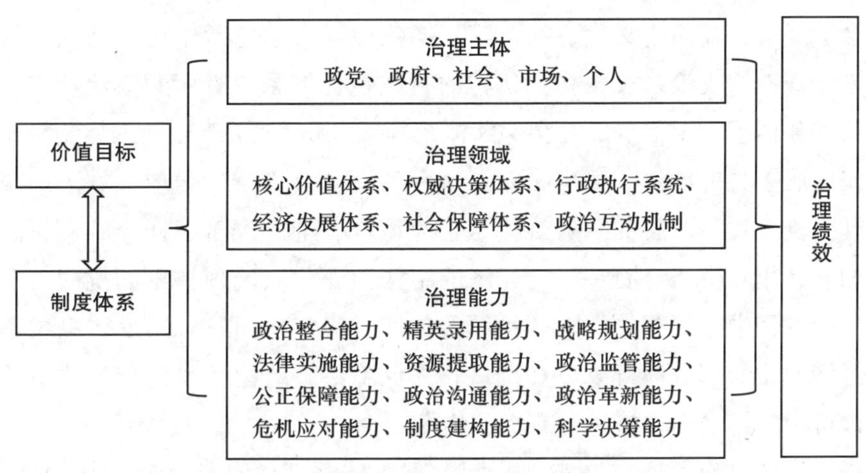

图1　“结构—过程—绩效”：国家治理视阈下的政治发展

在图1中，价值目标与制度体系共同构成了国家治理的宏观结构，治理主体、治理领域、治理能力共同构成了国家治理的中观过程，治理绩效则是国家治理的微观结果。基于“结构—过程—绩效”的国家治理分析框架，我们对香港政治发展的认识、解释和思考便获得了比民主化理论更为广阔的视阈。

第一，香港政治发展应该确立与国家治理相一致的价值目标。香港政治发展既是特别行政区的内部事务，同时也是中国国家治理的有机组成部分。在“一国两制”的背景下，香港地方性、区域性的民主实践有可能会对其他地区产生强烈的示范效应，因此应该纳入国家治理体系中进行统筹考虑和安排，而不能脱离于国家治理体系之外。香港政治发展本质上从属于中国国家治理，其价值目标应该与中国国家治理相一致。任何现代国家都要在维护国家的基本秩序和稳定的基础上为社会提供法律框架并保证法律的有效实施，进而发展国民经济、汲取社会资源、实施再分配、提供公共服务。[①] 中国国家治理的上述任务构成了香港政治发展

① 参见徐湘林《“国家治理”的理论内涵》，《人民论坛》2014年第4期。

的基本约束，对于香港特别行政区而言，民主、法治、自由、平等、公正、秩序、经济繁荣、公共服务均应成为政治发展的价值目标，任何不利于保持香港繁荣稳定的举措都违反了香港政治发展的初衷。

第二，香港政治发展应该追求治理制度体系的全方位完善。国家治理的制度体系贯穿于经济、政治、文化、社会等不同领域，一般包括建构广泛认同的核心价值体系、理性的决策系统、高效运转的行政执行体系、有序的政治参与、均等化的公共服务体系、全覆盖的社会保障体系等。① 其中，关于政治的体制机制和法律法规安排居于关键地位，往往产生“牵一发而动全身”的效应。香港的政治制度体系既要符合政治发展的一般规律，也应该与香港的经济、社会、文化制度体系紧密相连、相互协调。面对社会经济的结构性变化对治理提出的挑战，香港在政治发展的过程中必须首先保障政治结构的相对稳定，同时对制度体系中不能适应社会经济变化的部分进行改革和调试，在保障治理结构基本稳定与改革治理体系中具体机制安排之间保持一种有机的均衡。②

第三，香港政治发展应该实现不同治理主体之间的良性互动。从内部来看，香港政治发展既牵涉行政机关、立法机关、司法机关等不同宪制机构，也牵涉政党、利益集团和市民社会；从外部来看，香港政治发展则涉及中国共产党、中央政府、特区政府等主体，始终绕不开“中央—地方”关系。目前香港政治发展暴露出的许多问题和矛盾，在某种程度上就是没有处理好上述治理主体之间关系的结果与产物，比如基本法所规定的行政主导的政府体制深受其他治理主体的掣肘。可见，只有实现不同治理主体之间的良性互动，香港政治发展才有可能得以顺利推进。值得指出的是，国家治理范式强调国家尤其是政府的作用，因此未来香港政治发展应该以完善“行政主导”体制和强化执政团队“管治能力”为导向。

第四，香港政治发展的定位应该从静态结构转向动态功能、从体制变迁转向实质效果，追求治理能力的全方位提升。治理体系的建立并不意味着它能够自动有效运转，问题的关键取决于治理主体能否运用制度规范有效管理各项事务。正如亨廷顿所说：“各国之间最重要的政治分野，不在于它们政府的形式，而在于它们政府的有效程度。有的国家政通人和，具有合法性、组织性、有效性和稳定性，

---

① 参见徐湘林《“国家治理”的理论内涵》，《人民论坛》2014 年第 4 期。

② 同上。

另一些国家在政治上则缺乏这些素质——这两类国家之间的差异比民主国家和独裁国家之间的差异更大。”① 体制变迁往往是表面化、形式化的政治发展，并不意味着能够取得实质效果。因此，香港政治发展不应该只停留在静态结构层面上治理体系的完善，而更应该关注动态功能意义上治理能力的提升，尤其是政治整合、精英录用、战略规划、法律实施、资源汲取、政治监管、公正保障、政治沟通、政治革新、危机应对、制度建构等能力的提高②。

（二）“以有效治理重塑良性政治生态”：香港政治发展的政策主张

研究范式的转换必然推动政策思路的转变。国家治理范式既为香港政治发展的理论转型奠定了基础，也为香港政治发展的政策调整指明了方向。在庆祝香港回归20周年大会上，习近平指出：“香港维护国家主权、安全、发展利益的制度还需完善，对国家历史、民族文化的教育宣传有待加强，社会在一些重大政治法律问题上还缺乏共识，经济发展也面临不少挑战，传统优势相对减弱，新的经济增长点尚未形成，住房等民生问题比较突出。”③ 鉴于此，以治理为导向的香港政治发展应该着力在以下四个方面取得突破性进展。

第一，推动经济增长，从经济根源上消弭“泛政治化”的负面影响。一方面，中央政府要利用《内地与香港关于建立更紧密经贸关系的安排》（CEPA）、《粤港合作框架协议》、“粤港澳大湾区”等制度性安排和长期发展规划为香港经济发展提供持续性支持；另一方面，特区政府应当将经济治理作为香港的第一要务，主动配合“一带一路”倡议，充分发挥香港在金融投资、贸易航运、现代服务和跨国人才等领域的优势，在扩大对外开放中刺激香港经济转型升级，重振香港国际竞争力，最终通过经济复苏提升香港民众对于“一国两制”的信心。

第二，缩小贫富差距，促进以民生为导向的利益结构调整。中央政府给予香港的政策红利应当惠及以普通香港市民为代表的城市中产阶级尤其是年轻人群体，实现“精准惠港”；香港特区政府则要通过打击“地产霸权”稳定房价，同时推动政府部门的改革，强化政府在社会民生领域的政策执行力，不断扩大就业、提高社会福利水平和公共服务质量，以民生问题的有效治理弥合社会阶层对立。

① 亨廷顿：《变化社会中的政治秩序》，王冠华等译，上海人民出版社2008年版，第1页。

② 沈传亮：《建立国家治理能力现代化评估体系》，《学习时报》2014年6月3日。

③ 习近平：《在庆祝香港回归20周年大会上的讲话》，《人民日报》2017年7月2日。

第三，推动和普及国民教育，增强香港人的国家认同和政治归属感。“去殖民统治化”是重塑香港政治生态的重中之重，不容有任何妥协和拖延的余地。中央政府和特区政府应该以政治担当的勇气和魄力，抓紧推动“23 条立法”，认真规划和有效落实国民教育，加强香港青少年对中华人民共和国政治、经济、社会和历史文化等方面的了解，强化香港人的国家认同。与此同时，综合利用学校教育、大众传媒和法律等手段，与“港独”思潮进行坚决斗争。

第四，完善政治沟通、社会协商与利益妥协机制，增进中央与香港社会各界的政治互信。作为社会冲突的“缓冲器”，政治沟通、社会协商与利益妥协机制在引导香港社会走向理性表达和利益整合的过程中举足轻重。中央政府要率先垂范，在统战工作中坚持以开明和包容的姿态面对除“港独”以外的香港各派政治力量，通过社会团体、新闻媒体主动释放诚意和善意。与此同时，将基层民主、协商民主等民主形式与社区建设相结合，在香港培育来自基层的政治信任。

总之，香港政治发展的重心在于“以有效治理重塑良性政治生态”。政策焦点方面，应该实现从侧重政治领域向侧重社会经济领域的转变，尤其是通过不断提高经济治理和社会治理绩效，让香港民众有更多的“获得感”，这在某种程度上可以视为对香港“以社会经济手段解决政治问题”治理传统的回归。政策取向方面，应该全面准确理解和贯彻“一国两制”方针，实现从强调“两制”向强调“一国”的转变。“‘一国’是根，根深才能叶茂；‘一国’是本，本固才能枝荣”[①]，香港政治发展应当在牢固树立“一国”意识、坚守“一国”原则的前提下，突出香港在国家治理体系与治理能力现代化中的特殊地位和特定权责义务，这是对“一国两制”方针的正本清源。政策眼光方面，应该实现从“向内看”到“向外看”的转变。正如习近平所说，“回到祖国怀抱的香港已经融入中华民族伟大复兴的壮阔征程。作为直辖于中央政府的一个特别行政区，香港从回归之日起，重新纳入国家治理体系”[②]，“香港同胞不仅完全有能力、有智慧把香港管理好、建设好、发展好，而且能够继续在国家发展乃至世界舞台上大显身手”[③]，香港应当尽快走出一城一地的狭隘格局，及时融入国家发展的大潮、把握民族复兴的机遇，以开放的视野和积极的心态筹划香港的未来。

---

① 习近平：《在庆祝香港回归 20 周年大会上的讲话》，《人民日报》2017 年 7 月 2 日。

② 同上。

③ 习近平：《在香港特别行政区政府欢迎晚宴上的致辞》，《人民日报》2017 年 7 月 1 日。

四　结语

回归祖国以来，香港在政治发展方面取得了举世瞩目的成就，同时也面临着“泛政治化”“民粹主义”“本土分离主义”“否决政治”“街头政治”等现实问题的挑战。这些问题是香港社会经济长期积累的矛盾逐步显现的结果，它们“反映出香港经济社会发展的阶段性特点，有其复杂的历史和社会根源，也与经济全球化背景下资本主义制度固有矛盾紧密相关”①。然而，选举民主范式却将上述问题的出现简单地归咎于香港没有实现“双普选”。历史分析和比较研究表明，以选举民主为范式的政治发展模式是英国“殖民撤退”战略的产物，它过多地强调了政治结构、政治体制、政治制度等静态层面的变迁，而忽视了政治的功能及其运行过程，其“普选迷思”的本质更是遮蔽了有效治理对于政治发展的重要性。目前香港在经济发展、社会结构、国家认同、政治文化、政治制度等方面仍然缺乏迅速推行选举民主的一系列条件，这从根本上决定了香港的选举民主进程必须根据实际情况循序渐进地推行。

与选举民主范式相比，国家治理范式为香港政治发展提供了一个更加全面、系统和均衡的理论视角。“结构—过程—绩效”的国家治理分析框架揭示了香港政治发展的本质、目标与定位，未来香港政治发展应当在确立与国家治理相一致的价值目标、实现不同治理主体之间的良性互动、追求治理制度体系的全方位完善和治理能力的全方位提升等原则的基础上，将焦点从静态结构转向动态功能、从体制变迁转向实质效果，追求治理能力的全方位提升。

从选举民主到国家治理的范式转换具有理论转型与政策转向的双重寓意。一方面，从“体制变迁”向“优良治理”、从“制度形式”向“制度绩效”的理论转型将破除“有了普选，就有了政治发展”的理论迷思，有利于从系统性的角度对香港政治发展进行重新定位；另一方面，从侧重政治领域向侧重社会经济领域、从强调“两制”到强调“一国”、从“向内看”到“向外看”的政策转向，将从根本上缓解“泛政治化”、弥合“社会撕裂”，对于重塑香港政治生态具有重要

① 张德江：《坚定“一国两制”伟大事业信心　继续推进基本法全面贯彻落实——在纪念中华人民共和国香港特别行政区基本法实施 20 周年座谈会上的讲话》，《人民日报》2017 年 5 月 28 日。

意义。

诚如习近平所说，“只要我们相信自己、相信香港、相信国家，坚持全面准确贯彻落实‘一国两制’、‘港人治港’、高度自治的方针和香港特别行政区基本法，聚精会神搞建设，一心一意谋发展，齐心协力、团结奋斗，就一定能够开创香港更加美好的明天”[①]。以香港回归二十周年为契机，我们应该更加自觉深入地总结香港回归以来的发展经验，在学理上扭转“普选”的迷思，将香港政治发展的焦点转向“治理”范式，为“一国两制”在香港的全面准确贯彻落实创造更好的条件。

① 习近平：《在香港特别行政区政府欢迎晚宴上的致辞》，《人民日报》2017 年 7 月 1 日。

再探政治合法性
——以政治信任为视角

杨端程*

[内容摘要] 政治合法性作为政治学研究中的重大基础理论，学界对其的阐述有两重路径：一重路径是依赖政治哲学推演进而建构起来的证成路径；另一重路径则是通过对客观现象进行描述从而阐释政治合法性。后来，证成的路径因为冷战而被西方打上了浓重的意识形态烙印，由此演变为只有自由民主才能从根本上为政权提供合法性。但是这一理论越来越无法解释发生在实存世界中的现象。为什么在经历民主转型和“颜色革命”后并且按照西方逻辑建立起政治制度的国家，出现多数民众对新的执政当局不信任的境况？为什么它在解释当代中国时捉襟见肘？因此，如果按照被建构起来的合法性理论来审视中国必然南辕北辙。相反，从民众政治信任的描述性角度出发进行研究，为我们重新审视中国政治合法性提供了一个新的视角。但是既有研究并未详细阐述为何用政治信任来衡量政治合法性是适当的，而本文则是在承认这一前提基础上尝试对其做补充说明。

[关键词] 政治合法性　政治信任　政治支持　中国

在探索何为好的政治秩序中，建立有“合法性的政治”一直是人类社会所追求的理想，由此产生了一系列富有洞见的学说，然而理想的理论并不总能契合现实世界，因此用它来解释正在起变化的当下常常会陷入困境，“合法性”理论就是以观念理论衡量实存世界的典型。① 不仅如此，被滥用的合法性概念已经成为西方

---

* 杨端程，中国人民大学国际关系学院政治学系2018级博士研究生。研究方向：民意跨国比较、比较民主转型与威权主义、现代中国国家建设与法治发展。联系邮箱：yangduancheng@ ruc. edu. cn。

① 杨光斌：《“合法性”问题再认识》，《河南社会科学》2008年第4期。

话语霸权的组成部分，它用强烈的意识形态色彩遮蔽了合法性的本质。如果按照西方建构起来的合法性理论来审视中国，必然不相符合，因此会陷入“话语的陷阱”。[①] 由此，一些中国学者率先反思了西方合法性理论，并在此基础上进行批判与重构，对政治合法性的本质正本清源，做出了卓有成效的贡献。[②] 本文则在既有批判研究的基础上，尝试做补充说明。

在政治学研究中，对合法性阐述的路径主要有两重：一为证成路径；二为描述路径。西方民主理论家所言的合法性更多地基于政治哲学和政治理论层面的推演和建构，进而拓展到政体类型学中民主与威权的二元划分。而以民众的政治信任和政治支持为代表的实证主义流派则努力尝试从“描述”路径出发去解释合法性。尽管围绕政治信任的研究已经日臻成熟，并且在反驳西方的意识形态偏见时具有一定的说服力，但是令人遗憾的是，既有从事经验研究的文献并没有详细阐述政治信任与政治合法性之间的关系，而是一笔带过，因此，本文旨在补充说明两者之间的逻辑关系。

一　合法性理论的嬗变

“合法性”本身不仅是政治理论研究者关切的重大命题，更是任何政权和执政者都追求的终极目标。因此，任何政权要想顺利地推动治理，都必须给出能使民众自愿服从的理由。作为政治学研究中的重大议题，对“合法性”概念乃至理论的建构可以追溯到近世社会学巨擘马克斯·韦伯（Max Weber）那里。韦伯指出，合法性就是对统治的信仰。[③] 据此，他将人类历史上所出现过的统治权威归结为三种类型，分别是传统型权威、魅力型（克里斯玛型）权威以及现代法理型权威。但是，作为“合法性”概念的创制者，韦伯的阐述更多的是从学理层面对权力乃至个人化的权威理论做出建构与推演，而更少牵涉政治体制层面的分野，这与后来基于政体类型学的合法性理论有所区别。

---

① 杨光斌：《不能做“合法性”概念的囚徒》，《北京日报》2015 年 11 月 23 日第 19 版。

② 近年来，杨光斌教授和赵鼎新教授率先对政治合法性概念进行系统性梳理并重构，引起了学术界的注意。参见杨光斌《合法性概念的滥用与重述》，《政治学研究》2016 年第 2 期；赵鼎新《合法性的政治：当代中国的国家与社会关系》，台湾大学出版中心 2017 年版。

③ 参见马克斯·韦伯《经济与社会》（上卷），林荣远译，商务印书馆 1998 年版，第 238—239 页。

在20世纪前40年，“合法性”理论因为动荡的世界政治而一度陷入沉寂。但是第二次世界大战过后，资本主义发展进入黄金时代，现代化理论及民主化理论相继登上历史舞台。与此同时，囿于社会主义阵营蒸蒸日上、殖民地半殖民地纷纷独立的形势，资本主义阵营为了打赢冷战，需要对政治合法性理论进行改造，建构起一种意识形态来对抗苏东国家。由此，合法性的理论逻辑被抽象成只有自由民主[①]才能在终极意义上给予政体合法性。换言之，只有建立西式民主的政体才是合法的，否则皆不合法。由此，对西方国家来说，民主与政治合法性融为一体的观念不仅已经深入人心，更一度成为指导以美国为首的西方国家在制定对外政策时的意识形态。最明显的证据就是这一论点随着东欧剧变、苏联解体和威权转型而“登峰造极”。

诚然，自由和民主都是现代社会所极为尊崇的价值观，但是自近世以降，人类社会对如何实现民主却始终没有达成共识，以至于在政治经济学家熊彼特（Joseph A. Schumpeter）笔下，“民主”首先被抽象成了选民用手中的选票定期在不同的党派和代表中进行选择的制度安排。嗣后，经过美国著名学者李普塞特（Seymour Lipset）、达尔（Robert Dahl）以及萨托利（Giovanni Sartori）等人之手的不断修正与改造，民主的“秘密”最终演变成了一条看似普适的“金科玉律”——没有竞争性选举就没有合法性。[②] 亨廷顿（Samuel Huntington）的看法则代表了西方民主理论家的普遍观点。在他看来，尽管在一段时间内，共产主义国家和威权主义国家或者可以依靠自身高速发展而来的经济绩效建立合法性，或者强调以共产主义、民族主义为主的意识形态使自身的统治正当化。但是一旦这些国家的经济状况陷入停滞乃至倒退，或者这些意识形态的吸引力因为国际环境的变化而日渐式微，那么非西方国家建立起来的合法性基础就会动摇。因此，从长远来看，非西方国家只有实行民主才能在根本上建立政治合法性。[③]

冷战的胜利使得西方更加坚信，非西方世界的国家特别是中国只有按照西方的标准实行多党竞争选举的自由民主才会建立政治合法性。否则，其政治再稳固、

---

① 如果细究自由与民主的概念，不难发现二者之间一直存在张力，所谓“自由民主”是建构起来的一种意识形态，其实质就是多党竞争、轮流执政。

② 杨光斌教授对西方学术界是如何改造合法性概念的做了详细的梳理。参见杨光斌《合法性概念的滥用与重述》，《政治学研究》2016年第2期。

③ 塞缪尔·P. 亨廷顿：《第三波：20世纪后期的民主化浪潮》，欧阳景根译，中国人民大学出版社2013年版，第44页。

取得的发展成就再大也只是暂时的，依然是缺乏合法性的。但是这一建构起来的理论真的能解释当下正在起变化的世界吗？

二　合法性理论的困境：反思与重构

承续当代西方民主理论所述，与专断的威权国家相比，民主政权的建立需要经过民众的同意和授权，民主制度自然会尊重公民个人的自由表达和选择，会遵循民众的意志来行事，因此会在民众中间具备较高的支持度。民主国家的政府民众也依此来评判政府的政策和施政状况，这反过来又会增进民众对民主政府以及政治体制的支持，形成正反馈和良性循环。① 与之相对的是，威权国家则由于不尊重个人自由，并且经常会对社会采取强制性的管制措施，使公民不能信服，从而只能享有较低的信任度，然而事实真的如此吗？如果检视世界政治史，则会发现存在不少与这一流行理论假设相左的情形。

对西方国家而言，自20世纪70年代以降，以美国、西欧和日本为代表的西式民主政府的权威因为大众政治参与浪潮的冲击而受到损害，一方面导致自身的统治能力被削弱，另一方面也使公众的信心进一步衰落。因此，三边委员会中的学者代表不无担忧地指出这是“民主的危机”。② 哈贝马斯（Jürgen Habermas）则更加直白，将这一时期西方世界的乱象称为“合法性危机”③。特别是对美国而言，民众对政府的信任跌幅更为惊人，奈（Joseph Nye）曾征引权威民调数据指出，从1964年到1997年的这33年间，美国民众对联邦政府的信任度从原有的3/4下降了一半。换言之，只剩下1/4的民众仍对联邦政府持有信心。④ 世界上最为发达的美国尚且面临如此窘境，那么对在第三波民主化潮流中完成政权转型的国家和地区来说，其民众对政府的信心更是需要高度重视的问题。事实上，在这些政治体中，公众对新兴民主制度运转的满意度并不高，因此在相当长的一段时间内，

① R. Rose & W. Mishler, “Comparing Regime Support in Non - democratic and Democratic Countries”, *Democratization*, Vol. 9, No. 2, 2002, pp. 1 - 20.

② Michel Crozier, Samuel P. Huntington, JojiWatanuki, *The Crisis of Democracy—Report on the Governability of Democracies to the Trilateral Commission*, New York: New York University Press, 1975.

③ 参见尤尔根·哈贝马斯《合法性危机》，刘北成、曹卫东译，上海人民出版社2000年版。

④ 小约瑟夫·S. 奈：《导论：政府信任度的下降》，载小约瑟夫·S. 奈、菲利普·D. 泽利科、戴维·C. 金编《人们为什么不信任政府》，朱芳芳译，商务印书馆2015年版，第5页。

其政治信任程度呈现出较低的水准。不仅如此，在意大利、希腊、乌克兰、摩尔多瓦、菲律宾、印度尼西亚、马来西亚以及中国台湾地区通过竞争性选举上台的政府常常因为政党内斗、政治腐败导致治理能力低下，拉大了民主化的现实与理想之间的鸿沟，而撒哈拉沙漠以南的众多非洲国家则更是陷入“失败国家”的泥淖难以自拔。

在2008年美国爆发金融危机之后，自由民主主导的世界体系也正暴露出越来越多的弊端，以“民主研究”闻名于世的《民主杂志》（*Journal of Democracy*）的主编拉里·戴蒙德（Larry Diamond）一度悲观地表示全球范围内的自由民主浪潮正在滑向衰退的深渊。[①] 虽然2010年年底在西亚北非蔓延开来的“阿拉伯之春”曾短暂地让西方眼前一亮，使它们一度以为是第四波民主化浪潮的再临，[②] 但是残酷的现实很快就让西方失去了信心。因为在中东原有的强人政权崩溃之后非但没有建立起西式民主制度，反而造成了族群冲突、国家裂解和宗教极端主义以及恐怖主义的复归。由此导致的结局不是治理能力低下的问题，而是比其更为严重的、根本无法治理的问题。正如亨廷顿所言，“政府的职能就是统治。一个缺乏权威的弱政府是不能履行其职能的，同时它还是一个不道德的政府”[③]。这一论断其实触及了政治合法性的实质。因为在政治世界中，所有政权存在的意义就是治理，无法实现有效治理的政权自然就是缺乏合法性基础的政权。

进一步而言，由建构而来的经典合法性理论不仅无法解释转型政权遇到的政治衰朽乱象，更遇到了最为强劲的挑战——当代中国。为此，针对当代中国在政治经济发展中呈现出的独特现象特别是广为热议的“中国模式”“中国道路”，海内外学者对探究其中的合法性问题乐此不疲。

一方面，一些学者依然认为，中国没有解决政治合法性的问题。比如以萧功秦为代表的国内学者就指出，形成中的“中国模式”因为面临“腐败”“国富民穷”“国有病”“两极分化”“社会创新能力弱化”“五大困境”[④]，削弱了其合法

---

① Larry Diamond, “The Democratic Rollback: The Resurgence of the Predatory State”, *Foreign Affairs*, Vol. 87, No. 2, 2008, p. 36.

② Larry Diamond, “A Fourth Wave or False Start? Democracy After the Arab Spring”, May 22, 2011, https://www.foreignaffairs.com/articles/middle-east/2011-05-22/fourth-wave-or-false-start.

③ 塞缪尔·P. 亨廷顿：《变化社会中的政治秩序》，王冠华、刘为等译，上海人民出版社2008年版，第22页。

④ 萧功秦：《中国模式面临五大困境》，《人民论坛》2010年第31期。

性。西方学者则依旧重点关注中国由于缺乏自由选举和多党竞争的机制，无法在根本上消解自身的"合法性张力"。以黎安友（Andrew Nathan）为代表的海外中国研究专家最具有代表性，他认为尽管中国在党和国家领导人的人选上完成了有序接班，在干部选拔上做到人尽其才，推动各个机构运作更加专业化，但是这些措施不过是强化了既有"威权"的韧性（Authoritarian Resilience）而已。[①] 因此，在矛盾不断累积之后必将达到政治危机的"临界点"，一旦某种因素触发，政权就会陷入濒临崩溃的危机。关于这一点，沈大伟（David Shambaugh）近年来对"中国崩溃论"的老调重弹便是明证。[②] 谢淑丽（Susan Shirk）则认为，尽管改革开放以来的中国在经济体量上实现巨大的积累，但是同时也面临着深刻的内部矛盾和外部形势（中国身处与美国、日本等的地缘政治博弈中）的危机。一旦这些矛盾和危机集中爆发将严重动摇中国的现行制度。因此，在她眼里，当代中国不过是一个"脆弱的强权"。[③]

另一方面，一些海内外学者尝试对既有的理论基础进行补充辩护或者反思重构。揆诸中外，既有观点可以分为以下两类：其中一类观点聚焦中国政治体制的运作过程，另一类观点则立足于中国政治文化传统。

从中国政治运行过程这一角度来看，学者考察的重点多集中于中国制度的特性、国家—社会关系等层面。在对待中国制度的特性方面，一些著名学者提出了颇有代表性的观点。在沃马克（Brantly Womack）看来，中国共产党在某种程度上已经建立了一套接近西方民主标准的半民主（quasi - democratic）制度来使自身的执政合法化。[④] 贝淡宁（Daniel A. Bell）则指出，当代中国的领导集团事实上按照儒家传统建立了选贤举能的"贤能政体"（Meritocracy）来强化合法性。[⑤] 杨光

① Andrew Nathan, "Authoritarian resilience", *Journal of Democracy*, Vol. 14, No. 1, 2003, pp. 6 - 17.

② David Shambaugh, "The Coming Chinese Crackup", *The Wall Street Journal*, March 6, 2015.

③ Susan L. Shirk, *China: Fragile Superpower*, New York: Oxford University Press, 2007.

④ Brantly Womack, "The Party and The People: Revolutionary and Post - Revolutionary Politics in China and Vietnam", *World Politics*, Vol. 39, No. 4, 1987, pp. 479 - 507.

⑤ Daniel A. Bell, *The China Model: Political Meritocracy and the Limits of Democracy*, Princeton and Oxford: Princeton University Press, 2015.

斌强调了“中国模式”的根本优势在于实行民主集中制。[①] 姚洋则将“中国模式”系统表述为具有社会平等、贤能体制、制度的有效性优于制度的纯洁性以及中性政府四大特点。[②] 而在赵穗生看来，中国在坚持一党执政的前提下，完成了从计划经济向部分自由的市场经济转变，不仅创造了经济高速发展的奇迹，而且在政治上也力行改革，推动党和国家领导体制制度化，建立问责制、保护人权和公民权利，这些举措成功地推动了执政党自身完成转型，奠定了长期执政的合法性基础。[③] 在国家—社会关系层面，阎小骏将中国共产党对社会的治理手段总结为具有“弹性”的政权吸纳和表现出“刚性”的预防式管控。[④] 黎安友提及执政党主动回应民众对社保医保的关切，强力惩治腐败，整顿污染企业，通过电子政府、民意调查以及有限制的选举来增强政治透明度。[⑤] 王裕华则强调，在过去 20 年间，中国政府始终将对社会抗争群体的安抚或者治理视为中国社会治理中最为核心的议题，并且通过建立庞大的“维稳体系”，中国政府得以全面加强其管控国家安全的能力。[⑥] 同时，他也指出，随着市场经济体制的建立，中国政府通过“部分法治”（partial Rule of Law）在一方面给予境外投资者、有产者以“可信承诺”，在另外一方面又以法律手段来防止公民挑战政府权威从而达到巩固自身合法性的目的。[⑦] 许慧文（Vivienne Shue）的观点则更加具有综合性，她认为中国国家的繁荣、政府提供社会经济福利、官方对意识形态的掌握，共同组成了中国政治的合法性。[⑧]

---

① 在杨光斌看来，“中国模式”的根本优势在于其实行民主集中制的根本政体，其保证了权威、民主、法治的有效统一。参见杨光斌、乔哲青《论作为“中国模式”的民主集中制政体》，《政治学研究》2015 年第 6 期；杨光斌《中国制度优势：权威民主法治的有机统一》，《学习时报》2017 年 6 月 14 日第 2 版。

② 姚洋：《中国模式及其前景》，《中国市场》2010 年第 24 期。

③ Suisheng Zhao, “The China Model: Can it Replace the Western Model of Modernization?”, *Journal of Contemporary China*, Vol. 19, No. 65, 2010.

④ 在阎小骏看来，“政权吸纳”包括不局限于扩大体制边界、鼓励参与式公共治理等，是夯实政权稳定的社会治理。而“预防式管控”则是通过制度化的措施及时干预对政权的挑战和破坏因素。参见阎小骏《中国何以稳定：来自田野的观察与思考》，中国社会科学出版社 2017 年版，第 9 页。

⑤ Andrew Nathan, “Foreseeing the Unforeseeable”, *Journal of Democracy*, Vol. 24, No. 1, 2013, p. 23.

⑥ Yuhua Wang & Carl Minzner, “The Rise of the Chinese Security State”, *The China Quarterly*, Vol. 222 (June 2015), pp. 339 – 359.

⑦ Yuhua Wang, *Tying the Autocrat's Hands: The Rise of the Rule of Law in China*, New York: Cambridge University Press, 2015.

⑧ Vivienne Shue, “Legitimacy Crisis in China”, In Peter Gries& Stanley Rosen (eds.), *State and Society in 21st – Century China*, London: Routledge Curzon, 2004, pp. 24 – 49.

从政治文化的立场出发，学界的论述表现出集中回到儒家政治传统这一特征。童燕齐指出，当代中国正在回归“以德治国”的政治传统。[①] 朱云汉将中国共产党执政的正当性与合法性的基础表述为以儒家文化为基础的“民享”而非“民治”，用“赢得民心”来代替西式民主的选票政治。[②] 史天健通过对比中国大陆与台湾地区指出，儒家传统是决定中西政治合法性差异的文化逻辑。[③] 王绍光则指出，在政体类型学的划分上应当超越西方“民主—威权”的二分困境，从民本出发的政道和治道的意义上加以解释，[④] 杨光斌指出“中国模式”合法性的文化根源在于传承而来的“中华文明基因共同体”[⑤]，张广生则将中国政治的合法性表述为“天命民本”“社稷担纲”“贤能理政”三大原则。[⑥] 除此之外，唐文方则另辟蹊径，在他看来，尽管中国共产党本能地汲取了儒家政治传统与执政理念，但它在施政上更善于通过“群众路线”与高效的政府回应性打造具有现代政治价值的“民粹威权主义”（Populist Authoritarianism）。[⑦]

上述讨论中国政治合法性的观点无论是持肯定立场还是否定立场，或者立足制度、结构乃至文化的视角，或是站在“旁观者”的“客观”角度予以审视，或是通过自外向内的视角对中国进行观察思考。但是如果我们设身处地地将自己置于情境之中，从主观角度思考会有何发现呢？正如“鞋子合不合脚，自己穿了才知道。一个国家的发展道路合不合适，只有这个国家的人民才最有发言权”[⑧]。不

---

① 童燕齐：《中国政府与百姓——中国政治向传统回归》，《绿叶》2009 年第 2 期。

② 参见朱云汉《中国模式与全球秩序重组》，载潘维主编《中国模式：解读人民共和国的 60 年》，中央编译出版社 2009 年版，第 621—625 页；朱云汉《高思在云：中国兴起与全球秩序重组》，中国人民大学出版社 2015 年版，第 148—149 页。

③ Tianjian Shi, *The Cultural Logic of Politics in Mainland China and Taiwan*, New York: Cambridge University press, 2015.

④ 参见王绍光《中国·政道》，中国人民大学出版社 2014 年版；王绍光《中国·治道》，中国人民大学出版社 2014 年版。

⑤ 在杨光斌看来，中国政治合法性的文化支撑因素在于“中华民族文明基因”。这一基因包括关于国家的大一统思想、民本思想、和为贵，关于行政的官僚制、选贤任能，关于文化的包容与中庸之道，关于社会的农业社会式自由与自治，以及关于家庭的伦理本位，等等。参见杨光斌《习近平的国家治理现代化思想——中国文明基体论的延续》，中国社会科学出版社 2015 年版，第 5—6 页。

⑥ 张广生：《返本开新：近世今文经与儒家政教》，中国政法大学出版社 2015 年版，第 241—242 页。

⑦ Wenfang Tang, *Populist Authoritarianism: Chinese Political Culture and Regime Sustainability*, New York: Oxford University Press, 2016.

⑧ 《国家主席习近平在莫斯科国际关系学院的演讲（全文）》，中华人民共和国中央人民政府网（http://www.gov.cn/ldhd/2013-03/24/content_2360829.htm），2013 年 3 月 24 日。

仅如此，在中国文化中，以“取信于民”为代表的典故对执政者如何与民众互动提出了要求，以孟子为代表的儒家政治主张“得民心者得天下”[①] 更是为后来历代中央政府在宣示执政合法性时所沿用。毛泽东与黄炎培在著名的“窑洞对”中指出，要通过实行人民民主，发挥人民群众的主体性作用，让人民监督政府，以此来跳出中国王朝“其兴也勃焉，其亡也忽焉”的历史周期律。从这点上来看，“窑洞对”在根本上强调了执政党赢得民心的重要性。同理，习近平总书记也高度重视民心向背，多次强调执政党要避免陷入“塔西陀陷阱”[②]，指出“民心是最大的政治”[③]。国家副主席王岐山更是直接指出，“中国共产党的合法性源自于历史，是人心向背决定的，是人民的选择”[④]。这一表述是中国主要领导人在公开场合首次回应社会关切的执政党的合法性为何，不仅意味着官方对这一问题讨论的脱敏，也为学界重新思考当下中国政治合法性提供了方向指引。

三　政治合法性与政治信任的关联逻辑

当下，西方合法性理论的证成路径正面临着实存世界的挑战。但是如果我们从描述性的路径出发，则会看到另外一种图景。

如此，要判断一个政权是否拥有合法性，并不应该看它是否建立起了符合西方民主标准的政治体制，而应当首先看其是否能获得大多数民众的认可和拥护。因为一个无法赢得民众的信任与支持的政权，其治理就会承担高昂的成本，其执政的合法性也将受到置疑。那么，政治信任是如何与政治合法性建立起联系的呢？它们之间的逻辑又是如何贯穿的呢？

检视既有研究，阿尔蒙德（Gabriel Almond）、列维（Margert Levi）、李普塞特以及伊斯顿（David Easton）等学者做出了颇具代表性的论述。阿尔蒙德曾指出，

① 原话是“得天下有道：得其民，斯得天下矣；得其民有道，得其心，斯得民矣”，后来表述被简化为“得民心者得天下”。参见杨伯峻《孟子译注》（典藏版），中华书局2016年版，第183页。

② 《习近平在兰考县委常委扩大会上的讲话》，新华网（http：//news. xinhuanet. com/politics/2015－09/08/c_128206459. htm），2015年9月8日。

③ 习近平：《在第十八届中央纪律检查委员会第六次全体会议上的讲话》，《人民日报》2016年1月12日第2版。

④ 《王岐山会见出席“2015中国共产党与世界对话会”外方代表》，新华网（http：//news. xinhuanet. com/2015－09/09/c_1116513917. htm），2015年9月9日。

“如果某一社会中的公民都愿意遵守当权者制定和实施的法规，而且还不仅仅是因为若不遵守规定就会受到惩处，而是他们确信遵守是应该的，那么，这个政治权威就是合法的”[①]。在列维等人看来，合法性就是“民众对政府权威自发服从的一种情感，并将这种情感转化为实际中服从政府规定和法律的行为”[②]。而李普塞特也做出了直接影响后世的论述——“合法性意味着政体具备提出并维持一种信念——现有的政治制度是最适合所在社会的制度——的能力”[③]。伊斯顿进一步指出，如果政府的作为导致多数民众的不信任，失去了民众的支持，以至于民众不愿意再遵守政府的决策导致社会冲突时，政府的合法性便丧失了。[④] 从上述代表性的观点来看，他们其实继承并发展了韦伯最初“对统治的信仰”的表述。无论是“愿意遵守”“自发服从”还是“维持一种信念”，公众自身对政治体制的认知和评判都至关重要。正如罗斯坦（Bo Rothstein）所述，将自由、选举和权利与合法性联系在一起，只是政治输入的一面，[⑤] 而合法性本身更多依赖于政治体系的输出面。[⑥] 赵鼎新也持近似看法——“国家虽然掌握着强大的官僚组织以及军队与警察等强制性组织，但是其统治的有效性却必须依赖于国家政权在大众（包括政府官员）心目中的合法性”[⑦]。换言之，合法性的实现更仰赖于政治体系输出的效应，即政体是否拥有合法性要看社会对其的反应与接纳程度，正如卢梭创制的“公意”那般。[⑧] 简而言之，能得到公众自愿认可、服从并且遵守的政体，其政治合法性便建立了起来。不仅如此，对于刚刚建立起民主制度的国家来说，来自公众较高的政治信任度将会强化新生政权的韧性，为民主政权的巩固和运转提供合

① 加布里尔埃尔·A. 阿尔蒙德、小 G. 宾厄姆·鲍威尔：《比较政治学：体系、过程和政策》，曹沛霖等译，上海译文出版社 1987 年版，第 35 页。

② Margaret Levi, Audrey Sacks and Tom Tyler, “Conceptualizing Legitimacy, Measuring Legitimating Beliefs”, *American Behavioral Scientist*, Vol. 53, No. 3, 2009, pp. 354 – 356.

③ 西摩·马丁·李普塞特：《政治人：政治的社会基础》，郭为佳、林娜译，江苏人民出版社 2013 年版，第 51 页。

④ 戴维·伊斯顿：《政治生活的系统分析》，王浦劬主译，人民出版社 2012 年版，第 208—209 页。

⑤ 博·罗斯坦：《正义的制度：全民福利国家的道德和政治逻辑》，靳继东、丁浩译，中国人民大学出版社 2017 年版，第 104 页。

⑥ 博·罗斯坦：《政府质量：执政能力与腐败、社会信任和不平等》，蒋小虎译，新华出版社 2012 年版，第 104 页。

⑦ 赵鼎新：《当今中国是否有发生革命的危险?》，载赵鼎新《合法性的政治：当代中国的国家与社会关系》，台湾大学出版中心 2017 年版，第 265 页。

⑧ 卢梭：《社会契约论》，何兆武译，商务印书馆 2003 年版，第 20—25 页。

法性，但是较低的政治信任会使得民众对民主制度产生疏离感，进而影响到政权支持的基础和稳定性，从而增加了民主制度被颠覆的风险。①

如果我们再用世界价值观调查（World Value Survey，WVS）中的第六波调查数据进行比照，则可从中进一步窥见端倪。

正如图1（见下页）所示，在诸如黎巴嫩、突尼斯、阿尔及利亚、也门和利比亚（用浅色标记）等受到“阿拉伯之春”波及较为严重的国家以及诸如乌克兰、格鲁吉亚等发生过“颜色革命”的国家中，其民众对中央政府的信任水平仅为三成左右，离半数支持度还有较大距离。在世界范围内比较而言也处于较为靠后的位置，这在一定程度上可以反映这些在民主转型浪潮后建立的政权政治合法性基础尚未巩固。②

显然，无论是西方国家自身面临的困境还是发展中国家表现出的乱象都是经典合法性理论所未能预料到的，因此，重新从民众的政治信任出发进行探究将有助于学界重新审视关于合法性理论的经典论述与民主化理论。

四　政治信任研究：挑战与回应

无可厚非的是，从民众的政治信任程度出发进行展示民众偏好、阐释政治合法性具有清晰直观的优势。对中国而言，这种优势将有助于在与西方对话过程中树立理论自信和学科自信。但是需要坦诚指出的是，这一做法也遭到了一些学者的诟病乃至诘难。换言之，从政治信任来探究合法性面临着挑战，因此，对这类挑战做出较为系统的回应是必要的。

学者们的批评大致可以归纳为三类。第一，一些学者认为，运用各种类型的民调数据去测量政治合法性会陷入“经验主义的误区”③。在他们看来，如此高度

① Arthur H. Miller，“Political Issues and Trust in Government：1964 - 1970”，*American Political Science Review*，Vol. 68，No. 3，1974，pp. 951 - 972；Yunhan - Chu，Larry Diamond and DohChull Shin，“Halting Progress in Korea and Taiwan”，*Journal of Democracy*，Vol. 12，No. 1，2001，pp. 122 - 136.

② 虽然从这一现象不能直接推论出“阿拉伯之春”和“颜色革命”导致了民众对新政权信任的下降，但是大部分民众对在这些事件后建立起来的新政权依然表现出不信任。

③ 赵鼎新：《政权合法性与国家社会关系》，载赵鼎新《合法性的政治：当代中国的国家与社会关系》，台湾大学出版中心2017年版，第20页。

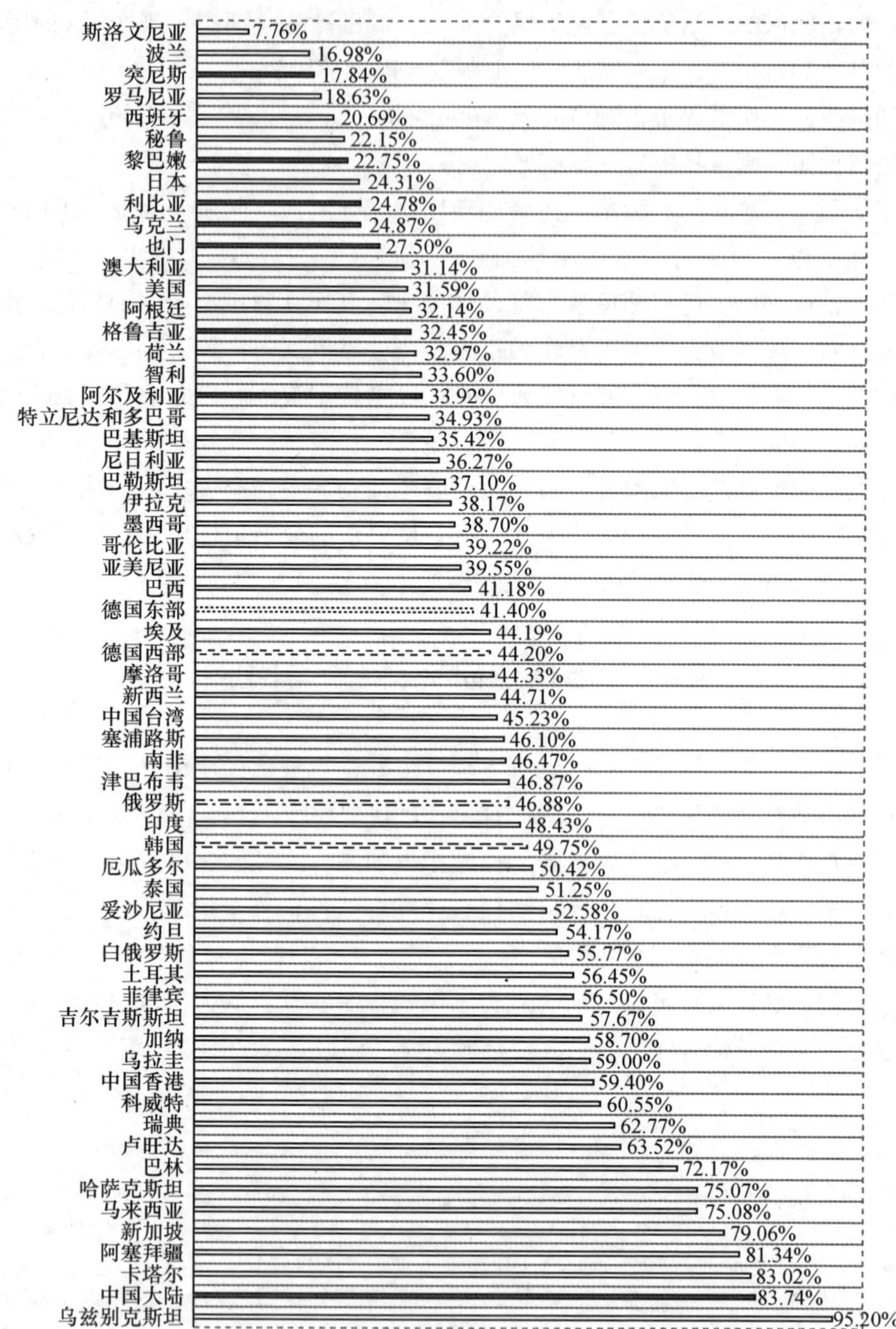

图1　世界各国和地区民众对其中央政府（执政当局）的信任比例

抽象化的理论难以被测量。第二，还有一些学者从实际操作的角度出发，质疑所获取数据的真实性。他们认为，在中国这种“威权国家”里，开展独立的社会调查往往非常困难，需要官方的许可。因此，受访者可能担心，一旦做出真实回答或者是批评政府，自己会遭到当局的“打击报复”，因此很难做出真实的回答。由此，他们得出结论：中国民众这种对政府乃至政权表现出的拥护程度通常是虚高的。第三，还有学者认为以“民心”测量政治合法性，经常会导致对“政治信任”与“政治支持”这两个概念的混用。①

在第一种类型的批评中，以赵鼎新的诘难最具代表性和挑战性。在他看来，在西方国家的民调中，民众对政府当局的低信任是政治常态，但与此同时，这些民众对民主制度却是表现出高度的支持态度。因此，西方国家内部很少因为民众较低的政治信任出现政局动荡的场面。② 尽管如此，赵鼎新的论断至少回避了以下几点：第一，他只是基于西方发达国家的情况做出了论断，却忽视了发展中国家民众政治信念与政治态度的变迁。事实上，笔者在前文中也用 WVS 数据展示了在经历“阿拉伯之春”和“颜色革命”后的一些国家中，民众对新政权表现出了较低的政治信任。第二，美国民众对洛克自由主义哲学的过度信奉混淆了政府权威和对政府权威的限制，③ 因此美国民众从建国伊始就对政府持强烈的不信任感，素来具有支持“小政府”的传统。但是对当代中国而言，其国家建构逻辑是依照以党建军——以党建国——以党治国的顺序，构建了名副其实的“政党—国家体制”(party - state system)。因此，中国政治共同体内的国家机关（政府机构）和作为整体基础的政治制度具有高度的内生性与同构性，民众对国家机关信心的变动必然牵动对整个政治体制的支持。第三，即使西方学者也担忧民众的不信任将会使他们疏远制度，进而让问题无法解决，尤其是担忧当危机来临时，这种不信任会使局面变得混乱不堪。④ 对中国而言，注意这种可能性同样重要。第四，当西方国

---

① 笔者在检索已经发表的众多英文文献中，研究者们对 Political Trust 和 Political Support 在使用中并不做刻意区分，没有表现出特别的差异。

② 赵鼎新：《政权合法性与国家社会关系》，载赵鼎新《合法性的政治：当代中国的国家与社会关系》，台湾大学出版中心 2017 年版，第 20 页。

③ 塞缪尔·P. 亨廷顿：《变化社会中的政治秩序》，王冠华、刘为等译，上海人民出版社 2008 年版，第 6 页。

④ 小约瑟夫·S. 奈、菲利普·D. 泽利科：《结论：反思、猜想与困惑》，载小约瑟夫·S. 奈、菲利普·D. 泽利科、戴维·C. 金编《人们为什么不信任政府》，朱芳芳译，商务印书馆 2015 年版，第 305 页。

家的民众对民主体制和民主选举产生的政府信心不一致时，可以通过再次选举直至更换执政党、政府进行调试，[①] 但是这个研究政治信任的前提并不适用于对中国的分析。因此，当西方国家高度重视民众政治信任变动的时候，中国自身更要对这一重要问题加以注意。第五，既往学者对中国政治合法性的研究往往秉持的是精英视角，但是自从20世纪90年代中期随着民意调查在中国的兴起，这一取向拓宽了中国政治合法性研究的渠道。[②]

对第二类质疑而言，尽管其存在意识形态上的偏见，但是它提出的问题在学理上也不乏严肃性与挑战性，需要我们审慎对待。然而，细究这种诘难也不难发现一定的问题，它无法解释中国民众特别是当下基数庞大的网民群体为什么越来越具有批判意识，[③] 也无法解释民众对网络审查当局做出的种种抗争以及近年来针对地方政府的一些不当治理举措而进行的抗争事件。

如果我们再回看图1，则不难发现，在图1中诸如澳大利亚、美国、新西兰等民主国家中，公众的政治信任也表现出较低的水平。而反观当代中国（用深色表示）却享有民众高度的政治信任，排名在世界范围内高居第二。对此，一种普遍流行的观点认为因为中国是“威权国家”，其民众或者具有较强的威权主义价值观，或者迫于“威权”当局的压力以及其对信息的管控才必须选择相信中央政府，而西方国家的民众则因为具有强烈的批判意识所以不信任政府。然而这种观点无法回应这些问题：比如，西方眼中的俄罗斯（用短虚线和点表示）同样也是威权国家，为什么其国内民众对中央政府的信任程度比右边实行西式民主政治的韩国（用长虚线表示）还低呢？再比如，为什么曾经生活在共产主义政权统治下的德国东部地区（用点表示）的民众比长期生活在西式民主环境中的德国西部地区（用短虚线表示）对中央政府的信任程度还要低一些？显然，单纯用“威权国家通过对公民施压来迫使民众不敢不信任政府”的解释具有较为明显的意识形态偏见，并不能客观全面地回答上述的反驳。

值得欣慰的是，近年来，越来越多的研究已经证实“中国公众对政府具有较

① 塞缪尔·P. 亨廷顿：《第三波：20世纪后期的民主化浪潮》，欧阳景根译，中国人民大学出版社2013年版，第246—247页。

② Wenfang Tang, “The ‘Surprise’ of Authoritarian Resilience in China”, *American Affairs*, Vol. 2, No. 1, 2018, p. 101.

③ Gary King, Jennifer Pan and Margaret E. Roberts, “How Censorship in China Allows Government Criticism but Silences Collective Expression”, *American Political Science Review*, Vol. 107, No. 2, 2013, pp. 1 – 18.

高的信任度”这一结论是可信的。唐文方等利用嵌套在民意调查中的列表实验（list experiment）做出了验证：尽管有 8%—10% 的受访者在接受调查员问询时隐藏了他们对政府不信任、不支持乃至不满的态度，但是在去除了这一部分隐藏自身偏好民众的比例之后，中国民众的政治信任程度仍然位居世界前列。① 此外，雷叙川和吕杰则先后运用实验室实验（laboratory experiment）和实地实验（field experiment）两种技术手段组合验证了中国公众在回答社会调查时并没有因为“政治压力”而对具有敏感性的问题做出不真实的回答或者是隐藏自身的偏好。② 因此，从“民心”这一角度审视当代中国的政治合法性仍然具有现实意义。

针对第三类批评，需要坦诚指出的是，这些质疑很有挑战性，因为既有的实证研究并未刻意区分二者。尽管对待“政治信任、政治支持是民心投射到政治合法性上的反映”这一观点并不存在严重分歧，也有学者指出，政治信任往往被视为政治支持的同义词，③ 而且既有的文献在此并未做过多的区分。但是有学者会质疑“政治信任”与“政治支持”二者并非完全等同的概念。比如在他们看来，相比民众对政治机构的信任，来自民众的政治支持更具有主动性的意味。因为，在现实生活中，公众对一个机构的信任仅仅意味着对其有正面的态度与积极的信心，但是这一心理活动并不必然转化为实际行动层面的支持。但是，这两大概念却是高度相关的。事实上，在此之前，学界已经做过相当多的探索。例如，伊斯顿率先做出了开创性的贡献。在他看来，民众对政治系统的信心和正面评价就具有政治支持的作用。他将政治体系划分为对特定政治机构的支持（Specific Support）和对政治体系的普遍性支持（Diffuse Support），同时，他指出对政治系统的测量牵涉权威当局、制度规则和政治共同体。④ 达尔顿（Russell Dalton）在此基础上做了

---

① Wenfang Tang, “The ‘Surprise’ of Authoritarian Resilience in China”, *American Affairs*, p. 108; Wenfang Tang, *Populist Authoritarianism: Chinese Political Culture and Regime Sustainability*, New York: Oxford University Press, 2016, pp. 136 – 151.

② Xuchuan Lei &Jie Lu, “Revisiting Political Wariness in China’s Public Opinion Surveys: Experimental Evidence on Responses to Politically Sensitive Questions”, *Journal of Contemporary China*, Vol. 26, No. 104, 2017, pp. 213 – 232.

③ 陈型颖、王衡：《政治信任、社会网络与抗争倾向：基于 53 个国家和地区的实证比较》，《社会》2018 年第 1 期。

④ 戴维·伊斯顿：《政治生活的系统分析》，王浦劬主译，人民出版社 2012 年版，第 158 页。David Easton, “A Re – Assessment of the Concept of Political Support”, *British Journal of Political Science*, Vol. 5, No. 4, 1975, pp. 436 – 437.

进一步的细化，他将民众的政治信任对象具体划分到政治共同体（国家）、政治制度、政治原则、政治（治理）绩效和政治权威（当权者）等不同维度上，以此来区分民众的支持态度。① 唐文方则对这些划分与测量的方式集中做了更有力的辩护与更具体的解释。他指出，尽管政治信任、政治支持和政治合法性三大概念的内涵和外延有所区别，但是这种区别只是基于交集和子集关系上的区分，不仅如此，它们还是一组密切相关的概念。因为，生活在当下政治共同体中的民众必须要先对政治机构有信心，信任这些政治机关，才能选择支持这些政治机构。因此，政治信任是政治支持和政治合法性的基础。只要测量的概念清晰、没有改变，那么在具体行文中是采用“政治信任”还是“政治支持”，区别并不是特别明显。②

此外，关于中国政治合法性来源的探究，一些学者做出了重要的探索。杨光斌指出，如果对政治合法性进行正本清源，那么合法律性、有效性、人民性和正义性才是其本质。在这其中，制度的有效性才是所有合法性理论的基础和最大公约数。③ 赵鼎新在批判了韦伯所谓的“合法性的三分法”划分基础上将政治合法性重新划分为绩效合法性、程序合法性以及意识形态合法性三个维度。与此同时，他同样强调现代中国延续了古代对“天命”的重视，因而使得“绩效”在当代中国政治合法性中始终占据重要地位。④ 林尚立同样指出，中国共产党在实践中通过提升制度的有效性来巩固其价值的合法性，由此打开了“事实合法性”这一维度——基于人们对实践中的制度所给予的实实在在的认同和支持。⑤

上述代表性学者对合法性来源的阐述可以归类为制度（事实）与文化两个层面。与之类似，从政治信任出发来测量政治合法性的来源也继承了这两种路径：一种是制度主义的路径；另一种是文化主义的路径。

支持制度主义分析路径的理论依据是理性选择理论，其认为人是理性的，个体的认知、态度、选择等行为取决于对自身的“成本—收益”分析。这一观点采

① Russell Dalton, “Political Support in Advanced”, in Pippa Norris (ed.), *Critical Citizens: Global Support for Democratic Government*, Oxford: Oxford University Press, 1999, pp. 57 – 77.

② Wenfang Tang, *Populist Authoritarianism: Chinese Political Culture and Regime Sustainability*, New York: Oxford University Press, 2016, p. 75.

③ 杨光斌：《合法性概念的滥用与重述》，《政治学研究》2016 年第 2 期。

④ 赵鼎新：《政权合法性与国家社会关系》，载赵鼎新《合法性的政治：当代中国的国家与社会关系》，台湾大学出版中心 2017 年版，第 24 页。

⑤ 林尚立：《当代中国政治：基础与发展》，中国大百科全书出版社 2017 年版，第 238 页。

用的是“增量”的视角，从制度绩效的角度出发，考察作为观念变迁背后的动力机制——现代化的重要性。因此，在这一派看来，包括经济增长和政治上的有效治理不仅切实保障了民众的权利而且增强了民众自身的利益，因而得到民众的认可和支持。

而文化主义路径则是以“增量”为视角，展现出更广泛的视域。其背后的理由则是在政治共同体内部，文化传承具有独特性并且能对观念起到制约作用。这种观点指出，包括传统价值观、人际信任与社会资本、后物质主义价值观、民族主义等规范、价值乃至信念在内的文化因素是影响政治信任的独立变量，不仅是政体合法性的供给之源，而且对政体的韧性起到至关重要的作用。当然，还有学者认为社会心理范式也是分析政治信任的一条重要路径，但事实上，社会心理的产生离不开政治文化的形塑，因此可以将其归纳到广义的文化主义路径之中。

制度主义这一路径强调的是政治信任的客体（对象）的表现在多大程度上值得公众去信任与支持，关乎的是“要我信”的问题；而从文化入手的路径关注的是政治信任的发出主体——公众是否具有强烈的付出信任与支持的倾向，强调的是“我要信”的立场。诚然两种解释路径都有强有力的说服力，但是彼此之间也存在互补性的关系。在采用“制度主义—理性选择”进行解释的一派看来，文化主义者不仅没有认真考虑人的理性，而且忽视了制度绩效这一最关键的影响因素，缺乏对时下影响因素最有力的解释。而坚持从文化主义路径着手分析的学者则对这一批判予以反驳，他们认为公众基于“成本—收益”做出判断的论据虽然有理却是短暂和时时变动的。因为公众可能今天因为政府在某一件事情上表现得令人满意而选择支持政府，后天又可能因为政府的表现令人失望而对其猛烈批判。相反，以规范、价值和信念组成的文化相对稳定，有着强烈延续性。此外，他们更认为人们基于理性做出的选择是在价值观的引导下完成的。因此，文化层面的变动是渐进性的，其变动的速度要远慢于制度层面的变动。

对中国而言，学界对其政体合法性来源的总体探讨当然也不出其右。一方面，正如前文所述，中国政治合法性的累积在很大程度上是由经济发展带来的，这是理性主义——制度绩效的分析传统；另一方面则是延续千年的儒家传统价值观和当代中国共产党执政的价值理念和工作方法，强调意识形态的价值，这便是文化路径分析的视角，两种分析路径在具体的研究中则相互补充。

综上所述，从描述性维度出发，本文力求在一定程度上澄清为何用政治信任来测量与反映政治合法性的方法是合适并且重要的。更重要的是，它并非旨在挑战之前的批判性研究，而是试图回答学界之前对这一路径和做法的一些质疑。

五 结语

象征民众对政权和政治体制信心的政治信任反映了人心向背，是衡量政权是否拥有合法性的根本所在。一方面，对西方国家和转型国家、地区而言，其曾经遭遇过或正在面临政治信任沦丧的态势，导致“民主的危机”，影响到执政的合法性。因此，如果仍旧以“西式民主合法而非西式民主不合法”的经典合法性理论来审视则很难摆脱意识形态的窠臼，跳出“合法性的陷阱”。另一方面，对当代中国而言，从既有的民调数据来审视，在横向比较的维度上，中国民众对政府和现有政治体制的信心与支持水平在世界范围内居高不下。这既是中国与其他威权国家相比的独特之处，也有助于破解西方学者在观察中国政治合法性时的“迷思”。因为民众对政权的信心与支持既是对中国历史上古训“得民心者得天下”在当代的投射，也是理解中国政治合法性的根本所在。因此，当被建构起来的、具有高度意识形态色彩的合法性理论遇到困境时，从政治信任与政治支持的角度来重新审视政治合法性就有助于我们开启新的视角。显然，这种梳理和澄清的工作也与之前的反思与重构合法性的工作形成了互补关系，也更有助于从政治科学的视角与西方学术界开展对话。

主题圆桌

现代国家建设与正当性问题

会议主题：现代国家建设与正当性问题——“政治：中国与世界”论坛2018暨“当代世界思潮与中国政道传统”学术研讨会圆桌论坛

会议时间：2018年4月22日（下午）

会议地点：中国人民大学明德国际楼408

刘小枫：

今天是“政治：中国与世界”论坛2018暨“当代世界思潮与中国政道传统”学术研讨会会期的最后一天。接下来是主题圆桌会议，一共有八位先生引言，请大家围绕“现代国家建设与正当性问题”一起恳谈。有幸收到本次会议主办方中国人民大学中外思想文化研究所和复旦大学思想史研究中心的邀请，担任本场圆桌论坛的主持人。今天引言的八位先生是：北京大学教务部副部长、法学院教授强世功，复旦大学思想史研究中心主任、哲学学院教授丁耘，中国人民大学中外政治思想文化研究所所长、国际关系学院政治学系教授张广生，同济大学哲学系教授韩潮，上海社会科学院中国马克思主义研究所副所长、《学术月刊》常务副总编姜佑福，中央党校哲学部副教授梁晓杰，中国人民大学国际关系学院政治学系副教授欧树军，北京大学法学院副教授章永乐。下面请大家发言。

强世功：用更大的尺度和更深的自觉看国家与正当性问题

我觉得以“现代国家建设与正当性问题”为题，既是总结本次论坛，也是就一个重要的理论和现实问题展开讨论，很有意义。

本次论坛名为“政治：中国与世界”，这让我联想到一个问题——假如有一群美国人召开一个名为“政治：美国与世界”的论坛，美国政治学界和政治哲学界提交的会议论文会讨论什么问题呢？我猜想，这些问题肯定和我们今天讨论的内容很不一样：第一个问题就是美国面临的全球治理问题，其中肯定包括中国崛起等一系列问题；第二个问题是美国政治体制面临的问题，如民主制在特朗普上台后所面临的问题。我相信，美国政治的正当性不会成为美国政治学界自觉讨论的问题。但我们会发现，近两日来围绕当代世界思潮和中国政道传统的会议，说到底就是在自觉地讨论现代国家的正当性问题。

通常我们讲现代国家的正当性的时候有一个假定，即现代政治的基本形式是以国家为单位的，换句话说，我们全部的政治想象是以民族国家为单位的。但是如果不从纯粹的政治哲学角度去看，以国家为单位的政治其实是非常少见的。从历史上看，在欧洲产生的、以民族国家为基本单位的政治形态的历史非常短暂。而全部人类历史上，大多数政治形式是依托于一个超国家概念，用我们的话来说，政治的问题是一系列关于“帝国”的问题。

最近这两年，北京大学法治研究中心正在推动“帝国与国际法”这套丛书的出版，我也围绕帝国与国际法等相关问题做了一些研究。我认为，帝国与国际法可能才是现代政治的基本制度，而民族国家不是。我们可以看到，民族国家理论恰恰是针对帝国兴起的，但在这种国家理论上，无论是霍布斯还是卢梭的理论，都有一个国际法的背景作为支撑。如果没有国际法体系，国家体系是无法建立起来的。这个国际法体系，很快就在美国手中转变为一个全球治理体系。顺着这套逻辑，现代国家的正当性的一大要素首先就是领土边界，国家全部正当的支配权力都以领土作为其管辖地。但在现实世界政治生活中，又有哪个国家的权力仅仅局限在自己的领土上呢？毫无疑问，大国的权力普遍超越自己的领土，美国的权力甚至已经渗透了全世界的领土，但同时，也有许多国家无法在本国领土内支配自己的主权。我想，在理解现代国家的正当性的时候，要把尺度放得更大一点。这是我想谈的第一个问题。

第二个问题和圆桌主题中的“正当性”一词有关。现代政治的正当性，特别是现代中国的政治正当性问题，如果脱离了对革命历史和革命问题的研究是很难讲清楚的。这就需要我们在传统政治思考的基础上，加深对那些最重要的思想家、政治家的研究，比如列宁、孙中山和毛泽东。一方面，中国传统的复兴是非常有必要的；但另一方面，我们可能还需要理解一种张力，那就是现代中国所带来的新的、重大的理论和现实议题。放置到政治学的视野里，可能就需要我们进一步讲清楚：现代中国作为一个社会主义国家，其社会主义核心价值观是什么？中国政道传统的核心价值观又是什么？只有思考这一问题，才可能回答下面的问题：

如果现代中国不能廉价地接受简单的、片面的自由平等概念，那么它究竟需要一个什么样的、新的核心价值来重新凝聚中国政道传统？可能恰恰是社会主义核心价值观这个当下中国面对的现实问题，才促使我们的学者去思考政道传统问题。在这个意义上，政道传统并不是直接为我们提供了价值，而是当代的价值观问题促使我们反过来对政道传统做出新的理解。

总的来讲，无论是全球治理问题还是帝国问题，无论是核心价值观的问题还是当代中国政治生活的正当性问题，过往的许多研究可能无法为我们提供一个直接的答案。这可能就需要以我们这两天的讨论的方式，慢慢地来追寻我们的生活方式和现实的出路。

刘小枫：很好的讨论引言，谢谢强世功，接下来请复旦大学的丁耘教授。

丁耘：现代中国的正当性及其世界意义

我先从这两天的讨论讲起。过去两天，赵晓力和丁凡都谈了对霍布斯的见解，为我们指明了现代国家正当性理论论证的源头。而欧树军对亨廷顿的讨论还指出了另一个问题，即美国建国与“新罗马”的关系问题。在这个问题域下，美国和中国的尺度是比较接近的，从不同的视角看，美国既有古典的特点，也有非常现代的特点，中国也是这样。

就像刚才强世功讲的那样，我们对“现代国家建设与正当性问题”的关切，还是聚焦于现代中国的道路及其正当性。在这个问题上，也有某种两难。我对处在两难上的不同的思想流派都抱着一定的“同情之理解”。

儒家看到了现代的很多问题，有其保守的一面。但儒家的问题在于，如果只有直截了当的保守，那么非但现代中国的正当性建立不起来，甚至会使儒家无法整体性地面对现代。就目前而言，我国新儒家对现代的研究仍有许多不足，例如牟宗三对现代西方的理解只有科学和民主，这个认识是非常薄弱的，并不如梁漱溟的认识深入。

但另外一面，探索、建立现代中国的正当性毫无疑问是全部中国近现代史的主题，这个主题，既是革命的主题，也是革命、新中国成立之后国家建设、社会建设的主题。但是，从世界范围看，现代国家的路正通向哪里去呢？昨天强世功的讨论其实已经提到了，会不会是一个机器人统治世界的前景？现代的地平线上会不会矗立起这样一个东西？也就是说，现代文明本来可能有许多不同的选择，但最后实际上变成了一个“技术文明”或者“资本文明”？在这种情况下，运用一个什么样的框架去反省现代国家的正当性，就成了一个难题。

“两难”就是这样，明明知道继续走下去情况会不一样，但是又不能后退，是一条不归路。那么该怎么办呢？可能是走得快和走得慢的问题，但是走得慢好像也不行。走下去是不是还有别的分叉、有其他的可能？我现在想不到。

最近这些年诸如此类的讨论是很多的，比如近代中国的正当性有没有古典资源，是否像一些美国政治思想派别一样说美国是一个新罗马、有古典正当性，又比如强调革命和古典之间连续性的问题。包括昨天刘小枫老师指出来的世界政治、国际关系的主题，能不能在这个尺度下审视现代中国的正当性，现代中国的出现不仅影响了中华民族自己，也对全世界的正当性理论具有重要的意义。

在章太炎和康有为那里，讨论都达到了这样一个尺度。康有为的有趣之处在于其理论中不仅有保守的一面，而且有着非常革命的一面，远比我们在中国大地上所实践的革命激进得多，甚至疯狂得多。康有为是我们思考的一个资源，当然这个资源是远远不够的，现在这么热的原因可能是因为围绕他能展开学术的生产和再生产。抛砖引玉，我提出的问题是：我们能不能从世界史的视角，在以公元1500年以来的整个现代的、全球的历史里来看待现代中国的正当性和现代中国对全球史的意义，而非局限于1840年以来的历史视野。我期待的是能有一个这样的视角的转换。

我就讲这么多，谢谢。

刘小枫：谢谢丁耘教授。接下来是中国人民大学的张广生教授。

张广生：现代中国国家建设的“时”与“势”

我和丁耘与刘老师商量圆桌的主题，刘老师建议，我们的讨论应该紧扣本次论坛的主题。我发现，地缘政治对理解现代国家建设和正当性问题有何帮助，是我们以前较少考虑的，而这一主题实际上是非常具有启发性的。

在欧洲现代国家起源的问题上，像查尔斯·蒂利这样的历史社会学家会谈到战争，其实战争也与国家在地缘政治结构中的位置密切相关。从对欧洲战争的分析入手，他们又会分析不同国家制度建构的方式，如“资本集中型”或“强制

（人力）集中型”。“资本集中型”国家制度建构的典型例子就是像荷兰这样的海权国家——它们通过雇佣、战舰和军队来从事战争；与之相对的是另一种典型，如俄国这样的大陆国家——大陆国家的海洋贸易不发达、资本力量也不强，但在欧洲列强竞争的态势里，它要完成国家建设的过程，就必须要征调强大的人力。这样就产生出另一种体制，也就是传统上对所谓“俄国专制传统”的看法。而在两个极端中间就产生了蒂利所谓“海洋国家”的正当性。

对蒂利而言，英国是资本集中和强制（人力）集中比较平衡的中间模式，因而较为理想。在他看来，荷兰比较容易失败，因为它完全依靠资本，资本的流动性太大，这对于建立一个军政秩序来说是危险的。而作为另一极的俄国对他来说也不太理想，因为人力的集中需要强制力，俄国主要建立的是陆军，而英国搞的是海军，海军对国家的威胁似乎不大，亨廷顿在讨论军政关系时也提到了这一点，这对我们启发很大；苏力老师在《大国宪制》里也谈到了这样的基本经验。这种来自世界史的基本经验，对我们理解现代中国的国家建设和正当性是非常有帮助的。

蒂利眼中最理想的英国——所谓“商业共和国”加外向帝国的模式——有着共和制的形式；而东方则不容置疑地变成了剩余和“其他”，即便是有人退一步争论说：东方是复杂的，不是“专制的”，而是“混合的”。当然，“混合”也有不足，我们讲到“混合”就想到了罗马。在谈到现代中国的正当性包括现代中国革命的时候，我们应该怎么看呢？革命造成了一定的断裂，但是我们既维持了一个统一的国家，也承担起了政治文明竞争的责任。在这个意义上，正是在回应以海权为中心的那一套国家发展道路的挑战中，中国才重新焕发了大陆传统国家最基本的、功能性的也是价值性的一种自我组织能力，我想，这个维度不应该被忽视。这个维度也能帮助我们思考儒家和君主制的问题。

我认为，谈中国现代国家的建设过程和正当性问题的时候，我们也可以采用一个超越“君主”与“共和”的视野。要维持一个巨大的、多元一体的国家，给大家带来定居的、良善的、有序的生活，“社稷担当”的功能由哪些力量来承担就成了一个非常重要的问题。对于这么庞大的国家，我们也有政治参与的问题。我们的选贤制度也是一种选举，但是在现代冲击下就可能显得不足了。

所以说到康有为问题的时候，可以看到，康有为的“保守”和“革命”之中其实有一个对世界历史的时势判断。他给光绪皇帝上书时送了一些书，其中既包括《彼得变政记》《波兰分灭记》等书，也包括对日本明治变政经验的介绍。康有为在判断列国发展的时候不仅仅指向共和、代议制，即便提到这一点的时候，其重点仍然在于如何回应海权国家的挑战。波兰在这方面是一个典型，蒂利也谈到了这一点。西欧人非常喜欢谈波兰，认为它离俄国的模式更远，和西欧十分接近。但波兰历史最惨痛的经验就在于它采取了以地主贵族为中心的选举君主制。波兰本来是大陆上的国家，但它又不想走像俄国那样的路，那它的命运可能也就是被瓜分。脱离开地缘特点，脱离开国家建设的时与势，我们无法理解国家的类型与正当性理论的类型。

我就谈这些感想，谢谢。

刘小枫：波兰是一个很值得沉思的例子。谢谢广生！接下来我们请同济大学的韩潮教授。

韩潮：海权对现代国家的诱惑与文明的反诱惑

关于发言的内容，我发现有一个讨论的切入点。我们论文集有一个图像，我就从这个图像开始。这个图像非常有意思，它是希腊一个著名的瓶画："塞壬的诱惑"，所以我的题目就是："诱惑与反诱惑"。

我觉得大概是从我们最开头的主题开始，就始终有这个诱惑存在。强世功在开篇的时候谈到施米特。如果去读施米特的《陆地与海洋》，我们会觉得它很复杂，或者很扭曲。扭曲在何处呢？——施密特到底站在哪一方？在他的写作中，有大量对于海权的赞美："大空间的开创者"，"世界航线的开创者"，现代国家形态的形成全是从这里面出来的。而且我们还可以找到很多证据来证明这一点，比如在他的写作过程中曾受到宗教史学家蒂利亚德的访问。施密特向蒂利亚德请教了关于海洋传说的故事，还给蒂利亚德展示了一些他收集的画，这些画是用海底视角画的水下世界，蒂利亚德说他也不知道这些画的作者是谁。

最近德国有个著名导演拍了一个纪录片就叫《水下印象》，是用纪录片视角拍海下。我相信这是一个德国式的迷恋，换句话说，他对英国是有迷恋的。历史上有一个词叫"慕英症"，他觉得这个位置应该是属于我的：英国实在是太好了，但只是我不是一个海岛国家。施密特当然也想回应它，但是从这本书的写作结构来看，他最后做出的是一个流转式的回应。也就是说，顺着这个逻辑，似乎海权已经是历史了。因此，这个东西可能是一种非常扭曲的，但也正常的心态。

这个心态是什么呢？我们中国其实也有：越是缺少的东西，你越想拥有它。还有一个构成诱惑的，是海作为意象本身所带来的迷恋性。格劳秀斯在写《论海洋自由》的时候用了很多非常明确的物理性分析。海为什么有着如此之“新”的原则？格劳秀斯说：第一，海是不可分割的；第二，相对于大地来说，海是接近于无限的；第三，也是最重要的是，海不像大地上的泥土，泥土可以塑形、作为质料，海不是，它拒绝被形式化，海要让一切东西变得没有形状。归根结底，这是一种虚无的东西，对征服虚无或者说被虚无所征服的迷恋，是一种非常现代的迷恋。所以赵晓力今天上午在文章里提到的“卑贱的真理”是很有道理的。在古代世界中非常野蛮的东西，在现代世界经历了上升的过程。这个上升在近代早期是以一个“高贵的野蛮人”的形象出现的，到后来晚期的时候，我们就看到“恶之花”之类的东西出现了。它是一条线索，对虚无的迷恋，这好像是现代的宿命。

我觉得现代和国家两个问题汇集到一起，可以汇集到一部在 20 世纪 80 年代非常著名的电视剧给我们中国人带来的感受——蔚蓝色的海洋的召唤，当时许多人看到这部电视剧都非常激动。但是海这种东西，可远观而不可亵玩：海，最后是毁灭性的。你真的想跟海过一辈子吗？我觉得这种新想法可能还是太不切实际了。

回到海权的问题。在海权兴起之前真正文明的地方在哪儿？是沿海，或者说是河流交集的地方，它把水的因素和土的因素结合在一起，所有的文明都在这里。真正原始的海洋文明，比如说密克罗尼西亚，现在都非常落后。刚才张广生谈到“混合”，也许，可走的路，就是“混合”。我就讲这么多，谢谢。

刘小枫：谢谢韩潮教授对于海洋的梦的一个批评。不过韩潮教授刚好是从上海来的，带一个“海”。这个很有意思。我想其中可能有语词上的误解，就是所谓“海权”和“陆权”。Power 这个词传统是指“强国”或“大国”，所以“海权”这个词在翻译上是有些问题的。刚才韩潮说到对海的迷恋，说到这是一个虚假的目标，但其实“海权”这个词只是说你在这片土地上的政治共同体对于更广泛的世界上的地域有一个强势的控制权，这个叫作“Sea Power”。比如说麦金德非常强调，英格兰当时是有很广大的陆地纵深的，它依靠的就是这个纵深，美国也是一样。就像施密特说得很常识的一点：人民不是生活在海上，而是要生活在陆地上的。韩潮教授发言的引题就让我想到这个意思。接下来是上海社会科学院《学术月刊》的常务副主编姜佑福先生，后面还有中央党校的梁晓杰教授。我们先请姜佑福先生。

姜佑福：作为现实和思想命题的中国道路

谢谢刘老师，也感谢主办方的邀请，今天我是刚到会学习。我想我的一点学习感想就是从今天的话题开始，从我的学术背景和现在关心的问题来讨论"现代国家的正当性"问题。

我看到这些问题的时候，首先想到的不是西方，而更多的是先想到了中国，即今天的中国能不能被称为现代国家。然后我看到了论坛昨天日程中的第一个话题："作为问题的'世界之中国'"。如果我来表述这一话题，我可能会将它表述得更激进一些，即"作为基本历史经验的'世界之中国'"，或是"作为一条现实道路的'世界之中国'"。这个说法的意思是，我认为中国已经走出了一条道路。

如果20世纪可以归纳出四条道路的话，就是从英美道路在当时遭到挑战之后，发生出苏俄的道路、德国的道路，经过20世纪的检验后，今天真正留下来的、可以作为西方道路的替代选择的，或者可能可以作为替代选择的，只有中国这条道路。或许，我们可以更积极地来看待今天中国已经取得的这些成就。但是问题是，这些成就怎样变成学术上的阐释？

我还想提到陈璧生老师刚才在我们讨论的时候提到的"学统重塑"问题。我想，借用中国古代的话说，就是道统—政统之外，我们学者可能承担的是道统建构的功能。当然，道统和政统可能是我们始终要保持在眼前的一个表象，但是我们可能通过对道统和政统的一个领会，来建构我们在学术上的一个传统。而这里，通过很多老师的讨论，我感受到的新问题，包括小枫先生在论文最后一段话中谈到的，就是我们要更加深入地去理解西方文明及其开辟出来的这样一个——用海德格尔的话说——从属于西欧的那样一种现代性历史天命。

小枫先生号召我们从古希腊源头和中国古典思想出发去正视这样一种文明的原则。其实，上午丁耘老师和张广生老师也是从不同的思想资源来讨论同样的一个问题。这里面，包括白钢老师的有些话，对于我来说显得相对乐观，就是把西方历史天命看得太轻了。例如吴新文老师讨论技术问题的时候，我觉得海德格尔的这个判断，就是技术的历史天命，他认为这是一般形而上学或者人道主义无法去沉思、思考的。马克思其实也有类似的说法。有很多为中国改革开放做辩护的学者，从马克思晚年的这个思想，从他对东方道路的评述，从他对一般历史理论的批评里面，去寻找解释中国道路特殊性的思路。按照马克思的本意，无论是在《共产党宣言》和后来的一些序言来看，还是给俄国的很多同志所写的一些信件来看，都谈到如果东方社会——当时主要是指沙俄——不能同时和西欧的革命或者现代性的自我反驳相契合，一旦它走上了资本与技术相结合的现代化道路，就很难避免“卡夫丁峡谷”，很难避免资本主义时代所带来的一切屈辱和苦难。

这个判断其实是一个非常强的判断，马克思和黑格尔都是从某种意义上的世界历史必然性来谈的。而今天我们要不要面对这样一种历史必然性的观念，就是很多我刚才提到的，包括刘小枫先生、丁耘老师，尤其是丁老师在他的《中道之国》里试图把现代性的反思推到轴心时代的这样一个不同道路开启的这样一个思路，试图把对我们造成挑战的现代性西欧文明的起源以及对它的破解之道放在中西文明一开始的路向差异上来寻求解决办法。这些办法在思想资源上，我觉得毫无疑问是可以接受的，但是在目前中西双方被迫向对方学习的历史前景下，这一思路是否能够解决今天所面临的问题是可以进一步讨论的。

今天上午我看到很多老师都谈到中美之间的贸易摩擦问题，给出的药方和解决之道都是我们要比西方更加深入、更加强大，才可能去扭转这样一个趋势。而王涛老师上午提到的法国穆斯林问题，使我们去重新思考伊斯兰文明在严格意义上是不是一个非西方的文明。狭义的西方文明就是英美的文明路径，而非西方文明——包括中国的文化传统对西方造成了一种致命的挑战。如果我们把20世纪以来的这些道路分野以及包括今天伊斯兰文明在内的世界所呈现出来的、将来可能遭遇的问题集中来看，我觉得我们中国人的历史情势或历史命运，可能一方面是要在学术上和西方人进行沟通，另一方面还要与伊斯兰文明进行沟通。这可能是我们道路光谱的两个极端。

从中我还有一种强烈的感受，就是我们很多老师一直在用不同的话语来讨论同样的问题，但有时候好像语气会比较激烈。我就是想说，我们能不能面对中国当下的历史情势，能不能超越这个临时的或长久的、由不同话语所构建的陷阱。以前韩愈讲“仁与义为定名，道与德为虚位”，早上张广生老师提到用“天下—国家”来解释甚至取代“文明—国家”的表述。这或许是进了一步：天下国家的表述相较于文明国家，从虚位进展到了定名。但是有些学者也认为，西方也可以谈天下国家、天下意识。

虽然国家现在特别提倡话语建构，但是我觉得今天中国所面临的问题，不是话语太少，恰恰是因为话语太多了。但是有效话语、能够反映我们的时代的话语，或者说能够形成学统重构的这种有效话语，还是相对不足的。我有一种期待，就是我们能不能超越这样的陷阱，能够真正地面对当代世界的政治现实，能够复述它的道路和它的政统之间的差异？其次，能不能在学术上真正地快速推进问题，把一些问题梳理清楚？

今天我们论坛中的许多讨论都把焦点放在清末民初。我想，我们是否有可能把这个思考的基点放在2050年，放在我们的道路完成的那个时期，而不是放到过去的某个时间节点？以那个成熟的中国作为基石，来反观过去所经历的思潮和学术传统。所以说把返本开新和人文创新结合在一起，借用邓小平在四十年前的一句话，他在十一届三中全会预备会主题报告里讲的：“解放思想，实事求是，团结一致向前看。”我们今天也应该解放思想，实事求是，团结一致，看着2050年这个目标，回过头来建构我们今天中国的学术道统和学术传统。

谢谢大家，我就讲到这里。

刘小枫：谢谢姜佑福先生给我们带来的很现实的、很实际的思考。接下来我们有请中央党校的梁晓杰教授。

梁晓杰：全球化、地缘政治与现代中国道路的正当性

我想，我也许可以从自己的一些体会谈起。我向本次论坛提交的文章讨论的是马基雅维利。我想把马基雅维利的《君主论》当作一个导言，既把它看作进入现代政治哲学的导言，也可以把它看成进入古代政治哲学的导言。我的意思是古今的张力可能并不那么强烈。古代除了那些理想性、价值性的论述外，还有谈现实的内容；同样地，现代政治哲学也有理想和价值。所以当我们提出“现代国家的正当性”这个问题的时候，其本身就是具有现实限制性的问题，我们要把国家、政治的问题合理化，然后产生了这个正当性的问题。

但是从霍布斯开始经由卢梭，这个正当性本身一直处在不断发展之中，因此我们可能需要在一个历史的过程里来反省正当性的问题。从这个角度出发，我想谈一谈今天的议题：全球化治理、现代国家的正当性和中国现在的转变。我想它主要是指现代国家的正当性或者说中国现代国家正当性的条件问题。

这个条件，首先离不开全球化的大背景。谈到全球化，我想起了德国的一位哲学家斯洛特戴克的论述。斯洛特戴克把全球化分为三个阶段。第一个阶段就是哥伦布发现新大陆以前的全球化，他把这个阶段的全球化称为“想象中的全球化”——在想象当中，地球是圆的，但是人们没有见过，因此是想象中的全球化。第二个阶段是“身体力行的全球化”，从哥伦布发现新大陆一直到1945年，这个阶段首先是一个特定历史时期，是西方所发现的一个全球、一个地球，不仅仅是一个地理的发现，还是政治的、文化的发现。但是他说，从1945年到1947年，我们进入了一个新的阶段：“信息化的全球化”。

如果说第二个阶段是一个单向度的全球化，那么第三个阶段就是一个双向度的全球化，也就是说，由西方主导的那个时期已经过去了。举个例子，我们现在再来看当下的中美贸易战，它肯定不是单方面的美国主导。与此相应的，也与昨天的话题相关，当我们谈地缘政治的时候，我们可以把哥伦布发现新大陆之前的政治称作陆地政治，海洋因素基本没有参与进来；哥伦布发现新大陆以后，有了欧洲的主导，它本身是依靠海洋不断地对抗陆地的历史时期。同样，现在是不是可以这样讲，我们已经进入了一个新的时期，这可能是一个陆地和海洋平衡的一个时期，是不是可以从这样一个角度来谈现代中国的正当性架构，也就是说，从陆地和海洋平衡的这样一个角度来谈现代中国国家政治的正当性问题?

当然，地缘政治还是要回到全球化的大背景之下，而这个问题马克思在19世纪写作《共产党宣言》的时候已经讨论过了。《共产党宣言》一共有四个部分，第一部分讲的就是全球化，在这样一个大背景下，有了阶级的分化，它的结果一定是暴力性的无产阶级专政，因此才会有共产党人的目标和宗旨，以及实现它的一定方法。从《共产党宣言》发表到现在已经170年了，这个问题是不是已经过时了？我们是不是也可以从这个角度来谈现代中国的正当性问题?

我们看到，皮凯蒂写的《21世纪资本论》在事实的层面上为我们展开了论述，但这个问题并没有过去。他有一段话给我的印象非常深刻，他说，20世纪从某种意义上讲可能是人类最幸福的一个世纪，因为从1930年到1980年，劳动的增长率超过了资本的增长率。然后，从1980年向后，从贫富分化、阶级分化的结构上来看，会发现我们会越来越接近19世纪，而不是进入一个新的历史时期。在这个意义上，我也认为，可能中国作为现代世界里仅存的社会主义国家，能够给全世界提供某种解放性的意义。那么我想党的十九大讲的“新时代”，讲了三个“意味”，除了讨论到中华民族的伟大复兴外，还谈到给发展中国家提供一个新的出路、给科学社会主义带来一条新的道路。从这个层次上来讲，这是我们有可能在一个新的历史时期中给全世界在政治层面上做的一个贡献。

刘小枫：好，谢谢梁晓杰。下面是中国人民大学的欧树军教授。

欧树军：当代政治理论视角中的正当性问题

谈一下我对这个题目的想法。总体上我们会议的主题从一开场就提出了地缘政治学的讨论。地缘政治实际上有一个单位问题，它可能是区域性的，也可能是全球性的。从全球性的尺度来看，地缘政治的变化带来了一些在政治理论中对于现代国家正当性的讨论。我觉得可能有六个维度，这里非常简单地介绍一下。

第一，从马克斯·韦伯开始。下午，丁老师已经对韦伯进行了评判，但有一点值得注意，韦伯认为俾斯麦是德国最伟大的政治家，真正的政治家。在这个意义上，我赞同李猛教授的观点，即《以学术为业》和《以政治为业》实际上可以被视为理解韦伯的两把钥匙。可以简化地说，这两个演讲的意图是指出：以学术为业的学者才是真正的学者，以政治为业的人才是真正的政治家。但是与今天的主题相关的是，我们需要把这两句话倒过来理解：真正的学者应该以学术为业，真正的政治家应该以政治为业——而不是一般的政治分析家、党务工作者、律师、商人等要以政治为业。当然，我相信我们的会场上有很多人要采取这样的学术立场。在这个意义上，韦伯的社会理论之所以重要，是因为它是在当时的地缘政治巨变之下产生的新的政治理论，也就是它对从韦伯那里产生的政治学或政治科学有一个直接的影响，韦伯的社会理论是政治理论的重要源头。刘小枫教授也谈过韦伯对于国家支配正当性的论述。在我看来，韦伯区分了国家支配的有效性和正当性，也就是说，他认为在现代国家中，仍然是人支配人的关系。国家正当性就是支配的正当性，支配的正当性就是支配的理性化。韦伯将支配的理性化放在一个心理学的依据中，比如我们常常引用的三个理想型，实际上说的是正当性的心理依据。

第二，在第二次世界大战后出现的政治现代化理论。它认为现代国家的正当性与政体的正当性密切相关，也就是说，只有现代的，才是正当的。这也是刚才强世功老师的视野。这个理论的关键是追问：究竟什么是“现代”国家？一个国家是通过什么样的因素和过程成为“现代”国家的？尤其是，在社会革命之外，现代西方学者往往强调通过工业革命和军事革命获得的强大军事实力，也就是战争对现代国家的正面作用。所以政体正当性是从现代正当性派生而来的。

第三，政治发展理论中的正当性。这里对正当性有一个区分。其一是绩效的正当性，其二是程序的正当性。绩效和程序的正当性是不同维度上的，分别强调经济上的正当性和政治上的正当性。从重要程度上来排序，它认为政治上的程序要重于经济上的绩效，经济上的绩效必须要走向政治上的程序正当性，也就是西方自由民主制度。

第四，政治变化理论。它产生的背景是真正全球尺度上的地缘政治巨变，也就是美国在全球范围内的崛起，取代英国成为政治舞台的一极。政治变化理论中，也有正当性的视野，即国家的有效性和正当性的辩证关系。有效性是以正当性为前提的，有正当性的国家会更有效。同时，正当性也和我们刚才讨论的——例如强世功老师提到的核心价值观、传统政治原则——这些构成共识性的东西关联起来，和政治共同体的共同性关联起来，也和我上午所谈到的政治美德与政治制度、统治能力与正当性关联起来。另外，还有一个维度就是把政治秩序——一个好的政治秩序，一个能实现经济增长、财富共同分配的政治秩序，一个既能保证社会稳定又能实现民主的政治秩序——和国家的自主性与正当性结合起来。这是内涵非常丰富的一种政治理论。

第五，也是大家最熟悉的维度，即由于地缘政治为冷战格局带来的彻底巨变，在西方产生的民主转型范式。这个民主化的转型范式对正当性的分类与政治发展理论的分类是一样的，即绩效正当性和程序正当性，程序大于绩效。但是如果一个转型国家长期不能保证它的绩效，长期不能解决经济社会困境，就会引发人民对于程序正当性与现代民主体制的怀疑。

第六，我把福山的政治秩序的理论，称为一个新的政治秩序的理论。他提出两个维度，即程序的负责制和实质的负责制。程序的负责制要比实质的负责制更优越。他基于这两种负责制的区分，讨论了三个最基本的政治制度：国家、法治和民主。简化地说，就是有国家不如有法治、有法治不如有民主，但是有国家不见得有民主。所以他写了《政治秩序的起源》与《政治秩序与政治衰败》两卷本，仍然是在捍卫、维护自己在20世纪80年代末的“历史终结论”。我觉得，可能与之相应的是另一位美国外交战略学者和实务家基辛格。我们知道基辛格写过《论中国》。在《论中国》里，他建构了两个互相对立的概念，认为中国将走向"中国中心主义""中国例外论"，与"美国中心主义"形成竞争。我们现在面临的格局也许就是：是从基辛格的视野出发，回到一个非此即彼的例外论和普世主义对立中去呢？还是进一步追问：在中国崛起所带来的新的地缘政治格局中，是否还一定要坚持一个中国中心主义或例外论？

上述所谈的"正当性"不是一种应然的"正当性"，而是一种实然的"正当性"。

刘小枫：谢谢欧树军教授。下面请北京大学的章永乐教授。

章永乐：正当性话语与国际秩序

我就接着正当性的话语进一步讨论，试图把正当性和国际秩序关联在一起。为什么可以有这个关联？因为正当性的话语可以和领导权或霸权的话语关联在一起，霸权或者领导权既有一个国际的维度，也有一个国内的维度。国际上是指怎样建构一个秩序，在这个秩序中什么样的力量占据主导地位，很可能它的话语在国内也会占据一个主导地位。所以其中有一个很重要的概念，我想把它引进来，就是"大国协调"。大国协调起源于19世纪的欧洲协调，而欧洲协调又基于19世纪所形成的维也纳体系。维也纳体系是第一个扩展到全球的体系，是中国人在1840年所碰到的西方的第一个体系。所以正当性的话语与国际体系的剧烈变化有着关系。而大国协调的历史经验的基础在于1814—1815年神圣同盟打败了拿破仑，在维也纳召开维也纳会议，确定了英国、俄国、普鲁士、奥地利和法国五强共治的局面，它的目的是防止再次发生法国大革命，从而维护欧洲贵族的统治。在19世纪上半叶，欧洲贵族阶级跨国通婚，形成一个跨国的阶级，很少与他们所统治的民族通婚。但是法国大革命以下犯上，试图推翻法国贵族的统治，这就不能不引起在其他国家法国贵族亲戚的愤慨或恐惧。五强共治的努力方向就是要加强欧洲贵族大家庭内部的团结，避免之间的相互战争。当法国大革命的苗头在任何一个国家出现的时候各国统治者将合力进行镇压。从1815年到1914年欧洲没有发生大规模战争，这与欧洲协调有着分不开的关系。1900年八国联军侵华也让中国人领教了一下欧洲协调的威力。其中，当然加上了日本。

欧洲协调中的霸权话语是正统主义。也就是说，整个欧洲的统治权必须掌握在王朝和贵族的手里。所以它一开始是体现欧洲贵族利益的体系。但是整个19世纪的欧洲协调体系在不断衰变。原因在于，这个体系有其内在缺陷。首先是民族主义的发展。资本主义发展的不平衡导致各个民族虽然形成了统一市场，但内部有着较大的张力。其次是它没有纳入奥斯曼帝国。所以随着19世纪奥斯曼帝国的衰落，欧洲列强纷纷侵蚀它的领地，并在之上发生不断的冲突。最后，五强共治形成开始，海上霸主的英国与陆上霸主的俄国分立欧洲大陆两侧，给欧洲大国留下了腾挪的空间，但随着1871年普鲁士完成德国的统一，中欧崛起了一个强大的国家打破了原有势力均衡。欧洲协调逐渐让位于列强的竞争，直到1914年彻底破裂。

中国的1840年刚碰到这一体系的时候，它的王朝主义色彩还是很强的。但到19世纪下半叶的时候就发生了很大变化，民族主义兴起了。民族的话语相较于王朝统治的话语也就开始兴起了。所以在世纪之交，我们中国面对的是非常衰变的维也纳体系，面对的是体系内部的反抗力量已经在上升。这对中国产生了非常大的影响。但是，维也纳体系残留的东西也会继续对中国产生影响，比如说它的王朝主义。在1914年第一次世界大战爆发时世界上大部分国家都是君主制国家，所以在那个时候说共和制是世界潮流、君主制是例外，是不成立的。在欧洲，共和制国家只有三四个。美洲的共和制国家虽然较多，但并不占据主导地位。辛亥革命1911年爆发时，国际体系还没有变，所以立宪派还可以继续论争君主制主导的政治。在第一次世界大战爆发之后，维也纳体系彻底破裂，巴黎和会又没有建立起稳定的秩序。施米特在《大地的法》中对这个问题做了详细的分析，它并没有重建之前列强之间的大国协调。因此在第一次世界大战之后，我们就看到了霍布斯鲍姆称之为“短20世纪”，其中有两种力量：一是底层农民和工人阶级的反抗力量，二是民族主义的兴起。在这个世纪中，人们无法再回到19世纪去了，比如说古典自由主义，它的正当性已经消失掉了，哪怕在美国也出现了新政自由主义，“短20世纪”中的主导话语仍然是各种版本的社会主义。这也是对20世纪面临的问题的回应。

对中国来说，特别有意思的一点在于，民国初年的国会于1913年开始制宪，直到1923年才把宪法制定出来。1913年的宪法讨论完全没有考虑生计问题、劳工问题和社会主义的问题，这些问题直到第一次世界大战过后才发现。1923年的立宪者们马上把魏玛民国宪法中涉及的社会主义问题搬了过来，开始讨论所有制问题。从立宪者的层面说，正当性的根据已经发生了极大的变化，这也从一个角度提醒我们，国共两党后来面临的国际体系与之前的体系有着极大的变化。但是到了80年代，在英美发生了新自由主义的回归，冷战的结束更使得新自由主义形成了全球的霸权。这标志着一个新的体系的形成。

21世纪的世界能否形成一个大国协调的局面呢？与19世纪相比，21世纪的生产关系发生了极大的变化，贵族作为一个阶级已经淡出了历史的舞台。21世纪如果有大国协调，佩里·安德森认为它的原则有两条：第一是防范全球自然环境的恶化，如气候问题；第二是实现全球市场。毋庸置疑，如果出现这样的大国协调，它的主导力量是资本的力量，它的基本原则是资本统治的原则，而最有可能加入这个大国协调的五个政治单位是中国、美国、俄罗斯、欧盟与印度。但现在，这两个前提已经发生某种动摇。尤其是2016年特朗普上台后否认全球气候变化，退出了《巴黎气候协定》，这就抽掉了大国协调的第一根支柱。另外，特朗普关注其选举基本盘的情况，对全球市场的波动并不是特别在乎，也就是说，大国协调的第二根支柱已经发生了动摇。不仅是特朗普，美国的精英阶层里面具有强烈国家利益意识的精英也已经意识到了这一点。中国作为一个拥有14亿人口的国家，如果产业升级成功，将高端科技产品做成了白菜价，那将是目前发达国家的噩梦。所以宁可“杀敌一千、自损八百”，也要和中国打贸易战、科技战，阻止中国的产业升级。其中，存在两种资本的力量，即本土化的资本和全球化的资本的紧张关系。特朗普与后一种资本结盟，但是通过夸大渲染中国产业升级对全球化、美国资本的冲击，也令全球化资本中的一部分加入了他的“神圣同盟”。

这一点，足以让我们思考美国国家与全球化资本的关系。美国所期待的全球化的核心是美国资本的安全性，如果中国没有加入这一全球化进程，美国很可能会建成一个更厉害的全球资本帝国，用它的专政机器保护资本的全球化流动。在冷战之后，美国就是出于这种自信推动全球化，放任它的资本在全球布局，使美国本土获得最大利益。但中国加入全球化竞争之后，就演绎了一出“主奴辩证法”：我们从“脏活累活”开始干，越来越熟练，使我们的产业不断升级；而美国社会内部则日益分化，穷人预期寿命都在缩短。全球化对美国中下层部分资本的压力就显现了出来，这种压力必然会传导给它的政权。由此，民族主义也就兴起了。这个现象告诉我们，冷战后全球化的突飞猛进是以美国的全球化霸权作为基础的。但是资本与民族国家的历史性的缠绕关系，到现在也没有过时。历史上，资本需要借助民族国家的力量来克服各种地方割据势力，统一国内市场以获得利润。现在，许多国内统一市场已经实现，资本也仍然需要国家政权的力量克服许多障碍、形成区域整合。但这不是普通的民族国家可以做到的——关键的力量是大国，大国的势力范围很大程度上设定了不同资本集团的影响力边界。资本集团之间的竞争上升到政治的高度，就形成了大国的竞争。

"大国"，the great power，也可以翻译成"列强"。当我们说"大国"的时候，指的不是一个内外边界分明的民族国家，实际上我们指的是一个核心加上一系列边缘地带，像圆一样向外扩散影响力的区域。很有意思的是，在我们这次会议上，许多同人思考的不仅是中国物理边界的构成，也在思考中国在边界外部的整个影响。中国现在有一个扩大秩序的想象，就是"一带一路"。我觉得"一带一路"是很好的概念，比我们直接使用施米特提出的"大空间"、亨廷顿讲的"文明"概念都要更好一些，但在西方的战略家来看，"一带一路"甚至是一个比施密特的"大空间"、亨廷顿的"文明"更大的政治单位。然而，就我们而言，在我们现有的关于"一带一路"的思考里所呈现的抱负恰恰是：中国尊重各个国家独立自主的选择。我们要做的是连接和通达差异、尊重差异。我们已经立起了一个不同的正当性，即不是通过一个单一的原则来设立一个秩序，而是提出一个以差异为基础的、康有为所讲的"通"的秩序。康有为说，平生所学三个字：一个是"共"，一个是"通"，一个是"同"。现在我们发现，我们的时代恰恰可以由"通"的概念呈现出来，而这也是我认为康有为的思考仍有意义的根据。

总的来讲，一百年以来，我们所面对的是这样一个局面。中国在晚清的时候处于大国协调的宰制之下，而第一次世界大战给了中国一个机会，使中国不仅可以改造国内秩序，也可以参与对国际秩序的改造。第一次世界大战的结果是一系列帝国走向了共和，共和制从边缘走向了中心，中国的共和主义者获得了更大的话语权来捍卫共和制度。第一次世界大战中爆发了十月革命，诞生了苏维埃国家，对中国产生了极大的影响，最后有了1949年的中华人民共和国成立。中华人民共和国成立后，我们有两种话语上的资源：一种是基于两极对立，高举社会主义的旗帜；另一种是第三世界的国际主义，这是毛泽东主席晚年时提出来的。从后来的发展来看，第一种与苏联争夺社会主义正统的努力逐渐淡出，但基于第三世界的国际主义的遗产在当今世界中还在延续。现在的局面是中国崛起为全球大国，广泛参与全球规则的建立，单极霸权虽然已经松动，却并未消亡。

在这一情景下，我们需要在一定程度上重新考虑20世纪70年代留下的话语财富，即坚持促进国际关系的民主化，探索自己的发展道路，为那些既希望加快发展又希望保持自身独立的国家和民族提供更为进步的选择，赢得更多国际朋友的支持。在这一话语中，国家利益的实现与对道义的坚持是不可分离的。在现在的局势下，冷战后的大国协调已经破裂，但这个破裂也为中国提供了一个新的机会。要抓住这个机会，一定程度上就需要我们回到20世纪，借用20世纪的话语资源，重新与新的时代做一个接轨。

我大致就说这么多，请大家批评指正。

刘小枫：重思“中国与世界”的关系

非常感谢章永乐教授的发言。刚才听了八位的发言，非常受启发。我想简单谈三点。

第一个让我想到的主导意象是韩潮昨天评议时讲到的基辛格与毛泽东的谈话。这让我想起一件非常有意思的事情。尼克松访问北京与毛泽东见面时，毛泽东对尼克松说：具体问题你去和我们的周总理谈，我们“谈哲学”。什么叫“谈哲学”？谈什么哲学？当然，我们现在意义上的这样一种全球视野，就是实践政治智慧上的见解。

由此可以从中引出的一个意象，就是毛泽东在20世纪两个关于全球观的不同表述。第一个表述是在1936年的《念奴娇·昆仑》中提出的。《念奴娇·昆仑》这首词里有一个很重要的因素就是大同世界，与康有为有着很重要的联系，大同世界又叫欧、美、亚。词里写的“一截遗欧”“一截赠美”，“美”指的是以美国为主的北美，然后是中国，再后来出版的时候改成了“东国”，这首词注释里的考证说，是因为不能忘了日本人民。显然这是一个关注代表性的讲法，我们说亚洲、美洲，当然指的不是全部美洲，而是一个文明性的代表。谈到亚洲的时候举了中国，还说不要忘了日本，但是很多亚洲国家都没有提到，提到的都是代表性国家。第二个表述是在60年代之后提出了非常著名的“三个世界”的划分。这“三个世界”与前面说到的欧、美、亚显然是互相矛盾的。“三个世界”，就是要打破这个东西，它引出的恰恰是亚、非、拉。想到刚才我们讨论的“正当性”问题，假如没有出现过这样的全球观，中国的正当性立得起来吗？这会引出一系列问题，非常有意思。

由此引出了第二个问题，也是听了八位的发言想到的一个问题，就是这一次会议和圆桌论坛的主题。刚才几位的发言隐含着一个很重要的点，就是如何考虑中国与世界的关系问题。我在提到毛泽东的时候就会想到一点，这也是章永乐最后提到的，在中国和世界的关系问题上，我们中国有一个非常重要的特点就是制度的独立性及其自觉。你是什么样的制度，我们是不管的，我们只管我们的制度。我们的制度是什么？它和欧洲的制度，无论是以基督教的背景也好，还是启蒙以来的民主正当性也罢，完全不一样。这是很大的一个差别，至于我们中国如何来建立制度的正当性，是我们自己的事情，反而别人经常会问你们中国的正当性和价值理念在全球能不能适用呢，我们说用不用那是你们的事情，不用反问我们。毛泽东把中国人民重新组织起来，就能够把国家立起来。在新中国，中国人民的重新组织有很多细节，是不仅让中国人也让全世界都很感到震撼的。我举一个文艺作品里的小例子。一部关于抗美援朝的电视剧中有这么一个情节：当年上朝鲜战场的时候，九兵团、二十军是作为预备队的，它们没有防空力量，有一个团的通信员在晚上行军时被炸死了。牺牲以前，团政委抱着他，他最后一句话说的是，我对不起祖国和人民，我要来打美国鬼子，还没有打上我就要死了。这个团政委听得热泪盈眶，一个农民才参军半年，就有这么强的信念。新中国就是这么组织起来的。这可能就是为什么中国和其他类型的制度、国家、意识形态理论没有那么多道理可讲。

第三个问题让我想到这次会议另外一个很重要的题目就是康有为。这次八位在圆桌提的不是太多了。丁耘提到了章太炎，我们的确要回头研究晚清那一代人，他们那一代人面对局势时候的想法。扳起指头算起来，好像就是康、章可以说了。其实我觉得这是一个蛮大的偏差，我认为廖平其实相当重要。廖平刚好在相当程度上弥补了康有为的缺陷。康有为很重大的缺陷，就是太靠近政治现实的时候，判断的视野很有问题，靠近现实的时候容易成为一个战术家，而丧失掉战略家的眼光。廖平可能是中国近代最早最大的地缘政治学家。《地球新义》讲的是什么呢？“大九州”“小九州”讲的是什么呢？有一个非常有意思的问题，他在解读中国纬书的时候，提出了一点，就是我们现在遇到了太多的异族，比如说那个时候中国人就已经注意到有许多外国人的书是横着写的，都感到大为惊讶。廖平真的是提出了一套设计，而这一套设计，整个研究的背景、他所理解的整个世界视野，都非常重视地理。所以他的弟子蒙文通就发展出来一些地理学，只不过我们那个时候在世界地理的实证知识方面还很弱。我觉得最有意思的就是廖平提出来的关于中国与世界的关系，“大九州”的营盘就是全球，“小九州”就是指的中国与“大九州”的关系，所以他的东西还是很抽象，但拿到现在来重新解释，又颇有吟咏的空间。

另外，我觉得他也点到了一个要害，这个要害是中国要面对的问题，其实也是西方一样面临的问题：知识人的精英担纲阶层的品质、眼界和观念问题。所以他的解释特别强调了所谓“圣人”和“贤人”之间的关系问题。“圣人”总是很少的，他会带出一批“贤人”。所以中国的关键是这批“贤人”的品质是怎样的。

张广生：谢谢刘老师的小结，其实也代我们总结了主要的会议研讨内容。总结环节我补充一个更简短的总结。本次会议的主题主要是抛出问题，但是我发现场外的很多网友非常关注我们的会议，他们替我们总结了一下，有的地方我觉得总结得很有意思。他们说，“中国人民大学中外政治思想文化研究所与复旦大学思想史研究中心共同举办的‘政治：中国与世界’论坛2018暨‘当代世界思潮与中国政道传统’学术研究会今日拉开帷幕，我们一致认为，这场会议汇聚了强大的阵容，大有通三统式的合围之势，但既然关于‘政治：中国与世界’的题目立意恢弘，牵涉面极广，自然不可忽视其他派别的声音。有鉴于此，特制作本期推送，暂定为‘缺席的声音’，以供政治学人参考与批评”。

他们说我们大有通三统合围之势，这个有点过誉了，我们是站在学术的角度，无论是从理论还是现实角度，真正关心重大问题，这个重大问题确实是古今中西都有所涉及。我们安家于大地之上，也好奇地倾听海洋的声音，只是为了抵御塞壬的诱惑，不得不让同伴缚于船桅。谢谢大家！

书　评

“大国”的基础制度架构：评苏力《大国宪制：历史中国的制度构成》

刘　晗*

20 多年前，法律移植在中国正当其时，苏力倡言“本土资源”，一举成名。[①] 从那时起，什么是“本土资源”，一直不太清楚。读了苏力的新书《大国宪制：历史中国的制度构成》（以下简称《大国宪制》）[②]，终于了然：原来，中国法治的本土资源就是大国宪制。换个句式，大国宪制就是中国法治的本土资源。

宪　制

在学术讨论中，很多争议都源自基本词语定义的差异和误会。汉语“宪法”一词，如同英语“constitution”一词，都有多重内涵，很容易在不同作者的笔下呈现出不同的意思，以至于造成读者的误会。

例如，在立宪主义理念中，创制成文宪法，制约政府，保护民权，天经地义。由此看来，中国古代长期以来是此种理念的反面典型，非常落后——政治专制、权利无依。一句话来概括，“它没宪法”[③]。中国古代宪制？不存在的。

苏力却主张，古代中国确实有宪制，且运作良好：保障基本秩序，统合广土众民，塑造所谓“中国”。因而，为了避免无谓的误解，《大国宪制》开头部分即针对该词语进行了必要的澄清。

苏力着意区分了汉语通常使用的“宪法”一词所可能指涉的三个核心概念：

---

* 刘晗，清华大学法学院副教授，博士生导师，耶鲁大学法学博士。

① 苏力：《法治及其本土资源》，中国政法大学出版社 1996 年版。

② 苏力：《大国宪制：历史中国的制度构成》，北京大学出版社 2017 年版。

③ 冯象：《政法笔记》，江苏人民出版社 2004 年版，第 21 页。

宪制（constitution）、宪章（Constitution，或称《宪法》或者成文宪法）和宪法律（constitutional law，一般翻译为“宪法”）。苏力特别强调，他在《大国宪制》一书中所用的“宪制”，就其本意而言，指的是一个政治体的基本构成——更类似于英文所说的 regime 一词的基本含义。政体的构成并非必须文字记载。“宪制”的原初描述性含义即是如此。用宪法学术语说，宪制所谓“固有意义上的宪法”，而非“立宪主义意义上的宪法”。每个政体，不论古今，不论大小，都有宪制，虽然未必都有成文宪法典或者相关立法。

与宪制相比较，《宪法》则是成文政治文件，在国家发展的特定时刻（如建国、重建或者改革），由特定政治代表实体制定。一般来说，现代成文宪法明显体现启蒙政治哲学的基本实体思想和思维模式，通过明文规定的方式，界定政府权力的范围和结构，列举公民的基本权利及其保护方式。不同于原初、描述性的宪制，成文宪法是现代启蒙思想指导下理性设计的法典。现代成文宪章通常具有规范性，承载有关个人权利和法治等启蒙思想的基本价值。

宪法律含义则最窄、最专业化，一般来说呈现出司法化的特征，主要由法律人——法官、检察官、律师和法学家等——执掌。典型的例子是美国最高法院解释《美国宪法》或德国宪法法院解释《德国基本法》，通过案例和教义体系，构成宪法律技术和话语，包括宪法诉讼的程序规则、司法判决和先例所发展出的实体性宪法规则，以及在此基础上的学术阐释乃至于法律教学内容与体制。宪法律因而具有鲜明的职业主义特征，设立了较为专业化的准入门槛，塑造了一套一般社会公众难以短时间理解和评判的话语体系。

在苏力的视野之中，宪制对于一个国家来说具有最为重要和最为基础的价值。这一点，恰恰由于现代西方宪法话语高扬成文宪法的规范性以及宪法律的执行性，致使专业学术研究甚少关注宪制的根本地位。苏力论述道：“今天……立宪约法似乎成为国家构成的最主要工具。但……真正至关重要的问题从来不是宪章，而是令宪章正当合法的基础和前提，即宪制。只有当一个国家已实际构成，有了人民、疆域和初步的政治治理，制度大致确定，治理已实际开始，才可能开始制定宪章/法，才可能有宪法律学者关注的选举、政府组织和宪法律的司法问题。”① 宪法学的话语体系因而存在一个名实分离的现象：在成文宪法出现和宪法律出现后，专

① 苏力：《大国宪制：历史中国的制度构成》，北京大学出版社 2017 年版，第 36 页。

业宪法研究会更多地围绕二者展开，有些时候反倒会忽略甚至掩盖真实的宪制问题。在某种意义上，我们可以进一步思考，成文宪法因为其现代特性，体现出很强的断裂性，反倒是实效宪制能够延续古代传统。因而，一种实效主义的宪制研究能够超越古代与现代之间的思维定式，直面问题本身。例如，现代宪法学很少触及军事问题，而苏力所主张的实效意义上的宪制则特别重视此问题（见该书第三章）。

在苏力看来，归根结底，成文宪法之前，先得有个国家。要有国家，必有宪制。在苏力看来，希腊、罗马、英国和美国都有宪制。一般认为，美国以成文宪法和宪法律知名，但苏力指出，美国宪法实验最要紧的问题，恰恰是宪制问题：如何在州或族群分立的政治实体之间创制统一政治权威，“合众为一”（e pluribus unum）。1787 年制宪会议、内战、新政都是如此。国父的主要任务，不是限制政府，而是建立政府。[①] 因而，与宪章或者宪法律相较而言，宪制问题是更为经久的和普遍的。“实效性的宪制”在相对较长的时期内支配政治体的基础规范，这对于一个大国来说尤其如此。在区分了宪制和成文宪法以后，“古代中国宪制”的说法，就显得没有初看起来那么奇怪了，反倒是抓住了更为基本和根本的问题。

在苏力看来，与成文宪法的人为理性设计不同，也与宪法律的法律逻辑推理和话语建构不同，宪制本身是一种实用主义的、以解决问题为导向的规则积累的结果。苏力认为：“宪制……是特定时空中的人们，在各方面自然条件都不完美甚至很艰难的境遇下，面对各种实在或潜在的风险/不确定性，为了能活下去，活得还稍好些，而被迫创造的一些长期稳定和基本的制度；由许多更微观的制度和规则构成。”[②] 换言之，宪制本身并不像成文宪法那样由特定的代议机关一键设定，而是在面临很多“待议”问题的时候，在当时当下的条件约束之下，最为理性地发明创造出来的解决办法，有意无意地形成了一系列的规则，并传于后世。

苏力认为，古代中国就是秉承这种解决问题的实用态度来构建宪制体系的：“在中国古人看来，制度就是人们应对社会危机的产物，而不是或很少是哲人深思熟虑的结果。……【它是】一种功能主义和实用主义的制度理论……”[③] 在很多时候，制度的创设并不是根据理性推导出来的康德式的道德律令而进行，相反，

① Hannah Arendt, *On Revolution*, London: Penguin Books, 1973, p. 148.

② 苏力：《大国宪制：历史中国的制度构成》，北京大学出版社 2017 年版，第 530 页。

③ 同上书，第 532 页。

是为了解决一个民族或者共同体面临的持久性的重大问题："制度首先反映的就是具体时空中人类的一些持久难题，反映了以部落、地区、国家、民族、宗教、性别、阶级、阶层以及文化等方式体现的永远无法令各方都'爽'的利害冲突，为特定地域内生产方式、社会组织方式和技术能力或'知识型'所塑造，是从多种实在约束条件中挤压出来的以制度体现的当时当地人的生存智慧。"① 苏力指出，甚至一般被认为是理性设计典范的美国宪法，也是如此：其最主要的目的是解决当时美国人面临的急需"合众为一"的处境，因而司法审查的重要性反倒远不如联邦制问题，如贸易条款。②

但苏力同时指出，关注实效意义上的宪制，并非完全是描述意义上的学术努力。相反，宪制本身具有一定的规范意义，虽然这种规范意义并不等同于康德意义上的"规范"含义或道德伦理意义。苏力认为："规范性关注的是应当服从或遵守，与是否合乎道德没有必然联系。"③ 因而：

> 不是因为一些先天的规范令我们应当或可以成功齐家治国平天下，而是这片土地上的人，只有齐家治国平天下才能活下去，并因此打造出了这些制度和规范。……父子、兄弟和男女关系是农耕村落构成和治理必须关注的三个重要关系，是影响村落生活共同体每个人利益的关系。在中国农耕区的治理必须应对与周边非农耕民族的关系，必须保持强大的军力……修长城从成本收益上看会更有效率；必须以中央集权方式来防止地方分裂和格局；必须注重黄河治理、注重赋税的统一和公正；必须吸纳全国政治文化精英，建立官僚统治，自然也就必须书同文以及有"官话"。④

由此看来，从功能和实效意义上而言，人们才可以同情式地理解古代的一些做法："许多令人感叹的残酷做法之所以被采用，被坚持，恰恰因为这是理性的选择，是不得已，是特定历史语境下的必要之法（law of necessity），是为了文明。"⑤

---

① 苏力：《大国宪制：历史中国的制度构成》，北京大学出版社2017年版，第533页。

② 同上书，第535页。

③ 同上书，第549页。

④ 同上。

⑤ 同上书，第39页。

大　国

苏力所研究的中国古代宪制，有一个重要的定语：“大国”。对于生活在大国之中的人而言，几千年来的大国传统已经习以为常，以至于觉得天经地义。的确，中国这个超大规模政治体，不仅远远早于现代的大国如美国或者俄罗斯，更是早于西方历史上的罗马帝国。

苏力要去追问那些因为过于熟悉而其实很陌生的事情究竟是如何发生的。这本厚达600多页的“大书”从一个围绕“大国”——超大规模政治体——的简单问题意识出发：

> 从国家的构成（constitution）来看，中国在世界各国中很不可思议。不可思议不在于她作为一个政治共同体的古老，或独一无二地延续至今，而在于她居然会出现。[①]

这就显示出，《大国宪制》是以一种发生学——而非历史学——的探寻方式在研究中国古代宪制：历史中国为何形成了一个大国？苏力将这个问题拆解为两个子问题：必要性和可行性。正是抓住了这两个子问题构成的“大国宪制”（而非“宪法问题”）问题，苏力的研究主题才有可能让很多人（包括外国人）都会关注，而不仅仅是专业宪法学家或者历史学家关注。

其一，为什么有必要组成一个大规模的政治体？要知道，古代中国不仅仅是一个国家，也是一个文明体。她如何“建立”（constitute）起来，本身就是个奇迹，需要解释。[②]

很显然，在古代中国处于农耕生产方式之下，更容易形成的政治组织是“小国寡民”，因为农业社会天然具有自给自足的趋势，从而使得跨村落或者部落的稳定而持久的相互协作变得非常困难。“大国”并非天经地义，而是一种“天时地利人和”的结果。只有分散的乡村共同体，而没有大城市聚集政治、经济、文化

① 苏力：《大国宪制：历史中国的制度构成》，北京大学出版社2017年版，第1页。

② 同上书，第2页。

权力，“中国”巨大政治—文化共同体何以可能？苏力把这些问题称为“宪制问题”，历史中国宪制的核心要点在于“大国”，“大一统”已成为影响社会政治行动的道德—政治直觉。

苏力揭示，古代中国之所以要构建大型政治体，是被迫无奈的选择。因为从华夏文明一开始，中国古人就面临两大特殊的生存性威胁：黄河水灾和异族侵犯。两者都需要极强的统一组织能力才能解决，单个村落或者部落都无力应对：“面对两个无法彻底消除的重大生存威胁，促使他们必须超越村落或部落，逐步向四周扩展，最终构成一个超大型政治共同体。”① 这是一种必然性的逼迫：要么“合众为一”、构建大规模共同体，应对内外危机；要么就是种群的灭亡。制度的开端是迫在眉睫的危机化解决策，而非理念推理的产物。

其二，究竟是哪些制度创造使得大规模政治体成为可能？用苏力自己的话来说：

> 在严酷的生存竞争中，在东亚这片土地上，究竟有哪些重要和基本的制度……令这片土地上的人们，以农耕为基础，无中生有，逐渐构成了这个多民族的疆域人口大国，一个经济和政治的文明。②

苏力将塑造古代中国的基础制度用传统语言概括为“家国天下”——“一个复杂的宪制系统”③。历史中国的宪制“同时构建三个相互关联、支持却也区别显著的共同体，分别也共同满足这片土地上的人民的生存需要”④。首先是“家（村落）”，即“广大普通农耕者生死于斯的社会生活共同体”。然后是“国”，即“以农耕村落为基础形成的政治共同体，通常由源自各地方但胸怀天下的政治文化精英治理，为普通人提供和平”。最后是“天下”，即“因长期的各种利益勾连和冲突，这片土地上不同地区/族群/文明的人，剪不断，理还乱，在不同程度上先是不得不分享，然后真的逐渐有所分享的文明共同体”⑤。

---

① 苏力：《大国宪制：历史中国的制度构成》，北京大学出版社 2017 年版，第 13 页。

② 同上书，第 21 页。

③ 同上书，第 531 页。

④ 同上书，第 530 页。

⑤ 同上书，第 530—531 页。

因此，古代中国在宪制建构的每个层面都设计了操作规则。在“家”或“村落”层面，核心的要务是“齐家”，即实现农耕文明小型社群整合，所采取的举措是“父慈子孝”“长幼有序”“男女有别”。在“国”的层面，其核心目标是“治”，因此“治国”事关诸农耕社群之间的整合，其主要的举措是塑造“书同文”“语同音”的文化制度，进而通过大范围选拔认可儒家文化的政治文化精英参与国家大政，建立中央集权的官僚政治体系，在皇帝的带领下实现有效的治理。“平天下”则涉及中原农耕王朝与边疆游牧民族之间的整合——“各种‘一国两制’的制度实践，即在农耕区坚持自秦汉以来的中央集权制……在周边地区——采取、接受和容纳各种类型的地方自治”①。

“家国天下”对应了三个互相联系但又相互区分的宪制共同体：“普通人的日常生活共同体”，“政治文化精英的政治文化共同体”，“中华文明共同体”②。苏力特别指出，我们千万不要因为儒家的口号“修身齐家治国平天下”，就认为家国天下是一种自然的延展脉络。相反，三者是具有相互独立性的，它们之间有时候相互冲突，③ 例如“有国无家”的说法。

历　史?

《大国宪制》的副标题“历史中国的制度构成”很容易让人将该书理解为一本从制度角度研究古代中国的历史作品。如果是那样的话，从专业历史学的标准来看，该书可能更类似于一种通俗读物或者一般概论。苏力本人并非没有意识到这一点：在书的末尾，他专辟一节用来“自我辩护”，开宗明义道：“本书涉及了许多中国历史，但这是一本理论著作。”④ 具体而言，《大国宪制》的方法论是：“基于一些历史经验和常识，就中国的宪制/构成讲出一番道理；用一种有关制度的理论话语来解说，为什么中国是这样的。”⑤ 因此，苏力在书的一开头就说：“本书追求一种理论叙述，而不是历史叙述。”⑥

---

① 苏力：《大国宪制：历史中国的制度构成》，北京大学出版社 2017 年版，第 25 页。

② 同上书，第 27 页。

③ 同上书，第 28—30 页。

④ 同上书，第 554 页。

⑤ 同上书，第 559 页。

⑥ 同上书，第 2 页。

由此看来，《大国宪制》看似历史研究，其实更像是一种法律社会学或制度经济学的著作。苏力以往的一些作品中即已经表现出此种“名实分离”的特征：《法律与文学》运用元代戏剧材料对于中国古代法制与司法进行社会学和经济学研究即是一例，而更早时候运用张艺谋电影塑造“秋菊”这个中国法律社会学的经典意象则更为经典。[①] 在两个研究中，切换的不过是用于构建法律社会学分析的场景，而分析工具并没有变化。

但即便如此，读者未免要进一步追问：从历史时空中抽取出来的法律社会学原理，究竟能否适用于现代中国的具体语境呢？或者说，如果不能直接适用，是否具有一定的解释力呢？简单说，就是中国古代宪制的发生原理和基础架构对于当代中国人而言有多大意义？

《大国宪制》给出的答案是：意义很大。

苏力指出，“大国宪制”本身已经构成了一种美国宪法学所谓的“活的宪制”(the living constitution)，绵延至今。其原因在于：

> 农耕中国之宪制……不是……当代中国宪制变革的对象。“家国天下”并非一个已经过去，从此属于过去的传统，……还可以甚至必然是当下……正在持续的传统。……政治家、民众或政法学者……仍可以用齐家治国平天下……来概括当代中国的宪制难题。[②]

换言之，中国古代宪制的基本问题和表述该问题的知识型——如果不是解决方案的话——在当代中国依然有效。“历史中国的家国天下宪制问题仍然影响着当代中国。有时甚至是规定着当代中国，因为宪制要面对、更应对……的就是这些问题。”[③] 例如，传统所谓的“齐家”问题，仍然可以协助我们理解“现代中国最基层治理问题”：三农政策、新农村建设、城镇化，乃至“城市地区普通人生活共同体构建问题”（例如广场舞）[④]。再比如，“治国”的大问题仍然萦绕着决策者和

---

① 苏力：《秋菊的困惑和山杠爷的悲剧》，载苏力《法治及其本土资源》，中国政法大学出版社 1996 年版，第 23—37 页。

② 苏力：《大国宪制：历史中国的制度构成》，北京大学出版社 2017 年版，第 538 页。

③ 同上书，第 542 页。

④ 同上书，第 539 页。

研究者的大脑，其中包含传统的“治国”（中原区域内部治理问题）和“平天下”（民族区域自治或边疆治理问题），甚至随着“经济全球化有可能在国际以及央地关系这两个层面‘双重弱化’中央政府的权力……原来的‘天下’问题……会变成常规的‘治国’问题之一”①。甚至某些时候，现代中国仍然沿用古代的制度思维来进行重大决策，如中华人民共和国成立初期撤销六大行政区，就是“众建诸侯少其力”的现代应用。②

此处借用一个不恰当的类比，可能更便于理解。如今已经成为人们生活世界核心基础设施的互联网，本身是分层的，一般分为物理层、逻辑层和内容层。从其架构而言，互联网可以分为物理层、逻辑层与内容层三层，各层治理的问题与现状不同。处于基础地位的物理层，主要包括计算机、服务器、移动设备、路由器、网络线路和光纤等。负责传输信息和数据的逻辑层包括各种传输协议和标准，如著名的 TCP/IP 协议。内容层包含由互联网传输的文字、图片、音频、影像等信息和资料，及各种应用。

类似的框架可以用来理解中国古代宪制。物理层即是古代中国所获得并保持的一系列物质性的基础设施，如人口、族群、疆域、领土以及对其的有效控制等——“大国”。逻辑层是让“大国”得以成型并且有效运作的一系列基础性的制度和规则体系——“宪制”。内容层不必多说，包括在这个由宪制构建和运行的大国至上的一切生活世界：经济产出、文化形态和生活方式，等等。

借用这个类比，苏力的核心论点是说：就物理层和逻辑层而言，中国古代宪制仍然是现代/当代中国的鲜活现实，虽然内容层早已今非昔比。用功能主义分析古代中国宪制，尤其如此。③ 再套用另外一组工程学的术语来说，大国的基础设施和操作系统的大体结构仍然存续下来，并且构成了一种当代人必须认真对待的先决条件。

从苏力的论述延展开来，我们会发现，中国的根本宪制问题数千年来大致不变。即便帝制已经废除，大国的构成问题仍存在。首先，就地缘现实而言，中国

① 苏力：《大国宪制：历史中国的制度构成》，北京大学出版社 2017 年版，第 540 页。

② 同上书，第 541 页。

③ 参见 Han Liu，“The Functional and the Symbolic”，in *The Constitution of Ancient China*，Yongle Zhang & Daniel Bell edited，Princeton：Princeton University Press，2018。该文试图论证，功能主义不能完全把握中国古代宪制的内涵与意义，必须增加关于中国古代宪制的象征部分的讨论。

疆域历经第二次世界大战和冷战，基本不变。其次，如何整合如此大规模的政治范围，构建统一而又具有效率的共同体，仍然是一项基本的宪制工程，历史中国遗留下来的图纸或许有助于现代的思考。皇帝虽然已死，“帝国”依然存在，既存在于地缘政治的现实中，也存在于中国人的宪制思维里。

当然，这并不意味着中国的现代转型不过是个虚像。宪制研究的关键恰恰在于洞悉历史巨变之中恒久的问题和不变的结构。苏力承认，“当代中国不仅仅是历史中国的延续。……中国经历了又一次自我重构（re－constitution）……中国早已不再是农耕中国，而是一个现代工业制造大国，一个商业贸易大国”①。即便如此，苏力敦促人们看到：

> 曾经塑造历史中国的一些重要约束条件，如正缩小但存量仍然巨大的农耕社区，辽阔疆域地形复杂，多民族多族群等，加之近代以来中国外部条件的变化，如一民族国家构成的国际体系，全球化，仍然规定了当代与历史中国在限制上具有某种连续性。②

简单来说，《大国宪制》试图指出，中国的现代宪制构建不必对过去采取某种完全拒斥或者彻底抛弃的态度。原因有二：首先，我们没有办法彻底告别，甚至从宪制（而非成文宪法）的视角而言，历史中国的基本问题和基础架构是恒久的。其次，也没有必要彻底告别，因为回头来看，只要深入理解中国古代宪制，就会发现其遗产和传统不是建立现代中国的过程中应该甩掉的沉重包袱，而是里面暗藏了有用东西的储物箱，虽然表面上看起来未必高端洋气上档次。无论现代中国历史中出现的诸多成文宪法里的制度愿景、具体设计或规则体系如何变化，实效宪法的基本问题框架大体一如旧日。“历史有时即便会极大程度地影响今天和明天……”③ 历史上的“大国宪制”是今日中国法治建设必须面对的“本土资源”。

正是在这个地方，我们可以重新回到苏力有关（实效）宪制和（成文）宪法之间的区分。实际上，从一般的宪法原理和宪法历史来看，成文宪法本身展现了当代与历史之间的高度断裂性：一方面，成文宪法的理念代表现代启蒙的理性制

---

① 苏力：《大国宪制：历史中国的制度构成》，北京大学出版社 2017 年版，第 537 页。

② 同上书，第 537—538 页。

③ 同上书，第 543 页。

度设计思维，与古代社会靠习俗、习惯或者传统所构成的不成文制度体系大相径庭；另一方面，任何一部具体的成文宪法的制定，都展现出一个特定政治体在某个特定的时刻与旧有宪法秩序的彻底决裂，一次彻底的规范创新，一次新的宪法时间的开端。一部现代宪法常被认为是一个国家告别过去的标志：典型的是 1949 年《德国基本法》完全否定纳粹历史。在这一点上，中国现代的历史就是不断寻求宪法新开端的努力。苏力促使人们思考，或许成文规范上的断裂性很多时候会遮蔽对于实效宪法的历史延续性的思考。而恢复实效宪制的思维，人们就可以看到中国基础制度的不变特性。

一个现代法治国家需要一些看起来永恒的东西来象征政体的稳定性与延续性。无论是宪制还是宪章，乃至于宪法律，都指向一种变化之中不变的基本法则及其象征。即便是以成文宪法闻名于世的美国，也需要一个 1787 年《美国宪法》沿袭 200 多年的超稳定神话来塑造宪法权威，即便此种神话本质上只是个神话，而非美国宪制历史的真实状况。对于中国而言，此种依靠成文宪法本身的稳定性建构几乎不可能，因为现代中国出现了多部宪法。

苏力试图从功能主义的角度建立今日宪制与过去宪制的连续性，从而塑造一些看起来永恒的事物。在他看来，尽管主宰政治统治的意识形态从帝制变成共和乃至于人民共和，大国实现有效治理的基本问题以及决定此问题的基本要素没有变。正当性问题（宪法问题）和国家治理问题（宪制问题）可以分开来看：从正当性角度来看，从帝国到民族国家、从帝制到共和制的转变可谓惊天动地；从功能性角度看，在核心的宪制上，中国一直是“中国”。对于中国来说，承袭下来的“大国”（广阔疆域和国际地位），以及构成大国的基本组织原则与黏合技术，正是千年未变的。即便经历了帝制到共和、帝国到民族国家、农业到工业、蒙昧到启蒙等诸多转变，宪制的基础结构一直基本未变。

值得注意的是，在《大国宪制》中，苏力开始具有普遍主义的诉求：“本研究并非追求展示中国宪制经验的独特性，也是甚至更是努力展示历史中国某些宪制经验的普世性。”① 其普遍性在于，中国宪制从一开始就具有某种普遍主义的特征：

① 苏力：《大国宪制：历史中国的制度构成》，北京大学出版社 2017 年版，第 569 页。

> 历史中国从一开始……就实践着某种形式的全球化……包容、兼容并以某种方式整合了……农耕、游牧、绿洲、高原文明以及初步的工商文明。至今如此。……这就是在东亚这片有限将于内展开的最早也是最成功的全球化实验……相对于历史上各种帝国或政治体联合（如联合国或欧盟）……至今为止在人类自生自发的制度竞争中唯一存活下来的实验。今天的人们有理由记取这些经验。①

正如章永乐教授指出的，《大国宪制》比苏力的成名作《法治及其本土资源》（1996年）更具有普遍主义的学术追求，其“通过中国经验接近和阐发普遍性”，抱有更大的智识自信。因为后者是“在后冷战时期美国单极霸权如日中天的年代，在……霸权秩序的边缘地带写成”，“其姿态是在‘中心’面前为‘边缘’辩护，而其采取的策略是论证霸权中心所生产的话语，也无非是一种‘地方性知识’”。这就决定了，其关注重点是“村社共同体与国家正式法制的冲突”，并未触及“诸多小共同体如何整合为一个统一国家的问题”，更未涉及“平天下”问题。②在20多年前的那部作品中，“齐家”问题和“治国”问题存在某种不协调，而其根源即在于，在美国的“平天下”全球体系中，中国的“治国”工程只能主动或者被动地移植“法治”模式。

而如今，情况已经有所变化。对于当今中国而言，“治国”和“平天下”的关系在日益复杂的国际格局中会更加复杂。一方面，从成文国际（宪）法角度而言，建立在主权平等原则基础上的民族国家交往体系已经确立了很久，至少构成了一种国际社会的基本道德直觉；另一方面，就国际层面的实效宪制而言，大国与非大国的中心边缘关系（类似于传统中国的中原/边疆或文明/野蛮的区分）仍然存在。如果说此前，中国长期以来处于“天下”的边陲地位，更多的是争取平等，那么现在作为一个实实在在的“大国宪制”的“治国平天下”问题，还得处理新的“治国平天下”问题，无论是全球视野中的新边疆问题，还是与其他大国之间的对抗和合作。“治国平天下”的思维模型，“其命维新”。

---

① 苏力：《大国宪制：历史中国的制度构成》，北京大学出版社2017年版，第543页。

② 章永乐：《苏力〈大国宪制〉的范式追求与理论进路》，未刊稿。

结　语

《大国宪制》虽然用语经常饱含情感，但其核心论点却异常冷峻：无论赞美还是批判，“历史中国的制度构成”都并非与当代中国的基础结构无关——它就在那里。历史中国的“大国”特性，以及附属其上的宪制体系，当代中国人都必须认真面对和理解。《大国宪制》是一种重新理解历史中国的开始，虽然仅仅是一个开始。苏力提供了一个低分辨率（至少在专业历史学家看来）的地图。我们期待，《大国宪制》会激发一系列更为精深的研究，共同勾画高分辨率的中国宪制地图，无论历史，还是当代，甚至未来。

作为一个实用主义者，苏力的理论追求并不仅仅是好古热情或者学术游戏，他对中国的政法精英提出了自己的期待：

> 当代中国宪制理论话语……要求中国政治法律精英必须高度关注当代中国政治社会法律实践这个长成的母体（matrix），在学习了解并掌握西方的法学、政治科学、政治哲学以及相关社会科学的同时，还必须接上一直同史学关系紧密的中国本土宪制传统和政治智慧，重新发现和理解当代中国面临的长期、重大和根本问题，经世致用，以对中华民族的政治文化忠诚，务实地发现、调适和创造当代中国的宪制。①

如此期待和要求国家精英，或许本身就是中国古代宪制留下的传统。

① 苏力：《大国宪制：历史中国的制度构成》，北京大学出版社2017年版，第552页。

Abstracts

European Civilization's "Free Space" and Modern China: A Reading of Carl Schmitt's *Der Nomos der Erde*

Liu Xiaofeng

[**Abstract**] In recent decades, studies on "global history" generally regard the social life of human beings as the standard of historiography. This standard seems to suppose that the struggle within the European civilization to acquire the domination over the world has ended. On the contrary, Carl Schmitt's *Der Nomos der Erde*, which also represents a type of "global history" study, still regards the state as its standard and surpasses Euro – Centrism. Compared with the former standard, Schmitt's study is based on an opposite theory: the struggle between the Great Powers not only continues but also expands from Europe to a global scale. These two conceptions of "global history" suggest completely different concerns. If someone chose to following the former "global history" approach which regards the social life of human beings as its standard (s), he might well believe that a globalized era of cosmopolitan society is surely about to come. However, if the idea of cosmopolitan society since the 18th century was merely an utopia, if the struggle between the states is still grave in our age, if studies and teachings of history still dedicate themselves to a liberal – democratic idea of cosmopolitism, a special kind of amnesia will be the price. The younger generation may well forget that the land beneath them is still on the verge of a world – history moment in an era of global conflict, an era when states still rule and set the "standard".

[**Keywords**] Global History; Carl Schmitt; International Law; Euro – Centrism; Diplomatic History of Modern China

Geopolitical Strategy and Vicissitude of the World Empire: From "Mature Mackinder" to "Old Mackinder"

Jiang Shigong

[**Abstract**] This article is about the intrinsic relation between the evolving of Mackinder's geo-politics theory and the power-transfer from old world empire to the new one. Mackinder believes that after 1900, a new age begins, when land-powers and sea-powers fight for leadership of the world, seeking to establish a single World Empire. Under this contending circumstance, Mackinder argues that British Empire shouldn't continue the "old way" as a traditional sea-power, but turn to the "new way" to meet the calling of history, marching to the land (especially India and South Africa), integrating British Empire through finance and tariffs reforms, making British a new World Empire. This new empire, financially and constitutionally united, having both the characters of sea-power and land-power, was criticized as "imperialism". Unfortunately, after the First World War, the power of the world empire transited from Britain to the United States. Mackinder realized that only alliance of Britain and America could prolong the life of the British sea-power empire then, so he tried to teach the lessons of the old empire's geopolitical strategy to the new one. The dream of ruling the whole world with democracy would come true only if the rulers take reality of world geo-politics into consideration seriously. The pivot of world geo-politics is not in North America but in the "world island", namely the whole continent of Europe, Asia and Africa. America needs the margin land (such as

Europe, South Africa, India, Japan, and China) to surround the heartland, squash into it, and establish the world empire. After the World War II, witnessing the destruction that the two world wars brought to human communities changed Mackinder's theory subtly. The "mature Mackinder" focusing on the power struggle over the whole world turned to the "old Mackinder" who was more dedicated to global power balance and world peace.

[**Keywords**] Geopolitics; the World Empire; "Mature Mackinder"; "Old Mackinder"

"Protestant Ethics and the Spirit of Capitalism" in the Sight of Historical Sociology

Yang Guangbin

[**Abstract**] While many Chinese intellectuals still regard Max Weber's *Protestant Ethics and the Spirit of Capitalism* as an academic canon, the masterpiece is, in fact, not only an answer to the question of "Rise of the West", but also an attempt to construct the cultural superiority of the West. Upon this issue, scholars across the world have already provided various critics. As Fernand Braudel points out, Weber's project was to "rewrite world history". Within the text, Weber's assumption or logical chain is composed of a series of concepts, namely: Calling, Predestination, Discipline, Rationality, Commercial Behavior and Self-Redemption. However, by re-examining the *Protestant Ethics and the Spirit of Capitalism* thesis in the course of European history, global history and history of religion, one may find it easy to grasp the flaws of Weber's one-sided presuppositions. Why would Weber "rewrite world history"? As a nationalist or even an imperialist with racial prejudice, Weber's identity determined that it was not justice, nor morality, but "national power" that defined the end of his life-long pursuit. Unfortunately, such a work of cultural imperialism is still regarded as a "canon" in domestic academic circles. Fundamentally, the misunderstanding should be ascribed to the inadequate development of

China's social sciences and the absence of historical sociology studies, which has been mistakenly canonizing a study of historical sociology as a masterpiece of political philosophy.

[**Keywords**] "Rise of the West"; Protestant Ethics; the Spirit of Capitalism; "Rewriting History"; Cultural Imperialism

Empire, Politics and Philosophy: Plato and Thucydides

Ren Junfeng

[**Abstract**] Inside the great tradition of Western intellectual history, tensions always exist in terms of the quarrels between two minor traditions: ideal and reality, theory and history, philosopher and polis, philosophy and politics, etc. The vocation of philosophy is seeking the "truth" and the principle, while the common good is the end of political activities. Those two traditions, once integrated as a whole in the early times of ancient Greece, were divided and finally antagonized after the fall of Athenian Empire and the death of Socrates. Focusing on Plato and Thucydides, this article analyzes the source of the tension by searching the clues in history. Embodying two different intellectual directions of the Western intellectual tradition, Plato and Thucydides also offer the Chinese intellectuals a chance to rediscover the crucial issues raised by the Western tradition during its modern change. The tension between "Science as Vocation" and the Imperial Cause not only requires the re-understanding of the Western tradition, but also concerns intellectual integrity and political vision of the Chinese intellectuals in those "great eras of politics".

[**Keywords**] Plato; Thucydides; Philosophy; Politics

The Inner Control of Communes in the People's Commune Period and the Implementation of Family Planning Policy: The Case of Jinshan Village (1970 – 1982)

Tong Zhihui; Yang Xiaoting; Peng Fulin

[**Abstract**] Based on various documents and archives (1967 – 1981) of Jinshan Village (administratively affiliated to Beiwan Town of Jingyuan County in Gansu Province), this article is an attempt to investigate the interactions between the System of People's Commune and the implementation of Family Planning Policy. Focusing on the special role of Production Brigade and Production Team's inner control in the implementation of Family Planning Policy, we have offered an explanation on the difference of policy effect between the 1970s and 1980s. As the study shows, it was the mechanism of Production Brigade and Production Team that connected the task of national governance and the process of rural governance.

[**Keywords**] Family Planning Policy; The System of People's Commune; National Governance; Rural Governance

The Evolution and Operation of the Cadre Rotation Mechanism in China: Based on the Experience of 1101 Cadres at the Provincial and Ministerial Level

Li Zhen; Liu Zhi

[**Abstract**] Scholars have paid much attention to Chinese cadre management system for over decades, especially the mechanisms on cadres' promotion, which indicates the significance of the system in PRC. Cadre management system in China, however, means not only the top-down controlling or mutual competing system, but also a training system. The cadre rotation mechanism, different from the Western democratic election or bureaucracy based on merit, isan important, but under-researched issue in contemporary China, through which may broaden cadres' visions and enrich their governing experience. So it is fundamental and essential for the development of cadres' career. The institutionalized cadre rotation involves three different patterns: rotations between the branches of party/government and other organizations such as universities, mass organizations, and state-owned enterprises (*diaoren*), rotations among various branches within the party and government (*zhuanren*) and temporary rotations (*guazhiduanlian*). Furthermore, the evolution of rotation mechanism demonstrates the Party's oscillations and striving for balancing the institutionalization of the governing and flexibility of the regime. The article traces the origin and evolution of the cadre rotation institutions, and shows the diverse characteristics of the rotation experiences of various types of cadres, based on historical documents, typical cases and relevant data.

[**Keywords**] Cadre Management System; Cadre Rotation; Career Development; Institutionalization

The Paradigm Change of Hong Kong's Political Development

Wang Heng

[**Abstract**] Since Hong Kong's return to her motherland in 1997, Hong Kong has made remarkable achievements in its political development. On the other hand, Hong Kong's development also met with problems such as "Pan-Politicalization", "Populism", "Separatism", "Veto Politics" and "Street Political Confrontation". These phenomena revealed the difficulties of the Electoral Democracy Paradigm both in theory and practice.

As a by-product of Britain's "Colonial Withdrawal" tactic, the introduction of electoral democracy to Hong Kong and its later exercise were essentially driven by the "myth of general election", a principle intentionally neglecting the importance of effective governance to political development. The conditionality of electoral democracy determines that general election should be gradually carried out, according to Hong Kong's own situations. Under the current circumstance, Hong Kong's political development strongly requires a transformation both in theory and policy. The basic task is to establish a shared goal with national governance of the Central government, to ensure positive interactions between different governance subjects and to acquire an all-round improvement of governance system and governance capacity. On that basis, the focus of political development in Hong Kong could be turned from political structure to governing functions, from systemic change to effects in practice. Consequently, economic growth, social welfare, national education and political trust could help to rebuild a positive political environment in Hong Kong.

[**Keywords**] Political Development; Paradigm; Electoral Democracy; Democratization; National Governance

Exploring Political Legitimacy Again: From the Perspective of Political Trust

Yang Duancheng

[**Abstract**] As an important fundamental theory in political science, political legitimacy is often explained by two approaches. One is constructed by the reasoning of political philosophy which aims at justification, and the other is based on the description of objective phenomenon. However, the justification approach was marked by the Western ideology due to the Cold War and finally evolved into a doctrine that only liberal democracy could fundamentally provide regimes with legitimacy. Nevertheless, this theory has much difficulty in explaining the world of being. Why do many countries, in which new regimes have been established in accordance with Western logic after experiencing democratic transition or even "Colour Revolution", still face with the dilemma that most people distrust the new ruling authorities? Moreover, it is also difficult to explain contemporary China by the traditional legitimacy theory. As a result, inconsistences inevitably occur when China is examined and explained in full accordance with the constructed legitimacy theory. On the contrary, the descriptive approach focused on public opinion and political trust may provide us with a new perspective to reexamine China's political legitimacy. Nonetheless, the existing literature has not elaborated on why it is appropriate to use political trust to measure political legitimacy. This article is an attempt to recognize the premise and offer some illustrations.

[**Keywords**] Political Legitimacy; Political Trust; Political Support; Contemporary China